"人工智能伦理、法律与治理"系列丛书

编 委 会

本丛书由同济大学上海市人工智能社会治理协同创新中心
组织策划和资助出版

公共数据
资源市场化配置的
法律制度研究

马军杰　郭梦珂　王　晔　著

Legal System Research on
Market-oriented Allocation of
Public Data Resources

上海人民出版社

丛书序

当前，在移动互联网、大数据、超级计算、传感网、脑科学等新理论新技术以及经济社会发展强烈需求的共同驱动下，新一代人工智能正在全球蓬勃发展，推动着经济社会各领域从数字化、网络化向智能化加速跃升。作为新一轮产业变革的核心驱动力，人工智能正深刻改变着人类的生产生活、消费方式以及思维模式，为经济发展和社会建设提供了新动能新机遇。

人工智能是影响面广的颠覆性技术，具有技术属性和社会属性高度融合的特征。它为经济社会发展带来了新机遇，也带来了新挑战，存在改变就业结构、冲击法律与社会伦理、侵犯个人隐私、挑战国际关系准则等问题，对政府管理、经济安全和社会稳定乃至全球治理产生深远影响。从国内外发展来看，人工智能的前期研发主要是由其技术属性推动，当其大规模嵌入社会与经济领域时，其社会属性有可能决定人工智能技术应用的成败。"技术"+"规则"成为各国人工智能发展的核心竞争力。各国在开展技术竞争的同时，也在人工智能治理方面抢占制度上的话语权和制高点。因此，在大力发展人工智能技术的同时，我们必须高度重视其社会属性，积极预防和有效应对其可能带来的各类风险挑战，确保人工智能健康发展。

人工智能是我国重大的国家战略科技力量之一，能否加快发展新一代人工智能是事关我国能否抓住新一轮科技革命和产业变革机遇的战略问题。我国在加大人工智能研发和应用力度的同时，高度重视对人工智能可能带来的挑战的预判，最大限度地防范风险。习近平总书记多次强调，"要加强人工智能发展的潜在风险研判和防范，维护人民利益和国家安全，确保人工智能安全、可靠、可控"。2017年国务院发布的《新一代人工智能发展规划》也提出，要"加强人工智能相关法律、伦理和社会问题研究，建立保障人工智能健康发展的法律法规和伦理道德框架"，并力争到2030年"建成更加完善的人工智能法律法规、伦理规范和政策体系"。近年来，我国先后出台了《网络安全法》《数据安全法》《个人信息保护法》等一系列相关的法律法规，逐渐完善立法供给和适用；发布了《新一代人工智能治理原则——发展负责任的人工智能》《新一代人工智能伦理规范》，为从事人工智能相关活动的主体提供伦理指引。标准体系、行业规范以及各应用场景下细分领域的规制措施也在不断建立与完善。

人工智能产业正在成为各个地方经济转型的突破口。就上海而言，人工智能是上海重点布局的三大核心产业之一。为了推动人工智能"上海高地"建设，上海市先后出台了《关于本市推动新一代人工智能发展的实施意见》《关于加快推进上海人工智能高质量发展的实施办法》《关于建设人工智能上海高地　构建一流创新生态的行动方案（2019—2021年）》《上海市人工智能产业发展"十四五"规划》等政策文件。这些文件明确提出要"逐步建立人工智能风险评估和法治监管体系。鼓励有关方面开展人工智能领域信息安全、隐私保护、道德伦理、法规制度等研究"；"打造更加安全的敏捷治理，秉承以人为本的理念，统筹发展和安全，健全法规体系、标准体系、监管体系，更好地以规范促发展，为全球人工智能治理贡献上海智慧，推动人工智能向更加有利于人类社会的方向发展。"此外，上海还制定和发布了《上海市数据条例》和《人工智能安全发展上海倡议》，并且正在推进人工智能产业发展和智能网联汽车等应用场景的立法工作，加强协同创新和可信人工智能研究，为上海构建人工智能治理体系和实现城市数字化转型提供了强大的制度和智力支撑。

重视人工智能伦理、法律与治理已成为世界各国的广泛共识。2021年联合国教科文组织通过了首份人工智能伦理问题全球性协议《人工智能伦理问题建议书》，倡导人工智能为人类、社会、环境以及生态系统服务，并预防其潜在风险。美国、欧盟、英国、日本也在积极制定人工智能的发展战略、治理原则、法律法规以及监管政策，同时相关的研究也取得了很多成果。但总体而言，对人工智能相关伦理、法律与治理问题的研究仍处于早期探索阶段，亟待政产学研协同创新，共同推进。

首先，人工智能技术本身正处于快速发展阶段。在新的信息环境下，新一代人工智能呈现出大数据智能、群体智能、跨媒体智能、混合增强智能和智能无人系统等技术方向和发展趋势。与此同时，与人工智能相关的元宇宙、Web3.0、区块链、量子信息等新兴科技迅速发展并开始与经济社会相融合。技术的不断发展将推动各领域的应用创新，进而将持续广泛甚至加速影响人类生产生活方式和思维模式，会不断产生新的伦理、法律、治理和社会问题，需要理论与实务的回应。

其次，作为一种新兴颠覆性技术，人工智能是继互联网之后新一代"通用目的技术"，具有高度的延展性，可以嵌入到经济社会的方方面面。新一代人工智能的基本方法是数据驱动的算法，随着互联网、传感器等应用的普及，海量数据不断涌现，数据和知识在信息空间、物理空间和人类社会三元空间中的相互融合与互动将形成各种新计算，这些信息和数据环境的变化形成了新一代人工智能发展的外部驱动力。与此同时，人工智能技术在制造、农业、物流、金融、交通、娱乐、教育、医疗、养老、城市运行、社会治理等经济社会领域具有广泛的应用性，将深刻地改变人们的生产生活方式和思维模式。我们可以看到，人工智能从研究、设计、开发到应用的全生命周期都与经济社会深深地融合在一起，而且彼此的互动和影响将日趋复杂，这也要求我们的研究不断扩大和深入。

最后，我们不能仅将人工智能看成是一项技术，而更应该看到以人工智能为核心的智能时代的大背景。人类社会经历了从农业社会、工业社会再到信息社会的发展，当前我们正在快步迈向智能社会。在社会转型的时代背景下，以传统社会形态为基础的社会科学各学科知识体系需要不断更新，以有效地研究、解释与解决由人工智能等新兴技术所引发的新的社会问题。在这一意义上，人工智能伦理、法律与治理的研究不仅可以服务于人工智能技术的发展，而且也给哲学、经济学、管理学、法学、社会学、政治学等社会科学带来了自我审视、自我更新、自我重构的机遇。在智能时代下如何发现新的研究对象和研究方法，从而更新学科知识，重构学科体系，这是社会科学研究的主体性和自主性的体现。这不仅关涉个别二级学科的研究，更是涉及一级学科层面上的整体更新，甚至有关多个学科交叉融合的研究。从更广阔和长远的视角来看，以人工智能为核心驱动力的智能社会转型，为社会科学学科知识的更新迭代提供了良好契机。

纵观世界各国，人工智能技术的发展已经产生了广泛的社会影响，遍及认知、决策、就业和劳动、社交、交通、卫生保健、教育、媒体、信息获取、数字鸿沟、个人数据和消费者保护、环境、民主、法治、安全和治安、社会公正、基本权利（如表达自由、隐私、非歧视与偏见）、军事等众多领域。但是，目前对于人工智能技术应用带来的真实社会影响的测量和评价仍然是"盲区"，缺乏深度的实证研究，对于人工智能的治理框架以及对其社会影响的有效应对也需要进一步细化落地。相较于人工智能技术和产业的发展，关于人工智能伦理、安全、法律和治理的研究较为滞后，这不仅会制约我国人工智能的进一步发展，而且会影响智能时代下经济社会的健康稳定发展。整合多学科力量，加快人工智能伦理、法律和治理的研究，提升"风险预防"和"趋势预测"能力，是保障人工智能高质量发展的重要路径。我们需要通过政产学研结合的协同创新研究，以社会实验的方法对人工智能的社会影响进行综合分析评价，建立起技术、政策、民众三者之间的平衡关系，并通过法律法规、制度体系、伦理道德等措施反馈于技术发展的优化，推动"人工智能向善"。

在此背景下，2021年新一轮上海市协同创新中心建设中，依托同济大学建设的上海市人工智能社会治理协同创新中心正式获批成立。中心依托学校学科交叉融合的优势以及在人工智能及其治理领域的研究基础，汇聚法学、经管、人文、信息、自主智能无人系统科学中心等多学科和单位力量，联合相关协同单位共同开展人工智能相关法律、伦理和社会问题研究与人才培养，为人工智能治理贡献上海智慧，助力上海城市数字化转型和具有全球影响力的科技创新中心建设。

近年来，同济大学在人工智能研究和人才培养方面始终走在全国前列。目前学校聚集了一系列与人工智能相关的国家和省部级研究平台：依托同济大学建设的教育部自主智能无人系统前沿科学中心，作为技术和研究主体的国家智能社会治理实验综合基地（上海杨浦），依托同济大学建设的上海自主智能无人系统科学中心、中国（上海）数字城市研究院、上海市人工智能社会治理协同创新中心，等等；2022年同济大学获批建设"自主智能无人系统"全国重点实验室。这些平台既涉及人工智能理论、技术与应用领域，也涉及人工智能伦理、法律与治理领域，兼顾人工智能的技术属性和社会属性，面向智能社会发展开展学科建设和人才培养。同时，学校以人工智能赋能传统学科，推动传统学科更新迭代，实现多学科交叉融合，取得了一系列创新成果。在人才培养方面，学校获得全国首批"人工智能"本科专业建设资格，2021年获批"智能科学与技术"交叉学科博士点，建立了人工智能交叉人才培养新体系。

由上海市人工智能社会治理协同创新中心组织策划和资助出版的这套"人工智能伦理、法律与治理"系列丛书，聚焦人工智能相关法律、伦理、安全、治理和社会问题研究，内容涉及哲学、法学、经济学、管理学、社会学以及智能科学与技术等多个学科领域。我们将持续跟踪人工智能的发展及对人类社会产生的影响，充分利用学校的研究基础和学科优势，深入开展研究，与大家共同努力推动人工智能持续健康发展，推动"以人为本"的智能社会建设。

编委会

2022 年 8 月 8 日

目　　录

CONTENTS

前言

────────────

在全球信息化时代的进程中，数据以其独特的价值和重要的作用，已快速融入生产、分配、流通、消费和社会服务管理等各环节，深刻改变着生产方式、生活方式和社会治理方式，并在社会经济生活中发挥着增量效应和乘数效应。数据已经不仅仅是信息的载体，更是数字化、网络化、智能化的基础，并已上升为与土地、劳动力、资本、技术并列的第五大生产要素，被誉为"新的石油"。其中公共数据资源由于其独特的公共性、开放性和共享性，使其在社会经济发展、国家治理、公共服务等多个领域发挥着日益重要的作用。然而，随着数据规模的不断扩大，如何高效、合理、安全地利用这些数据资源，特别是如何推动用于产业发展、行业发展的公共数据有条件有偿使用，探索建立公共数据资源开放收益合理分享机制，以及保障在其利用过程中的数据安全、个人隐私和公众利益等多重问题，已经成为全球范围内亟待解决的重大课题。

作为数字时代国家治理体系的重要组成部分，数据治理不仅是推动数字经济发展的关键举措，更是培育新质生产力和推进数字中国建设的强大引擎。党的十八大以来，以习近平同志为核心的党中央高度重视数字经济和数据基础制度建设，提出了一系列新思想新观点新论断，作出了一项项重要战略部署。2015 年，党的十八届五中全会首次提出"国家大数据战略"。2017 年 10 月，习近平总书记在党的十九大报告中明确提出建设网络强国、数字中国、智慧社会的战略决策。同年 12 月，习近平总书记在主持中共中央政治局就实施国家大数据战略进行第二次集体学习时，强调了将数据治理与改善民生、提升政府服务水平紧密结合的观点，要求各级领导干部要增强数据意识，善于运用数据思维和方法解决问题。并提出了要加快政府大数据平台建设，运用大数据推动城市治理能力现代化和提升国家治理现代化水平等一系列重要指示。2022 年 4 月，习近平总书记在主持中央全面深化改革委员会第二十六次会议时进一步强调了要维护国家数据安全，促进数据高效流通使用、赋能实体经济，加快构建数据基础制度体系的要求。可见，要深入贯彻习近平总书记关于网络强国重要思想和实现以人民为中心的数字中国战略目标，需要对如何优化我国数字化发展环境和数字治理生态、创新数据管理机制、建立健全数据治理制度和标准体系，以及促进数据高效共享和有序开发利用、推动数据全生命周期治理和全方位赋能等一系列重要问题展开分析和讨论。

数据要素市场化是市场经济的新现象也是新难题，中共中央、国务院印发的《关于构建数据基础制度更好发挥数据要素作用的意见》当中专门强调了要探索有利于数据安全保护、有效利用、合规流通的产权制度和市场体系，完善数据要素市场体制机制。事实上，数据有偿使用已是经济实践中的通行做法。大数据商用化进程不可回避的问题之一就是数据资源的获取问题。其中公共数据资源的市场化配置是指以公共数据为关键要素，以创造公共价值为核心，以政府职能转变为助推力，用市场价值规律对公共数据的获取、识别、开放、应用等阶段进行衡量的机制。随着数据采集能力的普及与覆盖，掌握具有公共价值的数据的主体不只政府部门，还有私营企业及其他各类社会主体。公共数据资源市场化配置有利于促进数据融合与开放，形成更为完善的数据生态系统，创造更大的政治、经济和社会价值。同时也是我国提升经济发展水平、落实要素市场制度建设的重要改革阵地。因此，我国政府对此始终非常重视，并出台了一系列相关的政策和法规，同时，各地方政府也在积极推动数据法治建设，进一步推动了数据资源的规范管理、合理利用和有效保护。

然而，尽管我国在公共数据资源的市场化配置上取得了令人瞩目的进展，但仍面临着一系列挑战，如公共数据资源的界定问题、市场化配置的途径和方式问题、公共数据资源的权益保护问题等。如何构建一套完善、高效的公共数据资源市场化配置的法律制度，以适应我国的国情，满足公共数据资源市场化配置的需求，同时也要符合全球数据治理的发展趋势，仍然是一个重要而富有挑战性的课题。这需要我们从公共数据资源的属性出发，结合市场化配置的必要性、可能性，结合法律制度设计的国际经验和我国的实践经验，进行深入研究和探讨。

在本书中，我们将围绕理论探索和实践应用两大方向展开讨论。理论研究部分，我们首先将对公共数据资源的定义、特性进行深入剖析，并对公共数据资源的类别、范围及公共数据的法律内涵与外延进行分析，以确保后续研究的准确性和深度；其次，我们将探讨公共数据资源市场化配置的必要性和可行性，这将有助于我们理解在当前环境下，公共数据资源市场化配置的重要性、潜力和实现难易程度；最后，我们将阐述构建公共数据资源市场化配置的定价方式、主要模式、实现机制以及法律制度的原则和要点，为后续的实践应用部分提供理论依据和指导方向。实践应用部分，我们将基于理论研究的成果，参考国内外的成功实践，并借鉴和吸收其经验和教训，对公共数据资源市场化配置在法律制度层面的促进因素与阻碍因素进行识别筛选。我们将剖析上海目前的公共数据开放现状及公共数据市场化配置现状，在现行法律制度下分析相关法律的适用情况和制度配套情况，以及面临的困境和问题。同时，我们将探讨中国在数据交易以及公共数据市场化配置当中的法律制度现状与困境。最后，我们将从地方法治及公共政策角度，探寻上海公共数据资源市场化配置的战略、模式和路径，并提出公共数据收集、开放以及管理和维护市场的相关法律制度的建议，从而为公共数据资源的市场化配置提供可行性、实用性的经验和方案。

本书的章节安排和主要内容简介如下：

第一章论述本书的研究背景及研究意义，阐述数据要素流通的重要性以及公共数据市场化配置的必要性。此外，介绍了本书具体开展研究的思路与方法，主要通过理论结合实践的形式，将相关理论用于探索公共数据市场化配置这一崭新命题。最后，分析了国内外学界关于这一命题的研究进展。

第二章从公共数据和公共数据市场化配置两个方面进行理论分析。一方面，首先对当前关于公共数据的认识上所存在的观点和争议进行了分析；其次，梳理和比较了各省级地方政策当中关于公共数据的定义；再次，重点分析了公共数据的权属问题，提出了公共数据的权利性质、产生、建立、处置与救济方式。另一方面，围绕公共数据的市场化配置进行了深入的理论分析。首先，对涉及公共数据市场化配置的相关概念进行了论证和辨析；其次，讨论了推动公共数据市场化配置的必要性，分析了公共数据市场的性质与公共数据市场化配置的机制，提出了公共数据的定价模型；最后，进一步从理论上探讨了公共数据市场化配置的模式与实现路径。

第三章着重对上海市目前公共数据的来源、领域、部门、类别、形式和载体进行实证分析。首先，介绍了上海市公共数据的来源和构成，并从业务领域和主导部门两个维度对目前上海市公共数据的分布与开放现状进行了分析；其次，梳理了上海市有条件开放数据的具体业务明细和数据类型；最后，在此基础上，探讨了上海市各领域公共数据的级别、类型、形式与载体，并构建了相应的分类矩阵。

第四章介绍了世界其他国家和地区在应对数据市场化配置方面的主要经验及对中国的启示。

第五章对我国公共数据市场化配置的法律制度现状进行了详细分析。介绍了我国关于数据资源开发利用的政策制定过程，梳理和总结了各地方政策与法规当中关于公共数据市场化配置的立法经验、政策工具以及领导与组织机构。最后对我国数据市场化交易的建设实践进行了考察。

第六章介绍了上海市关于公共数据开发利用的主要做法，分析了上海市目前在推动公共数据市场化配置方面所具备的基础性条件，并采用规范分析方法，对上海市公共数据市场化配置的法律制度现状和面临的问题进行了详细分析。

第七章在前述分析的基础上，提出了推动上海市公共数据市场化配置的法律制度完善建议。首先，提出推动上海市公共数据市场化配置的三个途径及相应的立法层级；其次，提出上海市公共数据市场化配置的总体战略思路；再次，提出可市场化公共数据的判定维度、标准与详细内容；最后，在此基础上，根据数据要素流动的不同阶段，分别针对公共数据的采购市场、开放市场以及管理与维护等三个市场类型，从主体权责、交易场所及市场准入、价格、竞争、供求、风险监管等方面提出了相应的法律规制的建议。

本书的写作目的是通过对公共数据资源市场化配置的法律制度研究，为我国公共数据资源的合理配置、有效利用提供法律支撑，并进一步推动我国公共数据资源的市场化配置和法治化建设进程。这是一项充满挑战的工作，但也是一项非常必要的工作。同时，我们也希望，本书的研究成果能为其他国家和地区的公共数据资源市场化配置提供参考，从而向全球数据资源市场化配置提供中国智慧。

我们期待本书能够引发读者对公共数据资源市场化配置法律制度的深入思考，为我国公共数据资源的市场化配置提供理论支持和实践指导，同时也期待读者的反馈和建议，共同推动公共数据资源市场化配置的法律制度研究的深入发展，推动公共数据资源的市场化配置和数据资源法治化建设。

本书由同济大学法学院马军杰副研究员总体策划、拟定大纲、组织撰写和统一定稿，并由复旦大学电子商务研究中心的郭梦珂和厦门大学经济学院的王晔等共同完成主要内容的研究和撰写。参与本研究的还有同济大学法学院的曾彩霞老师，硕士研究生袁娜娜、杨琪、夏学涛、万婉玲、易子琛、杨晨、吴米琪等。

本书的研究和出版获得了上海市人民政府决策咨询研究项目（2021-Z-B06）"公共数据资源市场化配置法律制度研究"和上海市人工智能社会治理协同创新中心、学术著作出版计划的支持。

在本书的写作过程中，上海市行政法治研究所王松林副所长以及仲霞老师给予了大量的协助，并先后得到了上海交通大学智慧法院研究院杨力教授与金耀辉教授、上海政法学院人工智能法学院院长杨华教授、浦东新区发展改革委体制改革处处长郑海鳌、上海数据交易所副总经理卢勇、上海市司法局立法二处副处长袁海勇、华东政法大学刑事法学院虞浔教授、同济大学法学院杜云翊等专家和领导的鼓励、支持、指导和无私的帮助。值此，一并表示衷心的感谢！

由于学术视野和专业水平的局限，难免存在问题和不足之处，恳请学界同仁和广大读者惠予批评指正。此外，除了已经在书末注明的参考文献外，本书还借鉴了其他文献的数据、观点与实证研究结果，也在此一并向其原作者表示感谢。

马军杰

2024 年 3 月

第一章　引言

第一节　研究背景与研究意义

一、研究背景

社会主义市场经济的本质是资源配置的市场化。数字经济时代下数据成为国民经济信息化和智能化的基础，在市场经济中发挥着越来越重要的作用。2020 年 3 月，中共中央、国务院出台《关于构建更加完善的要素市场化配置体制机制的意见》，数据正式被列为五大生产要素之一，培育数据要素市场已经成为国家高度的全面共识，市场化配置成为数据流通领域的重点方向。[1] 2023 年 3 月，国务院机构改革组建国家数据局，职责是负责协调推进数据基础制度建设，统筹数据资源整合共享和开发利用。不可否认，在数字经济时代下，数据已经成为一种全新的生产要素，其在市场配置中发挥着重要作用。然而，数据真正的价值并没有得到完全的开发和利用。

2021 年 3 月，第十三届全国人大第四次会议明确指出，要加

---

[1] 包括推进政府数据开放共享，提升社会数据资源价值，加强数据资源整合和安全保护三项具体举措。参见《关于构建更加完善的要素市场化配置体制机制的意见》第 20、21、22 条。

强公共数据开放共享，建立健全国家公共数据资源体系。同时，公共数据开放被写入我国《国民经济和社会发展第十四个五年规划和2035年远景目标纲要》，提出开展政府数据授权运营试点，鼓励第三方深化对公共数据的挖掘利用。具体要求扩大基础公共信息数据有序开放，建设国家数据统一共享开放平台。2022年12月，中共中央、国务院印发《关于构建数据基础制度更好发挥数据要素作用的意见》，初步搭建了我国数据基础制度体系。其中提到，要推进实施公共数据确权授权机制，加强公共数据汇聚共享和开放开发，探索用于产业发展、行业发展的公共数据有条件有偿使用。[1]公共数据已经成为数据体系的核心和数据开放的重点。

当前，我国国家层面尚未出台专门的公共数据立法，公共数据的概念尚无明确定义。《电子商务法》《网络安全法》《电信条例》等法律法规提及"公共数据"但并未定义解释，[2]而当前的数据专门法案《数据安全法》仅对"政务数据安全与开放"进行了规定。[3]

[1]《关于构建数据基础制度更好发挥数据要素作用的意见》第4条：推进实施公共数据确权授权机制。对各级党政机关、企事业单位依法履职或提供公共服务过程中产生的公共数据，加强汇聚共享和开放开发，强化统筹授权使用和管理，推进互联互通，打破"数据孤岛"。鼓励公共数据在保护个人隐私和确保公共安全的前提下，按照"原始数据不出域、数据可用不可见"的要求，以模型、核验等产品和服务等形式向社会提供，对不承载个人信息和不影响公共安全的公共数据，推动按用途加大供给使用范围。推动用于公共治理、公益事业的公共数据有条件无偿使用，探索用于产业发展、行业发展的公共数据有条件有偿使用。依法依规予以保密的公共数据不予开放，严格管控未依法依规公开的原始公共数据直接进入市场，保障公共数据供给使用的公共利益。

[2]参见《电子商务法》第69条第2款：国家采取措施推动建立公共数据共享机制，促进电子商务经营者依法利用公共数据。参见《网络安全法》第18条：国家鼓励开发网络数据安全保护和利用技术，促进公共数据资源开放，推动技术创新和经济社会发展。参见《电信条例》第8条第2款：基础电信业务，是指提供公共网络基础设施、公共数据传送和基本话音通信服务的业务。增值电信业务，是指利用公共网络基础设施提供的电信与信息服务的业务。

[3]参见《数据安全法》第5章。

地方层面，部分地方以地方性法规或政府规章的形式出台了地方公共数据法案，但各地标准并不统一。数据是一种全新的生产要素，而公共数据作为数字经济建设的重要组成部分，需要一个更贴合数据治理的界定。

加速数据要素市场化改革，需要健全数据要素市场运行机制。公共数据作为数据资源的重要组成部分，对其进行市场化运营是构建完善的要素市场化配置体制机制的重要路径。公共数据市场化配置是指以公共数据为关键要素，以创造公共价值为核心，以政府职能转变为助推力，用市场价值规律对公共数据的获取、识别、开放、应用等阶段进行衡量的机制。当前，公共数据的定义尚不明晰，立法尚不完善，公共数据的市场化运营还处于探索阶段。

二、研究意义

数据要素流通市场存在发展的必然性。市场配置生产要素，数据有条件有偿使用在我国的经济发展中已经有相关实践，但数据要素交易市场还未真正形成。数据作为一种新兴生产要素，必须建设与之相适应且规范有序的交易市场。具体而言，数据要素市场化包括市场定价、市场交易、市场竞争、市场制度。构建和完善公共数据市场化运营机制是数据要素市场化必要的一环。数据应用有利于经济主体全面、快速、真实掌握市场信息，实现产品供给与需求、生产与流通的有效衔接，有利于正确配置生产要素，实现产业结构转型升级，促进宏观经济持续健康发展。

公共数据具有巨大的经济价值。公共数据以政府数据为主体，涉及社会生活的各个方面，规模体量大，涉及范围广，能够满足不同情境下的数据需求，蕴含着巨大的经济价值。当前，数据生产要素的开发和利用对未来竞争力的影响越来越重要，公共数据市场化运营是创新发展的现实要求。通过市场化大力挖掘公共数据的经济价值，创造新的服务和商业契机，释放数据的商业价值，将深刻影响数据经济行业的发展轨迹。但由于技术、法律支持的缺失，大量公共数据的经济价值并未得到充分利用。可以说，公共数据市场化运营是历史发展的必然。

公共数据开放并不公平。当前，对公共数据的利用主要是基于公共数据开放，认为这是政府理应提供的一种公共服务。公共服务理论下政府提供具体服务，而公众作为消费者直接享受该服务。但公共数据并不能仅仅被定义为一种服务，它是一种生产要素。公共数据的获取者有很大一部分是生产者，他们会对获取的公共数据进行生产加工，进一步创造利益。因此，在公共数据开放背景下，不同水平的企业同等获得公共数据并不公平。这会造成仅有少数行业和主体能够享受到公共数据开放的价值，从而加剧数据垄断、限制竞争，最终阻碍数据经济发展。有学者在对交通运输部"出行云"平台的案例研究中发现，交通运输企业获益小于互联网企业。可见，公共数据开放是一种形式的平等，但并非公平。

市场化运营可以最大效率地利用公共数据。公共数据开放后的收益公平是最大的公平，而效率是实现公平的最优途径。提升公共数据开放效益，最大效率地利用公共数据需要通过市场化运营的形式。持久地免费开放公共数据会造成政府成本变大，使得公共财政难以为继，难以调动政府开放数据的积极性，影响公共数据的供给。同时，公共数据开放下的政府部门将数据上传平台之后会缺乏对公共数据应用的进一步管理，这与"让公共数据活起来、用起来"的目标背道而驰。在市场化机制下对公共数据进行运营，政府会规范数据应用管理，充分发挥公共数据的价值。市场化运营下的公共数据水平以价格的形式直接反映，数据质量水平一目了然，因此，政府可以通过市场机制及时调整公共数据开放的决策，不断提升公共数据利用效率。

第二节 国内外研究现状

一、国内研究现状

（一）基于 Citespace 的文献计量分析

本书使用 Citespace6.1，对"公共数据"、"公共数据运营"、"政府数据开放"三个主题词展开文献检索分析，数据来源均为 CNKI，2000—2023 年。

1. 主题词一：公共数据（共计 981 篇）

（1）关键词共现

关键词共现反映了研究主题在研究领域的演变过程和研究热点。本部分运用关键词共现分析国内研究领域的热点。表 1.1 列出了国内研究"公共数据"关键词频次位于前 10 位的排序，展示了 2000 年到 2023 年的公共数据研究热点。根据表 1.1 显示，关键词共现频次最高排序前三的分别是大数据、公共服务和公共数据，反映了该领域的研究主题。

表 1.1 关键词共现分析

排序	频次	中介中心度	年份	关键词
1	145	0.29	2013	大数据
2	54	0.28	2007	公共服务
3	35	0.16	2006	公共数据
4	33	0.07	2013	数据开放
5	30	0.05	2020	数据治理
6	27	0.05	2015	开放数据
7	25	0.04	2021	数字经济
8	25	0.06	2017	政府数据
9	21	0.1	2006	公共支出
10	21	0.17	2006	公共政策

（2）关键词突现

关键词突现是指在某一特定时间段内，某个关键词被引的频次显著增加。本研究则使用突现值预判公共数据国内研究前沿，结果如图 1.1 列出的公共数据国内研究领域前 15 位突现词所示，突现强度前三名是公共投资、公共支出和面板数据。从突现时间来看，公共投资从 2004 年开始突现，持续约 9 年，反映公共数据在国内研究领域广泛受到学者的关注。近两年数字经济、公共数据、数字政府开始突显，并持续至今，反映了当前的研究热点。

Top 15 Keywords with the Strongest Citation Bursts

Keywords	Year	Strength	Begin	End	2000 - 2023
公共投资	2004	6.63	2004	2013	
公共支出	2006	7.51	2006	2013	
面板数据	2006	4.08	2006	2010	
财政分权	2010	4.63	2010	2014	
公共服务	2007	3.41	2011	2018	
大数据	2013	13.09	2015	2019	
开放数据	2015	6.57	2017	2018	
开放政府	2017	3.66	2017	2018	
影响因素	2010	3.77	2019	2020	
数据治理	2020	9.05	2020	2023	
数据	2020	4.38	2020	2021	
数字经济	2021	10.19	2021	2023	
公共数据	2006	7.95	2021	2023	
数据要素	2021	7.7	2021	2023	
数字政府	2020	4.64	2021	2023	

图 1.1　关键词突现

（3）关键词聚类

关键词聚类分析包含两个指标。Modulariy Q 是用来评价网络聚类效果的指标，其取值＞ 0.3 时，表示关键词具有良好的聚类效果，内部连接紧密。Mean Sihouette 则是用来反映关键词网络聚类结果、评价网络同质性的指标，其取值的范围在 0—1 之间，其取值＞ 0.5 时，表示关键词网络聚类结果理想。主题词"公共数据"的 Modulariy Q 为 0.6561，表示其聚类效果非常好。Mean Sihouette 为 0.8997，表明关键词网络聚类效果理想，同一类文献具有很高的同质性。

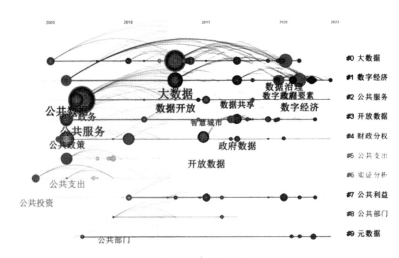

图 1.2　关键词聚类

2. 主题词二：公共数据运营（共计 73 篇）

（1）关键词共现

表 1.2 列出了国内研究"公共数据运营"关键词频次位于前 10 位的排序，展示了 2000 年到 2023 年的公共数据运营的研究热点。根据表 1.2 显示，关键词共现频次最高排序前三的分别是公共数据、大数据和公共交通，反映了该领域的研究主题。

表 1.2　关键词共现分析

排序	频次	中介中心度	年份	关键词
1	13	0.21	2019	公共数据
2	9	0.31	2014	大数据
3	8	0.43	2011	公共交通
4	6	0.06	2019	数据运营

排序	频次	中介中心度	年份	关键词
5	6	0.55	2018	数据共享
6	5	0.03	2021	数据资源
7	4	0.17	2013	公交运营
8	4	0.09	2022	数字经济
9	4	0.02	2020	数字政府
10	4	0.02	2021	数据要素

（2）关键词突现

主题词"公共数据运营"的关键词突现情况如图1.3所示。突现强度前三名是公共数据、公共交通和数字经济。从突现时间来看，公共交通从2011年开始突现，持续约9年，反映公共交通在国内研究领域广泛受到学者的关注。近两年数字经济、公共数据等开始突显，并持续至今，反映了当前的研究热点。

Top 15 Keywords with the Strongest Citation Bursts

Keywords	Year	Strength	Begin	End	2000 - 2023
公共交通	2011	1.65	2011	2020	
运营效率	2012	1.26	2012	2014	
公交运营	2013	1.06	2013	2018	
公交行业	2016	1.04	2016	2018	
公交线路	2016	1.04	2016	2018	
大数据	2014	1.17	2017	2017	
运营	2019	1.13	2019	2020	
运营管理	2021	1.09	2021	2021	
公交	2021	1.09	2021	2021	
公共数据	2019	2.89	2022	2023	
数字经济	2022	1.49	2022	2023	
数据资源	2021	1.37	2022	2023	
数据安全	2022	1.24	2022	2023	
数据运营	2019	1.08	2022	2023	
数据共享	2018	1.08	2022	2023	

图1.3 关键词突现

（3）关键词聚类

主题词"公共数据运营"的 Modulariy Q 为 0.7656，表示其聚类效果非常好。Mean Sihouette 为 0.8493，表明关键词网络聚类效果理想，同一类文献具有很高的同质性。

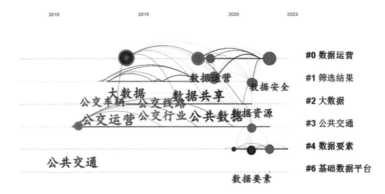

图 1.4　关键词聚类

3. 主题词三：政府数据开放（共计 837 篇）

（1）关键词共现

关键词共现反映了研究主题在研究领域的演变过程和研究热点。本部分运用关键词共现分析国内研究领域的热点。表 1.3 列出了国内研究政府数据开放关键词频次位于前 20 位的排序，展示了 2010 年到 2023 年的政府数据开放的研究热点。根据表 1.3 显示，关键词共现频次最高排序前三的分别是政府数据、数据开放和开放数据，反映了该领域的研究主题。

（2）关键词突现

主题词"政府数据开放"的关键词突现情况如图 1.5 所示。突现强度前三名是电子政务、大数据和数据治理。从突现时间来看，信息公开从 2011 年开始突现，持续约 6 年，反映信息公开在国内研究领域广泛受到学者的关注。近两年数字经济、数字政府和数据治理等开始突现，并持续至今，反映了当前的研究热点。

表 1.3　关键词共现分析

排序	频次	中介中心度	年份	关键词
1	166	0.4	2013	政府数据
2	149	0.38	2013	数据开放
3	131	0.32	2011	开放数据
4	79	0.2	2014	大数据
5	51	0.08	2012	开放政府
6	38	0.04	2011	电子政务
7	31	0.06	2019	数据治理
8	25	0.02	2016	地方政府
9	25	0.06	2011	信息公开
10	20	0.04	2016	美国

Top 15 Keywords with the Strongest Citation Bursts

Keywords	Year	Strength	Begin	End	2000 - 2023
电子政务	2011	11.76	2011	2016	
信息公开	2011	4.73	2011	2017	
公共服务	2013	3.11	2013	2015	
大数据	2014	10.09	2014	2016	
政策	2016	2.94	2016	2018	
澳大利亚	2015	3.29	2017	2017	
地方政府	2016	5.14	2018	2019	
开放数据	2011	3.1	2018	2018	
数据治理	2019	8.69	2019	2023	
数据要素	2020	5.2	2020	2023	
隐私风险	2020	5.2	2020	2023	
影响因素	2020	5.13	2020	2023	
数据供给	2020	3.61	2020	2020	
数字政府	2019	6.55	2021	2023	
数字经济	2019	2.98	2022	2023	

图 1.5　关键词突现

（3）关键词聚类

主题词"政府数据开放"的 Modulariy Q 为 0.4627，表示其聚类效果非常好。Mean Sihouette 为 0.8037，表明关键词网络聚类效果理想，同一类文献具有很高的同质性。

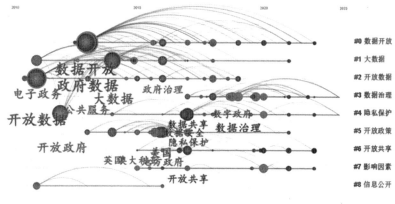

图 1.6　关键词聚类

4. Citespace 文献分析结论

根据 Citespace 文献分析可知，与公共数据市场化运营直接相关的文献甚少。从数量上来看，公共数据运营的文献仅有 73 篇，且公共交通、公交运营出现的频率比较高。具体而言，公共数据研究最多的主题是大数据、公共服务，公共数据研究跨度最长的主题是公共投资，公共数据当前研究的热点主题是数字经济、数字政府。公共数据运营研究最多的主题是公共数据、公共交通，公共数据运营研究跨度最长的主题是公共交通，公共数据运营当前研究的热点主题是数字经济。政府数据开放研究最多的主题是政府数据、数据开放，政府数据开放研究跨度最长的主题是信息公开，政府数据开放当前研究的热点主题是数字政府。同时，这三个关键词的聚类效果都比较好，说明相应研究主题下的文献比较同质。

（二）关于公共数据的研究

总体来说，我国学术界对于公共数据的研究内容大部分停留在"政府数据开放"相关制度的构建，或是"公共数据治理"中政府决策与管理的方法设计，缺乏对公共数据市场化相关理论和法律问题的系统研究。很多学者将"公共数据""政府数据"等概念混淆使用，对于市场化运营的内涵也存在多种不同表达，致使立法和实践中的明确性和实操性大大降低。以知网数据库文献检索为例，对"公共数据市场化"关键词进行检索，显示期刊文章33篇、学位论文2篇，其中大部分研究重点关注的是数据要素市场化配置、公共数据开放、公共数据治理问题，关于公共数据市场化运营的文献资料较少；以"政府数据市场化"为关键词进行检索，共显示期刊文章59篇、学位论文3篇，研究的焦点集中于数据要素市场化中政府治理方式的变革，如"数字政府""平台政府"的建设以及政府数据的开放问题；以"公共部门信息市场化"为关键词进行检索，显示期刊文章5篇、学位论文6篇，以"政府信息资源市场化"为关键词进行检索，显示期刊文章18篇、学位论文2篇，主要都是针对政府和其他公共部门信息的开发利用制度进行研究，并对欧美国家的制度经验进行参考和总结；以"公共数据开发利用"和"公共数据增值利用"为关键词进行检索，显示期刊文章13篇、学位论文2篇。由此看来，目前国内对于公共数据的市场化运营基础理论问题还没有系统深入的讨论，对于其法律规制问题的探索也处于初期阶段，亟须丰富相关理论内容和实践经验。

此外，本书运用了CiteSpace文献计量分析工具，对所参考文献的作者及合作情况、来源机构、关键词以及来源期刊等作出可视化分析，以得出有关公共数据市场化运营的研究热点和趋势。

研究公共数据市场化运营相关法律问题，首先要明晰"公共数据"的内涵与外延。但目前我国中央立法层面并没有明确公共数据的具体含义，地方立法对于公共数据的界定也存在不同的措辞和标准，导致公共数据的含义和范围处于模糊不清的状态，给公共数据的权属界定、开放开发、商业利用等各个环节带来一系列的困难。胡凌（2019）认为，"公共数据"可分为狭义和广义两层含义，狭义的"公共数据"是指政府或具有准公共职能的机构在行使有明确授权的公共职能的过程中自行获取的数据，或者是政府部门委托授权特定私营部门或个体行使特定公共职能过程中收集的数据，涵盖了"政务数据"，这些数据的基础是得到授权的行政行为。广义的"公共数据"范围则更加广泛和开放，涵盖在具有公共属性的领域或空间中，并非通过政府授权职责产生的但涉及公共利益的数据。郑春燕等（2021）在总结立法对于公共数据的规范以及众多学者的观点后，提出公共数据的内涵在不断地变化和扩张，提出公共数据主要是"特定主体＋特定目的＋特定行为"获得的数据资源，并将公共数据根据不同的控制者类型分为三个层次。笔者认为，随着公共数据与社会数据不断融合利用的需要，公共数据的界定标准可能会有所变化。在公共数据开放的早期阶段，我国的法规政策和学界观点几乎都将"公共数据"和"政府数据""政务数据"的概念混同使用，而在公共数据市场化运营的现期探索阶段，公共数据的界定标准逐渐将"主体"要素扩张至具有公共管理和服务职能的企事业单位、社会组织，而不止于行政机关；另外"目的"和"行为"要素也被纳入立法规范中，构成了如今公共数据界定的三要素标准。未来，在数据要素市场基本形成、公共数据市场化运营趋于成熟的阶段，笔者认为公共数据的界定标准将会再次发生变化，由现阶段的"主体论"转向"属性论"、"目的论"，不再将主体要素作为主要的判定标准，而是根据数据本身是否涉及公共利益内容或数据使用目的是否符合公共利益，作为纳入公共数据范畴的判断标准。

（三）关于公共数据市场化的研究

在公共数据市场化运营模式方面，早期就有学者提炼出公共信息资源"政府主导"、"企业主导"以及"政企合作"三种基础模式。夏义堃（2007）最早提出了三种公共信息资源的市场化配置方式：一是政府部门不直接参与市场化运作，而是鼓励私人机构对公共信息资源进行开发建设；二是政府部门直接开展市场化公共信息服务，收费全部上交国家财政；三是政府部门下属国有市场型信息组织开展市场化运营，收费归所在政府部门及相关信息机构所有。其中，第三种模式类似于目前探索的公共数据授权运营模式。黄如花（2016）等以美国政府为例，列举采取了三种政府数据合作模式：第一，政府主导型，通过政府主动开放自身数据吸引企业投资的方式来深化政府数据的创新应用，表现为举办创新应用竞赛、合作建立试点项目。第二，企业主导型，是指企业主动面向政府开放数据，通过以微观数据支持政府的宏观决策，来寻求政府监管的创新模式。第三，政府主导市场化运作，"政府主导"是指政府作为数据开放共享主体，"市场化运作"是指政府与企业通过签订合作协议、授予特许经营权、制定激励机制等方式，鼓励企业开放自身数据。赵秉元（2021）认为，公共数据市场化配置需要建立政企合作机制，第一是借助市场力量进行政府数据平台搭建及相关系统设施的建设，通过招投标等竞争机制选出最优的企业并与之合作，第二是鼓励企业对政府数据开放的技术上进行创新和研发，第三是要厘清政企间的职责、法律责任和经济利益。

其中，2022—2023年间开始有学者对公共数据授权运营这一模式进行针对性研究并有了相应成果。常江等（2022）专门就公共数据授权运营这一模式提出了以下观点：一是在法律属性方面，公共数据授权运营不是一般的行政许可行为，也不在我国法定的公用事业特许经营范围内，公共数据授权运营是公共服务性质的特许经营。二是在法律规制路径方面，可以采取先地方立法进行探索，为国家立法进行经验积累。要对授权运营对象、被授权主体和行政机关权利义务以及程序规则作明确规定，授权方要对数据开发行为进行全程监控以保证数据安全，同时在选择授权运营主体时，应衡量主体的安全管控能力。在确定授权对象时，应遵循公开、公平、公正的原则，被授权运营主体要始终处于行政机关监督之下，包括数据开发、应用、交易撮合、签订合同、业务结算等流程。此外还要加强信用监管，对严重违反协议扰乱秩序的列为失信行为，进行失信惩戒。宋烁（2023）认为，公共数据开放存在可用性低、开放利用效果不佳、开放政策不可持续、数据安全风险高等问题，为解决这些问题，公共数据授权运营作为公共数据开发利用的新机制被提出，但需厘清其与公共数据开放的关系。公共数据授权运营与公共数据完全开放、公共数据有条件开放并列，三者共同属于公共数据开放利用的主要机制。授权运营应被定位为公共数据开发利用的主渠道，完全开放定位为基础保障机制，有条件开放作为特殊场景数据利用的实现机制。

近十年来突现强度最强的是数据开放，突现起止时间是2017年和2019年，这段时间学者们对于数据开放相关问题聚焦关注，原因是大数据时代蓬勃发展，数字化政府的转型步伐逐渐加快，通过公共数据开放，在增强政府透明度、保护公众的知情权和参与权的同时，能促进数据的开放利用，释放数据的价值。而在2019年之后，研究主要重点逐渐转向公共数据的开发利用机制和市场化配置效率，成为进一步深化公共数据开放制度改革的重要研究阵地。

（四）关于公共数据开放的研究

公共数据开放中，之所以大多数政府对于公共数据市场化配置都没有提及，这是因为目前公共数据市场化遇到了一个最为核心的争议，即公共数据开放是否应该进行市场化。目前的主流观点是倾向于免费原则。一方面在于欧美国家基本上是基于免费原则开放公共数据的，另一方面是众多学者从公共数据的公共属性角度，对免费原则进行了论述。珍妮·滕尼森（Jeni Tennison，2014）认为，"开放数据不是政府的一个高价值收入来源，而是一种公共产品"；郑磊（2015）（2019）认为，公共数据开放属于公共服务，因此这些具有公共属性的数据只有能不能开放的问题，没有能不能收费的问题，政府"不能对原始数据本身收费"；齐英程（2021）认为，公共数据开放应"以正当性而非效率性为价值追求"；王勇旗（2019）认为，公共数据虽具财产性，但其公益性特质决定第三方共享公共数据应是无偿的；刘平（2018）基于"用纳税人的钱收集的数据应当向纳税人免费开放"的理念，认为公共数据应该免费开放。

究其原因，在于几乎所有的官方定义中，公共数据都是公共部门收集或产生的，而公共部门的行为是基于纳税人支持的行为，因此公共数据被视为一种公共资源，而公共数据开放则被视为一种公共服务。既然公共数据开放是一种公共服务，那么自然就不存在市场化配置的基础。

可见持公共数据免费开放观点的学者主要是从公共数据的属性出发，从法律伦理或行政伦理层面否定了公共数据市场化配置的可能。因而公共数据要进行市场化配置，同样需要在相同理论层面提出市场化配置的可行性或必须性。尽管一些学者在公共数据讨论中对市场化配置也有所建议和思路，如贺睿（2013）认为选择部分数据密集度高、数据可利用性高的政府部门开展数据使用付费方式试点工程。周华阳（2016）提出"大众开发模式"。王翔（2018）允许部分具有弱公共属性和强商业属性的公共数据适当收费。但是由于没有在理论层面进行市场化配置的论述，因而也对实施市场化配置缺乏一个足够的说服力。

胡凌（2019）在公共数据的研究中提出了一个公共数据开放的悖论，即如果将公共数据资源视为一种政府资产，那么政府就存在对资产保值增值的责任，这就必然会导致政府对公共数据进行排他性授权，从而导致公共数据开放失去公共属性，而更偏向于营利性。因此他认为"有必要将此类高质量资产限制在最小范围内，采用财产规则；而将大量数据开放，采用责任规则方法"。从文中论述可以看出，作者并未反对公共数据实现公共属性应该免费，只是从政府资产的角度，他又认为收费才能实现保值增值的目标。

赵加兵（2020，2021）认为政府信息免费公开方式实现公共数据开放将会严重限制公共数据价值的实现，认为公共数据交易机制应当以开放许可为基础展开制度建构，并在这个基础上规范公共数据开放许可的市场化定价机制，明确公共数据管理部门在公共数据开放许可中的职能定位。但是可以看出，从公共数据价值实现的层面提出不实施公共数据免费开放并没有很好回答公共数据属性的问题。

较有针对性进行问题讨论的是胡业飞（2019）、谢波峰（2020）。朱扬勇（2020）、谢波峰（2020）承认公共数据属于一种公共资源，但是他们认为正因为公共数据是一种公共资源，则应"由政府来代行相关权利，从而具有财政意义上公共性的基础"。同时他们认为如果公共数据免费则会形成"公地的悲剧"。胡业飞（2019）认为，公共数据的受益者并非广泛的民众，而是少数具备数据处理能力和需求的"特定受益者"，因此根据"受益者负担"原则，理应对公共数据收费。姜东旭（2021）尽管在其文章中并未就公共数据市场化进行专门的论述，但他提出了与"特定受益者"类似的观点。他也认为公共数据的使用者是少数具备能力的部门，对公共数据资源处理能力的差异形成了不平等。他认为"公共数据开放本身并不会自动带来数据公平和数据平等，虽然公共数据开放赋予了社会各类主体平等获取公共数据的机会，但是机会公平并不会自动产生结果公平，甚至会带来结果的不公平"。

免费原则的内在逻辑是基于公平原则，持该观点的学者并没有否认公平原则可能会出现低效率，但是他们认为公平更为重要。胡业飞（2019）、江东旭（2021）用结果的不公平来对应免费开放的形式公平显然更具备说服力。

（五）关于数据交易的研究

1. 数据的法律属性

齐爱明（2015）提出数据财产权的观点，认为数据是具有价值的，可以是财产权的客体，因此需要确立数据财产权。秦珂（2015）认为，数据模型是最有价值的，大数据是数据模型的产物，可以视为邻接权的客体进行法律规制。王玉林（2016）认为大数据具有财产属性，是信息财产权客体，是大数据控制人的数据资产。而梅夏英（2016）认为大数据不具备财产属性，因为数据具有非客体性和非财产性两个特征。郑佳宁（2021）认为物权法、知识产权法的规制路径，以及类比于商业秘密、虚拟财产均难以达到数据信息制度设计的规范目的，提出应将数据信息作为一类全新的财产对待。阮正贤（2021）认为大数据财产性具有正当性，且认定大数据财产权为集合权，法律保护方式可分属特殊权利法保护、合同债权法保护、侵权法保护、反不正当竞争法保护模式等。

2. 数据交易的法律属性

张敏（2017）认为数据交易的法律属性为买卖合同法律关系，其交易标的为大数据。梅夏英（2016）认为大数据交易的法律属性区别于传统的买卖合同，而是数据服务合同，表现形式是数据供给者向数据需求者提供数据。方凯（2022）认为政府数据开放情境下数据交易行为的性质判定需要结合不同开放模式、阶段及有偿性等因素进行综合考量。行政机关无偿开放的是公共服务，有偿开放的是民事合同；授权运营模式下行政机关与被授权主体之间构成行政协议，被授权主体与数据需求者之间构成民事合同。

3. 数据交易模式

李骥宇（2016）提出数据交易模式有三种，分别是大数据使用权交易模式、大数据收益权交易模式和大数据所有权交易模式。何培育（2017）根据数据交易平台的主要业务范围和支持背景，分为政府主导、企业主导和产业联盟性质的交易平台。唐斯斯（2018）认为我国大数据交易的主要类型包括基于大数据交易所的大数据交易、基于行业数据的大数据交易、数据资源企业推动的大数据交易、互联网企业派生出的大数据交易。李成熙（2020）认为大数据交易盈利模式主要有大数据交易平台盈利模式、大数据交易卖方盈利模式、数据持有型大数据交易平台盈利模式、技术服务型大数据平台盈利模式。

4. 数据交易定价

王文平（2016）提出数据交易平台可以采取固定定价、实时定价、协议定价和拍卖定价等定价方法。陈筱贞（2016）认为数据定价的模式有三种：一是买卖方一对一的协商模式；二是买卖方一对多的系统自动定价模式；三是动态应用效果定价模式。胡燕玲（2017）提出基于大数据的特征，定价策略可以包括预处理定价、大数据拍卖定价、大数据协商定价和反馈性定价等。赵馨燕（2022）设计了一对多数据市场竞价修正的 Rubinstein 博弈模型，模拟市场竞价与交易谈判两阶段博弈，得出卖方视角下市场竞价的数据商品均衡定价。

5. 数据交易监管

李海英（2016）认为数据交易具有法律红线，以保障安全、保护隐私、增加透明度、避免歧视为监管原则，明确参与交易的主体和数据类型。张敏（2017）提出确立政府行政整体监管和大数据交易平台自律具体监管并行的监管模式，并立法明确各自的监管范围，明确法律与行业规范的边界。张可（2018）在分析大数据交易各个环节的基础上，认为数据交易的主要法律问题是数据权属的界定和数据交易的监管。张敏（2023）提出平台对数据交易的监管应以"包容审慎"为原则，既要对数据来源和数据质量实行包容性监管，又要对数据安全和交易主体实行审慎性监管。

二、国外研究现状

近年来，由于信息技术的驱动和全球数字经济的蓬勃发展，国外许多国家都开始关注公共部门数据服务在其中的贡献和作用，以美国、欧盟等为首的发达国家走在了公共数据开放与利用的前列，对"开放数据（Open Data）"和"公共部门信息再利用（Reuse of Public Sector Information）"等相关概念进行了广泛深入的研究，并形成了完整的法律体系保障。其中，美国的立法路径更侧重于政府数据开放，2019 年通过的《开放政府数据法》（ Open Government Data Act，简称 OGDA），要求全面、及时地通过开放许可向社会公众开放数据，公共数据对公众免费，不限制复制、出版、发行、传播、引用或改编。而欧盟则侧重于在开放数据的同时如何对公共部门持有的信息加以有效利用，对我国的公共数据运营也更有参考和借鉴价值。欧盟在 2003 年就发布《公共部门信息再利用指令》，并在 2019 年修订为《开放数据与公共部门信息再利用指令》（ The Directive on Open Data and the Reuse of Public Sector Information，简称 PSI），内容包括公共部门信息再利用的范围、收费要求、许可证制度、竞争规则以及高价值数据开放等。2020 年，欧盟再次发布《数据治理法》（ Data Governance Act，简称 DGA），对公共机构持有的某些类别数据（涉及商业机密、知识产权、个人数据）的再利用进行了细化规定，明确了再利用的限制条件和公共机构的义务。

美国最早推行政府数据开放，因而美国对政府信息公开与政府数据开放两者关系的理论研究比较深入。詹妮弗·舍卡巴图尔（ Jennifer Shkabatur，2012）认为，行政机构会天然排斥政府信息公开，如果没有强制措施，它们不会选择开放对问责有益的数据。安迪·威廉姆森（ Andy Williamson，2014）认为，政府数据开放是政府信息公开的深化，政府数据开放提升了政府工作的透明度，有利于公众的知情权和监管权。在管理主体驱动下政府信息服务外包化导致不透明，政府数据开放可以重建公众对政府的信任。迈克尔·哈伯斯坦（Michael Halberstam，2015）对此持反对观点，他认为政府数据开放强调创新与效率，不同于知情权和政府透明，政府数据开放与政府信息公开的目标完全不一致。他从平台政府思想出发，认为政府应该主动开放政府数据，让社会主体充分利用开放的政府数据，以解决政府的问题和提升政府的治理能力。爱德华·多夫（Edward S. Dove，2015）提出政府数据开放有利于促进公众的政治监督，增强市场主体的合作，降低企业的生产要素成本，促进数据的高效生产和创新。

在公共部门信息再利用的研究方面，国外学者詹姆斯·卡瓦纳（James Kavanagh，2005）提出，公共部门信息的出售在实践中体现为公共机构向私营企业提供有价值的商业数据集，例如在英国，公共部门的"贸易基金"有法定义务确保回收全部成本，并有可能有目标回报率，以实现信息的供应。而他又提出，公共部门信息是否应该收费这个问题产生了一定的争议，一方面政府为了广泛的社会经济利益应及时、公平地将信息提供给所有人，另一方面"贸易基金"模式也体现了以商业为重点使用公共部门信息的优势。然而，商业化运作的公共部门需要接受竞争法的监督。马焦·利诺（Maggio Lino）和玛丽亚·特蕾莎（Maria Teresa，2012）从竞争法角度界定了 PSI 的两个市场，分别是提供该信息的市场（PSI 的上游市场）和该信息以增值产品或服务的形式交付给客户的市场（增值产品的下游市场）。他们认为，公共机构逐渐地参与到了下游市场的运作中，而私营企业也开始生产一些与公共机构持有信息相当的信息内容，使得 PSI 市场更加复杂，需要竞争法加以规制。米利安（Miriam）和马科维茨·比顿（Marcowitz Bitton，2015）提出了

"公共部门信息商业化利用"的概念，认为公共部门信息是一种有价值的信息产品，可以通过多种方式进行商业化，并建议采用发放许可证的方式，引入共享协议将公共部门信息授权给他人，被许可人向政府支付使用费。

国外针对公共数据开放与利用、公共数据市场化运营的法律体系较为完备，研究内容也较为丰富且系统化，不仅包括对法规政策的全面解读，也涵盖了基本理论的探讨，并在实践中积累了宝贵经验。这有利于为我国公共数据的开放利用发展提供有益借鉴。

第二章 公共数据市场化配置的
理论分析

第一节 公共数据

一、公共数据的含义

"公共数据"作为一个比较新的概念，还没有出现一个官方化的绝对性定义，传统的词典并没有对其进行解释说明，但是"公共数据"这个名词由"公共"和"数据"两个概念结合而成，我们可以对"公共"和"数据"的概念进行查阅，从而明确"公共数据"的概念。《现代汉语词典》对"公共"的定义是属于社会的，公有公用的。现代汉语词典对"数据"的定义是进行各种统计、计算、科学研究或技术设计等所依据的数值。结合"公共"和"数据"的定义，可以简单地将"公共数据"归纳为"公有公用的进行统计、计算等所依据的数值"。

在国内的法规政策和学术文献当中，除了"公共数据"之外，"政府信息资源""政府数据""政务数据"等概念出现的频次也较多。最早的立法者以"政府信息"为核心概念，以保障公民依法获取政府信息为目的，制定了《中华人民共和国政府信息公开条例》，对

"政府信息"作出明确定义[1]，表明政府信息的主体是行政机关，信息从履行行政管理职能过程中制作或获取。2016年国务院发布《政务信息资源共享管理暂行办法》，进一步提出"政务信息资源"这一概念，除了政务部门在履行职责过程中制作或获取的信息资源外，还包括"政务部门直接或通过第三方依法采集的、依法授权管理的和因履行职责需要依托政务信息系统形成的信息资源等"[2]。

随着大数据的快速发展和应用，"数据"被列为国家基础性战略资源，我国立法者倾向于采用"数据"来逐步代替"信息"的概念。例如，2015年《促进大数据发展行动纲要》中提出"加快政府数据开放共享""构建互联网政务数据服务平台"等，"政府数据""政务数据"等词出现的频率逐渐增加。各地也开始了相关的地方立法，出台了一系列的政府规章和地方法规，如《福建省政务数据管理办法》《重庆市政务数据资源管理暂行办法》《山西省政务数据管理与应用办法》等，推动政府数据开放和共享、建设数字型政府成为了地方数据立法的主要目标，并在很长一段时间内成为数据立法的主要内容。

随着电子政务建设的逐渐成熟和政府数据开放范围的不断扩大，社会公众期待能获取数量更多、质量更好的数据，且已经不满足于单向的政府数据共享，而是将目光转向数据的融合、开发与利用，以创造更大的经济和社会价值。因此，"公共数据"的概念应运而生，开始作为中央和地方数据立法的对象和客体。在中央层面没有对公共数据进行专门立法的背景下，各地陆续出台了相应的公共数据管理办法，试图对公共数据这一新兴概念进行立法探索。最早采用公共数据并进行明确定义的是2016年发布的《贵州省大数据发展

---

[1] 参见《中华人民共和国政府信息公开条例》第2条。
[2] 参见《政务信息资源共享管理暂行办法》第2条。

应用促进条例》，规定公共数据是"公共机构、公共服务企业为履行职责收集、制作、使用的数据"，[1]随后吉林省、安徽省，以及深圳市、上海市等多地区相继将公共数据资源的管理纳入地方法规，并尝试用"公共数据"逐渐取代"政府数据""政务数据"等概念。

由此看出，"公共数据"这一规范用词并不是凭空冒出，而是与我国数字经济发展的需要和数字型服务型政府建设的进程息息相关，其含义呈现出明显的动态变化趋势。但还需注意的是，由于中央层面尚无对公共数据的专门指导性规定，许多法规政策文件中仍然将上述多个概念混杂使用，导致学术界并未厘清公共数据与政府信息资源、政府数据和政务数据等的范围边界，对于公共数据含义的认知也引发了较多讨论和研究。有学者认为，政府数据是政府及其部门的数据，政务数据不仅包括政府数据，还包括具有行政主体资格的其他行政机构的数据，而公共数据涵盖范围最广，除了政府数据、政务数据还包括社会数据中具有公共利益相关性的部分。也有学者认为，与行政管理职能有关或具有重大公共价值的公共数据，均应纳入政府数据的概念之中。还有的学者直接将公共数据混同于政府数据，认为公共数据是"政府在履行公共管理职责和提供公共服务过程中形成的非专属于行政相对人的数据"。因此，明晰公共数据与相关概念的区别对于后续的研究尤为重要。

二、公共数据的界定标准

（一）以"主体"要素为核心的界定标准

现阶段，我国公共数据的市场化配置发展还不成熟，市场化运营机制尚未建立健全，仍然处于初期探索阶段。在该阶段，我国各地立法对于公共数据的概念形成了一定的基本共识，围绕"主体"

[1] 参见《贵州省大数据发展应用促进条例》第38条第1款。

要素（公共管理与服务机构）、"目的"要素（履行公共管理与服务职责）以及"行为"要素（收集、获取、制作、产生等）对公共数据进行定义，有少部分省市还增加了"形式"要素，即以电子或其他形式记录和保存的数据。其中，大部分立法都以特定的"主体"为核心要素来对公共数据进行界定，其他要素则围绕"主体"要素起到了辅助性界定的作用。由此可见，现行法规对公共数据的界定趋向于"主体论"，即将公共数据的主体限定为我国的公共管理与服务机构（以下简称"公共机构"），采纳了目前学界对于公共数据的中义解释。[1]

立法者倾向于采用"主体"要素作为公共数据核心界定标准的原因在于：第一，主体界定是法律概念界定中极为重要的一环，明确法律主体以及相应的权利和义务是传统法律规范的基本要求。第二，对公共数据主体进行限定，是基于实践中已有的对"个人数据""企业数据"和"公共数据"的区分，这种主体划分便于明晰公共数据范围的边界，加强人们对于公共数据的认知。第三，公共机构负有法定的公共职责，其行使公共职能的目标是公共利益与社会福利，将其设置为公共数据的主体有利于为民众提供公共服务，促进社会整体发展。同时，公共机构有能力对公共数据进行快速高效地收集、归集并上传至公共数据平台，对公共数据进行统一管理与使用。第四，公共机构对于公共数据负有严格的安全保障义务，能够做到内部全过程监管和风险控制，保障数据安全和个人信息安全。总体来说，采用"主体论"的定义更容易清晰地界定公共数据，督促公共机构履行公共职责、实现公共利益，同时发挥公共机

---

[1]目前，学界对于公共数据的含义有狭义、广义和中义三种解释。狭义的公共数据仅指行政机关或有行政委托授权的组织产生的数据，广义的公共数据则包括了公共领域中所有涉及公共利益的数据，中义解释在狭义基础上增加了事业单位、公共服务企业等公共数据主体，一定程度上扩大了主体范围。

构对于公共数据的统一管理作用，具有操作上的便利性。

然而，直接限定公共数据主体的做法或许可以加强立法的明确性与易操作性，符合公共数据市场化阶段的短期目标，却不一定契合立法的科学性以及公共数据治理的最终目标。首先，以"主体"要素划分公共数据范围，实际上并不符合数据的基本特征，因为个人数据、企业数据、公共数据的边界往往具有较大的模糊性，常常是"你中有我，我中有你"，呈现错综复杂的联系，若简单地将公共数据主体限缩为公共机构，显然缺乏有力支撑和科学依据，也容易引起数据类型判定的混乱。其次，突出公共机构作为"主体"的意图本质在于确定公共机构对于公共数据的持有权、控制权和管理权。然而，公共机构可以作为公共数据的统筹管理者，也可以作为公共数据市场化运营的主导者，但在数据来源和数据生产经营等具体环节中却不是唯一的数据主体，相对地，各类社会市场主体将会在上述各环节中发挥更为细微和举足轻重的作用，强化公共数据作为"生产要素"的功能，推动公共数据在数据要素市场中的流通。因此，仅在立法中将公共机构作为公共数据主体，似不仅不足以表明其意义，反而有引起对公共数据权属争议的可能。此外，从立法规范的演变以及实践发展趋势来看，早期我国的法规政策和学界观点几乎都将"政府部门""政务部门"作为数据主体，而在以公共数据开发利用为主的现阶段，公共数据的界定标准早已经有所变化，"主体"虽仍是界定的核心要素，但其范围已经逐渐扩张至提供公共服务的企事业单位，趋向于丰富公共数据的内涵、扩大公共数据的外延。究其根本原因，是因为数据质量与数据规模成正相关关系，只有丰富了数据资源池，数据的完整性、准确性才会更高，数据质量才会有提升。同理，扩大公共数据的主体范围实际上就是扩大公共数据的数量与规模，提高了公共数据资源池的完整性，这对于优化公共数据服务有极大的益处。特别是在国有企业与私人企业高度共存且涉及公共利益的市场，如医疗、教育、金融等行业，如果公共数据仅纳入国有企事业主体的数据，而遗漏了私人企业的数据，那么行业内数据会出现欠缺，对于数据的开发、再利用无疑会产生不同程度的影响。因此，尽管以"主体"要素为核心的公共数据界定标准在现阶段更具有可操作性和便利性，但以长远的目光来看，减少对主体范围的限缩更有利于公共数据市场化与公共数据治理现代化的进一步发展。

（二）以"目的"要素为核心的界定标准

现行法中，公共数据的"目的"要素在法律文本中主要体现为"依法履行公共管理和服务职责"。履行公共管理与服务职责，其蕴含的本质实际上是促进公共利益的实现，与公共数据市场化发展的长期目标和公共数据治理的最终目标相吻合。据此，未来"目的"要素应作为公共数据的主要界定标准，并且其规范内涵应在现行法的基础上有所扩展：以实现公共利益为基本原则，以创造公共数据价值、提升公共数据治理能力、推动数字经济发展为法治目标，强调公共数据的公共属性和社会属性，而非单纯地由公共机构履行法定职责。而这也意味着，未来公共数据范围应进一步扩大至社会中与公共利益密切相关的、具有公共属性的数据，数据主体范围也将从公共机构扩展至更广的社会主体。

将与公共利益密切相关、具有公共属性的数据纳入公共数据范畴，对于公共数据的进一步市场化开发利用具有重要意义。公共数据范围将不再局限于公共机构所生成和持有的数据，社会企业中尤其是一些大型企业也掌握着海量的数据资源，其控制的涉及公共利益的数据也应纳入公共数据范畴。在数字化经济高度发展的现在，社会私人企业的影响力越来越高，一些大型互联网企业拥有较高的市场支配地位，业务范围越来越广、市场覆盖面越来越宽，完全突破了传统企业在地域、行业上的限制。而业务和市场覆盖面越大，就意味着企业的一举一动与公共利益的相关性越来越强，应承担的社会责任越来越多。因此，将私人企业掌握涉及公共利益的数据纳入公共数据范畴，不仅可以更有效地监督企业的行为，督促企业履行社会责任，防止企业实施数据垄断，而且私人企业数据也是公共数据的一个有效补充，可以避免公共数据中产业与行业数据的缺漏。公共机构作为公共数据资源的统筹管理者，可以通过合法途径要求企业对外开放共享与公共利益密切相关的数据，或依法征集、采购企业中的公共数据纳入公共数据管理体系，扩大公共数据资源池。这样一来，公共数据资源变得更加完整、准确、丰富，对未来公共数据资源的开发和利用提供了有力的数据来源支撑，同时公共数据的流通将不再局限于公共机构单向的数据开放，而是转变为"公共机构—社会"的双向循环结构，大力推动了公共数据与社会数据的融合利用，提升了公共数据的质量和公共数据的流通效率。在国外，一些学者也曾以公共数据服务的"公共利益"目标为依据，论述了公共部门获取私营企业数据的正当性，提出"反向PSI（Public Sector Information）"的概念，即允许公共机构使用私人持有的数据，欧盟委员会对此也确定了一项战略，以增加私营部门收集的数据的共享，造福公共部门。作者提到，这是以公共利益为焦点的制度设计，目的是在保护个人基本权利的基础上增进共同福利。此外，法国于2016年发布《数字共和国法案》，提出"普遍关心的数据"的概念，这些数据不仅来自公共机构，也可能来自私人部门、社会团体等，国家对这些机构的活动发放补贴，从中调取数据用来做统计调查等工作。

　　基于此，我们需要进一步思考和论证的问题是：如何认定社会企业所掌握数据"与公共利益密切相关"，其范围边界在哪里？"公共利益"一词存在于国内外各类法律规范中，并常与"国家利益""社会利益"等概念同时出现。我国《宪法》《民法典》都有关于国家为了公共利益需要对私人财产权益进行限制的规定，在个人信息保护、数据安全保护领域亦有公共利益相关条款，例如个人信息或数据处理活动中对于危害公共利益的禁止性规定，为维护公共利益处理个人信息的责任豁免规定，以及涉及重大公共利益数据的管理规定，等等。然而，法律规范中对于公共利益的规定一般都属于原则性规定或兜底性条款，导致实践中也存在认定上的困难。著名学者王泽鉴认为，公共利益是"不特定多数社会成员的利益"，也有学者提出，"公共利益"本身就具有不确定性、抽象性、概括性等特征，具体表现为利益内容的不确定性和受益对象的不确定性。

虽然公共利益在内涵和外延上具有不确定性和模糊性特征，但就像一位学者所说的，"尽管'公共利益'的概念确实具有不确定性，但若置于特定语境下，'公共利益'一词的模糊性便可消除殆尽"。在实际立法中，我们依然可以根据不同制度所追求的目标，采用"基本内涵确定＋非穷尽式列举＋兜底性条款"的方式来对其进行界定，此种立法模式在法律制度中也较为常见。例如，在知识产权制度中，植物新品种权中的公共利益通常定性为国家粮食安全，药品专利强制许可制度中通常表现为公共健康。对于公共数据而言，我们可以确定公共利益的基本内涵为"国家数据安全的保护""公民数据权的保护""公共数据价值的释放""数字经济的发展"等，将公共数据的具体类别（如国民经济、道路交通、环境资源、公共卫生健康等等）、各类主体为了公共利益需要使用公共数据的情形（如政府可以基于疫情防控等需要调取企业中的数据）作非穷尽式列举，最后再增加兜底性条款来约束尚未出现的公共数据类别或数据使用行为。同时，我们还应认识到，将法律规范具体化的任务不应只由立法层面独自承担，实践中有大量关于公共利益的认定规则是通过司法机制予以厘清的，在个案中综合考量各种情形、要素、证据等对公共利益进行认定尤为重要。公共利益的不确定性和数据的复杂性都要求我们在遵循基本原则的同时，要从主体间约定的权利义务关系出发，考虑包括数据使用主体、使用目的、使用行为、使用场景等在内的各种因素，针对具体案件进行具体分析。

（三）两种界定标准的比较

以"主体"要素为核心的判定标准在数据主体范围划分上具有明确性，在公共数据统筹管理方面具有便利性。但该界定标准易导致私人企业中重要行业数据的缺漏，而这部分数据可能涉及重大公共利益，需将其纳入公共数据范畴，构建以"目的"要素为核心的判定标准，确保公共数据的完整性和准确性。

主体论强调数据来源的主体，将公共数据视为公共部门的数据。而目的论强调数据属性，将具备公共性质的数据视为公共数据。从范围而论，目的论是包含主体论的，两者最大的不同，在于是否将社会数据中具有与大多数人息息相关的、涉及公共利益的数据归于公共数据的范畴。

表 2.1　关于公共数据定义的两类观点

	划分标准	数据范围	优点	缺点	主要案例
主体论	强调数据来源的主体，将公共数据视为公共部门的数据。	仅限于公共部门所属数据，范围小。	1. 数据界限明晰。 2. 后续操作简单。	1. 数据集少。 2. 可能会产生数据偏差。 3. 对政府效能提升较少。	绝大多数的政府法规均采用主体论定义。
目的论	强调数据属性，将具备公共性质的数据视为公共数据。	包含了主体论定义的数据同时也包括具有公共属性的社会数据，范围大。	1. 数据资源丰富，对未来的数据资源挖掘和利用提供更大支持。 2. 数据完整性高。	1. 数据界限模糊，可能存在争议。 2. 存在法律上的欠缺。 3. 操作难度较大。	主要出现在众多学者专家的观点和建议。

简单来说，两种定义逻辑并无对错之分，而是在效果层面和操作层面各有优缺点。介于主体论和目的论之间，还存在一种观点，即认为公共数据应该包含政府从社会部门购买的具备公共属性的数据。这种定义一方面由于包含了社会数据，在数据集的完整性上要优于主体论，同时又强调公共部门购买，即数据归属的主体仍然为公共部门，因而数据边界也较为明晰。

三、公共数据的政策定义

进一步从法律法规中来对"公共数据"的概念进行界定，发现当前，中央层面的立法并没有直接对"公共数据"进行定义。地方层面，很多省市以地方性法规或地方政府规章的形式出台了本省（市）的公共数据法案。"公共数据"的定义内涵有着很大的差别，原因是各地公共数据治理实践的进度不同。《上海市数据条例》中的公共数据，是指本市国家机关、事业单位，经依法授权具有管理公共事务职能的组织，以及供水、供电、供气、公共交通等提供公共服务的组织，在履行公共管理和服务职责过程中收集和产生的数据。[1] 虽然目前对于公共数据的定义还存在着一些争议，但从我国各地政府在公共数据相关管理文件的定义中可以看出，官方定义总体而言还是趋近相似的。各省市对公共数据详细的定义见下表2.2。

表 2.2　省级政策中关于"公共数据"的定义

	省市	政策名称	概念内容
1	上海市	《上海市数据条例》	公共数据，是指本市国家机关、事业单位，经依法授权具有管理公共事务职能的组织，以及供水、供电、供气、公共交通等提供公共服务的组织，在履行公共管理和服务职责过程中收集和产生的数据。

[1] 参见《上海市数据条例》第 2 条第 4 款。

	省市	政策名称	概念内容
2	浙江省	《浙江省公共数据开放与安全管理暂行办法》《宁波市公共数据安全管理暂行规定》	本办法所称的公共数据，是指各级行政机关以及具有公共管理和服务职能的事业单位（以下统称公共管理和服务机构），在依法履行职责过程中获得的各类数据资源。
3	北京市	《北京市公共数据管理办法（征求意见）》	本办法所称公共数据，是指本市各级行政机关和公共服务企业在履行职责和提供服务过程中获取和制作的、以电子化形式记录和保存的数据。
4	重庆市	《重庆市公共数据开放管理办法》	本办法所称公共数据，是指本市各级行政机关以及履行公共管理和服务职能的事业单位（以下简称公共管理和服务机构），在依法履职过程中产生、采集和制作的，以一定形式记录、保存的各类数据资源。
5	天津市	《天津市公共数据资源开放管理暂行办法》	本办法所称公共数据资源，是指本市政务部门及履行公共管理和服务职能的事业单位在依法履职过程中制作或者获取的各类数据资源。
6	广东省	《广东省公共数据管理办法》《深圳经济特区数据条例》	公共数据，是指公共管理和服务机构依法履行职责、提供公共服务过程中制作或者获取的、以电子或者非电子形式对信息的记录。
7	广西壮族自治区	《广西公共数据开放管理办法》	本办法所称公共数据，是指各地各部门各单位以及法律、法规授权具有公共管理和服务职能的企事业单位、社会组织（以下统称数据开放主体）在依法履职或生产经营活动中制作或获取的，以一定形式记录、保存的文件、资料、图表、图像、音频、视频、电子证照、电子档案和数据等各类数据资源。
8	江苏省	《江苏省公共数据管理办法》	本办法所称公共数据，是指本省各级行政机关、法律法规授权的具有管理公共事务职能的组织、公共企事业单位（以下统称公共管理和服务机构）为履行法定职责、提供公共服务收集、产生的，以电子或者其他方式对具有公共使用价值的信息的记录。
9	吉林省	《吉林省促进大数据发展应用条例》	行政机关以及具有公共事务管理职能的组织在依法履行职责过程中，采集或者产生的各类数据资源属于公共数据。

	省市	政策名称	概念内容
10	河北省	《河北省信息化条例（修订）》	公共数据，包括政务数据以及具有公共管理和服务职能的企业事业单位在依法履行公共管理和服务职责过程中制作或者获取的，以一定形式记录、保存的文件、资料、图表和数据等各类信息资源。 本条例所称具有公共管理和服务职能的企业事业单位包括但不限于邮政、通信、水务、电力、燃气、热力、公共交通、民航、铁路等。
11	贵州省	《贵州省大数据发展应用促进条例》	公共数据，是指公共机构、公共服务企业为履行职责收集、制作、使用的数据。
12	陕西省	《陕西省大数据发展应用条例》（征求意见稿）	本条例所称大数据，是指以容量大、类型多、存取速度快、应用价值高为主要特征的数据集合，是对数量巨大、来源分散、格式多样的数据进行采集、存储和关联分析，从中发现新知识、创造新价值、提升新能力的新一代信息技术和服务业态。
13	山东省	《山东省大数据发展促进条例》《青岛市公共数据开放管理办法》	本条例所称大数据，是指以容量大、类型多、存取速度快、应用价值高为主要特征的数据集合，是对数量巨大、来源分散、格式多样的数据进行采集、存储和关联分析，发现新知识、创造新价值、提升新能力的新一代信息技术和服务业态。 国家机关和法律法规授权的具有管理公共事务职能的组织、人民团体以及公共企业事业单位等（统称公共数据提供单位）在依法履职中生成和管理的各类数据（统称公共数据）。 本办法所称公共数据，是指数据开放主体在依法履职过程中，采集和产生的、以电子化形式记录和保存的各类数据资源。
14	安徽省	《安徽省大数据发展条例》	本条例所称大数据，是指以容量大、类型多、存取速度快、应用价值高为主要特征的数据集合，是对数量巨大、来源分散、格式多样的数据进行采集、存储和关联分析，发现新知识、创造新价值、提升新能力的新一代信息技术和服务业态。

条例对公共数据的定义是较为有代表性的一种定义，从定义可以看出，首先，条例的主要思想还是基于主体论定义的。其次，条例并非明文排除外购数据，而外购数据可视为"履行公共管理和服务职责过程中收集的数据"。事实上公共部门在公共管理和公共服务中本来就需要收集大量的社会数据，与外购数据的差异只在于有无付费而已。美国在公共数据管理条例中提出：多样化数据准入以及利用购买力，即系统性利用私营部门对数据资产、服务和基础设施的购买力，促进效率和降低成本。当政府如果发现自行收集社会数据成本要高于从私人部门购买数据，显然外购数据是更合理的选择，因而排除外购数据于公共数据之外并无意义。

四、公共数据的法律属性

在数据权利制度尚在探索的情况下，公共数据的权属由于其特殊的公共属性被单独探讨。目前已有地方立法对公共数据的法律属性做出明确规定，尝试将其纳入国家所有权的范畴，例如，《福建省政务数据管理办法》规定政务数据资源归国家所有，纳入国有资产管理体系进行管理[1]，《重庆市政务数据资源管理暂行办法》也规定了政务数据资源属于国家所有。[2]据此，不少学者认为这一做法具有合理性，并从劳动赋权、公共信托、功利主义等理论视角予以证成。基于此还有学者从大陆法系的公物法理论出发，进一步提出根据使用目的和使用行为的不同，公共数据呈现出不同的法律属性。当公共数据服务于公共目的和公共利益进行开放时，属于"公共用物"，类似于公路、铁路等基础设施，全体民众都可对其进行平等利用；当公共数据投入商业化运营时，就属于"国有私产"，

---

[1] 参见《福建省政务数据管理办法》第3条。
[2] 参见《重庆市政务数据资源管理暂行办法》第4条。

适用特别使用机制，采用一般行政许可、行政特许的使用路径。当然，也有不少学者对公共数据国有产生质疑，认为地方立法对于公共数据权属之界定似有越权之嫌，公共数据与自然资源性质不同难以类比，况且将公共数据作为国有财产进行排他授权，可能会导致公共服务偏向营利性，违背公共数据的公共属性。因此，有必要针对公共数据国家所有的理论争议作出回应，并对公共数据可行的确权路径作出解答。

根据洛克的劳动赋权理论，公共管理与服务机构作为公共数据的收集者、制作者、开放者，对公共数据施加了一系列的附加劳动，因此可以对公共数据主张财产权。公共信托理论强调，政府作为受托人为了全体民众（即委托人、受益人）的利益，对公共数据进行管理和利用，并承担数据安全保护义务和数据公共管理责任。功利主义理论则重点突出了公共数据作为资源的利用价值，强调开放和利用公共数据对于社会整体福利最大化的作用。然而，上述理论尽管存在一定的合理性，却在公共数据领域产生了不同程度的误用，难以成为设立公共数据国家所有权的充分条件。洛克的劳动理论是从"天赋人权""自然法"思想出发，旨在维护个人的自然权利不受任何人侵犯，强调私权的重要性，而公共数据国家所有具有很强的公权属性，并没有完美地落入这一私权领域。公共信托理论最早产生于英美法，在我国也有一定的发展历史，但更多的是用来论证国家作为自然资源所有权主体的宪法义务，作为环境公益诉讼、生态环境损害赔偿诉讼中环境权益的理论基础，而公共数据的属性和特征与自然资源截然不同，不能将其简单套用到公共数据的所有权论证中。功利主义法学理论认为人的行为受功利目的支配，强调追求最大多数人的"最大幸福"，不少学者认为公共数据国家所有可以最大化实现公共数据的价值，从而增加社会整体福利。但与洛克劳动理论相类似，功利主义实际上是自由资本主义时期的产物，其核心仍然是个人为了自己的利益而自由竞争，国家只提供自由竞争的环境并不去干涉或参与竞争。更何况，功利主义原则无法解释公共数据归国家所有是否能达到"最大多数人"获得"最大幸福"的目的，更无法解答对公共数据到底采用何种制度设计可以达到福利最大化，相较于其他理论而言更具"模糊性"。

此外，公物法理论在公共数据使用领域的适用有一定的合理性，也具有一定的局限性。在大陆法系中，公共用公物的概念和内涵有些许不同，法国分为公产和私产，其中公产是指公众可以直接使用的财产，或属于执行公务用的财产，或不直接提供公众使用或公务使用，但与其相接触而形成公产；德国规定的公共用公物主要是指提供公用、直接以达成特定的公用目的，受行政公权力支配的公共用物，属于行政法规制范畴，具体分为公物和私物，前者是指行政主体直接用于执行公务的行政财产和行政相对人可以自由使用的财产，后者是指间接用于公共行政的财政财产和基于公务目的设立的经济设施、企业财产。其中，法国认为公物权是财产权，且"公私分明"，公物权一般只受公法规制，德国则将公物权纳入物权体系，建立在所有权制度基础上，是公法与私法结合的产物。在我国，公物法理论的发展受德国影响较深，认为公物一般是行政主体基于公共目的提供给公众使用的财产。由此看来，在使用目的方面，公共数据与公物类似，都是为了公共利益目的，满足公众的生活生产需求，保障和增加社会公众的福利。但是，在主体和客体要素方面，公共数据与传统的公物依然有所不同，公共数据的持有主体除了行政主体之外，还包括其他的事业单位、公共服务部门、社会企业与团体等，主体范围的外延要大于公物。并且，公共数据本身作为一种无形性、无限性、可复制性资源，与一般的财产概念并不相同，甚至公共数据资源本身能否纳入"财产"这一范畴，目前都尚无定论：一是，数据产生的本质属性在于流通和共享，并不在于排他性占有；二是，当前原始数据的价值根本无法判定，只有数据产品和服务的价值可以根据市场机制生成，在这个维度下公共数据资源与传统的财产有本质上的不同。因此，尽管公共数据的使用目的与公物法相类似，但在本质属性方面与传统公物仍有较大区别，不能简单地套用公物法理论，需要在具体细节上加以区分。

由此看出，对于公共数据国家所有的理论论证进路似乎总有缺憾，即使对上述理论作扬长避短的去存或在新的理论领域深耕，公共数据国家所有的立法也会对我国传统法律制度体系造成较大冲击，产生大量的法律修改和制定工程。一方面，在数据权属尚未明确规定时，规定公共数据归国家所有缺乏合理性与合法性基础，同时，地方立法规定公共数据国家所有也涉嫌违反我国《立法法》原则；另一方面，根据《宪法》与《民法典》规定，公共数据的特殊属性使其不能直接类比于国家所有权现有任何一类权利客体[1]，不能完美融入国家所有权的权利体系。此外，如果将公共数据定义为国家所有，那么就有可能导致政府依靠其强势和优益性地位利用公共数据进行逐利活动，甚至滥用行政权力控制公共数据，阻碍公共数据的开放与流通。

因此，公共数据的法律属性界定不应拘泥于传统权利体系，而应该根据尊重数据的本质特征，顺应目前数据新型权利的发展趋势，将界定的标准从"归属"标准转变为"使用与管理"标准，重点关注数据在流转中的各种形态、各主体对于公共数据的使用行为以及对数据产品的分配利益，而不是关注数据本身所有权的归属。在这方面，数据权利的构建与知识产权制度具有相似性，其目的都

---

[1] 根据《民法典》第五章规定的内容，国家所有权客体可大致分为国有自然资源、国有公共用财产以及国有运营资产三类。

是在保障基本信息能够流通共享、造福社会的前提下，鼓励公众进行产品创新，提高生产的积极性和创造性。现阶段，可设置公共数据资源持有权、管理权、加工使用权、产品与服务经营权等权利类型，明确各项权利的具体权能。根据公共数据当前的法规范含义，公共数据资源持有权的主体应是公共管理和服务机构，此时的公共数据的形态属于数据"资源"，也就是未经深度加工处理的原始数据，随着公共数据主体界定标准的演变，未来公共数据资源的持有权主体可拓展至更广泛的社会主体。同时，由于公共管理和服务机构的公共性，可设其为公共数据管理权主体，负责统筹规划公共数据管理和发展工作、建立公共数据资源管理体系、建设公共数据资源管理平台等，维护公共数据的完整性、真实性、准确性，授权开展公共数据开放和运营等活动。其中，公共数据运营机制可引入广大的市场主体作为公共数据加工使用权、产品与服务经营权主体，推动其挖掘公共数据潜在价值，提供数据产品与服务并获得一定的合理收益。这个过程也是数据资源向数据产品与服务转变的重要环节，在该过程中，数据利益的分配问题应重点关注。

同时，在当前数据分级分类授权的基本要求下，应尽快推动公共数据分级分类授权许可制度的建立与完善。在政府数据分级分类授权许可方面，国外有着较为丰富的经验，值得我们借鉴：英国目前使用的是国家档案馆2016年制定的《英国政府许可框架》，总共包含六种许可方式，其中包括开放政府许可、非商业使用政府许可、收费许可、开放最高法院许可，等等。法国在第2016-1321号法律《数字共和国》中也规定了数据授权协议清单，主要包括开放许可、开放数据库许可以及软件源代码的授权许可等。立足于我国公共数据开放和运营机制双轨并行的实际情况，公共数据管理部门可着手制定公共数据分级分类授权许可清单，以公共数据使用的公共利益目的为基本原则，根据公共数据开放、公共数据市场化运营等不同制度的具体目标，设置不同的使用与管理许可类型，这样既有利于推动服务型政府的建设，也提升了公共数据开发利用的效率。

五、公共数据与相关概念的辨析

（一）公共数据与政府／政务信息资源

"数据"和"信息"的区别一直以来多有讨论，有学者从内容与形式的角度阐述了数据和信息的关系，即信息是数据的内容，数据是信息的形式，两者不能被割裂开来谈论。还有学者补充说明了信息所涵盖的范围实际上大于数据，除了电子化方式，信息也可以通过纸张等传统媒介进行表达，因此从载体角度来说，政府／政务信息的外延要比数据更为广泛。不过随着数字化的日益推进，大部分信息内容都在互联网上呈现，如果一味地对数据和信息的自然属性进行区分，似乎没有较大的法律意义，应当以社会发展背景为基础，以规范文本为核心，从不同阶段的立法意图和目标中对其含义进行解读。我国政府信息公开条例第一条就明确规定，"政府信息"的使命在于向社会公开，建设阳光透明的政府，保障民众的知情权等民主权利，《政务信息资源共享管理暂行办法》中也提到了政府公信力的增强、行政效率的提高和服务水平的提升。因此，"政府信息资源"一词往往与"公开""共享"联合使用，并且在强化政府监督、保障民主权利的立法目的下，行政机关成为该行为理所当然的实施主体，政府信息公开行为也成了其必须履行的、具有可诉性的法定义务。而对于公共数据来说，尽管公共数据开放共享仍然是行政机关职能履行的重点，但公共数据开放所带来的成本压力大、数据可用性低、数据安全风险高等问题已不可和政府信息公开制度同日而语，最重要的是，公共数据的性质也正在从"治理要素"向"生产要素"转变，对其进行开发利用并创造出新的数据价值成为当前公共数据立法乃至数据立法的主要目标，学界和行政主体也更倾向于将该项"法定义务"转变为"公共服务"，这与政府信息公开立法的初衷显然是不同的。

（二）公共数据与政府／政务数据

虽然中央立法层面对公共数据的含义尚无明确表述，但在地方的立法文本中我们不难发现，"公共数据"与"政府／政务数据"的主要区别在于主体要素的不同。例如，《贵州省政府数据共享开放条例》中政府数据主体是"行政机关"[1]，《重庆市数据条例》中政务数据主体是"国家机关和法律、法规授权的具有管理公共事务职能的组织（政务部门）"。[2]而在公共数据立法中，对于主体要素的规定明显不同于政府／政务数据，如《上海市数据条例》中公共数据的主体是公共管理与服务机构，即包括行政机关、事业单位以及供水、供电、供气等公共服务部门[3]；《安徽省大数据发展条例》等地方法规也直接将公共数据定义为"政务数据＋公共服务数据"。[4]据此，公共数据的来源主体不仅包括行政机关和法律法规授权具有管理公共事务职能的组织，还包括事业单位、公共服务企业与组织组织等。因此可以总结出，政府／政务数据的主体主要是行政机关，其管理、开放等是基于被授权的行政行为，而公共数据的主体范围有所扩展，其开放和开发利用则更接近于公共服务性质，后者的外延要远比前者大得多。然而，随着数据要素市场化配置的深化发展，公共数据的规范含义也必然会根据不同阶段的立法与实践需求进行一定程度的变动，如何界定公共数据也是我们要重点回应的问题。

[1] 参见《贵州省政府数据共享开放条例》第3条。
[2] 参见《重庆市数据条例》第3条第4款。
[3] 参见《上海市数据条例》第2条第4款。
[4] 参见《安徽省大数据发展条例》第48条。

六、公共数据的权属

公共数据是大数据时代重要的战略性基础资源，其权属配置是公共数据市场化配置的前提，关系公共数据资源的利用与保护。根据《上海市数据条例》的相关规定，公共数据是来源于行政部门、事业部门和公共服务部门在履行职责、提供服务的过程中收集和产生的数据。本研究建议构建公共数据财产权以保护公共数据财产权利，行政部门和事业部门的公共数据财产权属于全体人民，但是财产权利的主体是国家，各级人民政府代表国家行使财产权；公共服务部门的公共数据财产权的主体是公共服务部门，各级政府代表公共服务部门行使财产权。本书将从以下五个方面展开。

（一）公共数据的权利性质

1. 公共数据是民事权利客体

关于数据能否成为民事权利的客体，学界曾存在一定争论，其主要源于学者对数据认识的角度不同。有学者认为，将数据认定为数字化媒介更接近数据的实质。另有学者则认为，建构数据权利的法律规范以解决数据价值实现过程中所涉及的主体间的合作与冲突十分必要。随着数字经济的飞速发展，数据价值已被充分肯定，实践中的法律应用也趋向于将数据视为法律关系中的权利客体。例如，最高人民法院《关于审理不正当竞争民事案件应用法律若干问题的解释》即将企业的客户数据纳入商业秘密的保护范畴，大众点评诉爱帮聚信不正当竞争案、大众点评诉百度不正当竞争案等案亦以反不正当竞争的路径对数据进行保护。事实上，当前公共数据概念的界定、权利归属及内容、交易等诸多问题必须在法律框架内解决。因此，将公共数据纳入民事权利客体的范畴予以规范十分必要。

2. 公共数据具备财产权利属性

将公共数据纳入何种民事权利的客体范畴，其前提需对公共数据本身的权利属性予以判断。第一，根据《民法典》相关规定，民事权利可以分为人身权和财产权，公共数据显然不具备人身权属性。虽然部分公共数据涉及个人信息，但这只是行使公共数据的限制，公共数据并不因此具备人身权利属性。第二，公共数据具有财产权利属性是目前学界较为一致的观点，有学者从劳动财产理论的角度论证政府对政务活动形成的公共数据享有权益，或肯定高质量资产适用财产规则，或从公共资源的角度认为公共数据具有财产权属性。

事实上，数字经济时代，大数据本身即蕴含着潜在的经济价值，公共数据经过开发利用，能够挖掘公共数据的最大效用、增加社会的整体福利、推动数字经济及数字社会发展。从这个角度看，将公共数据视为资产加以合理规划和利用有利于社会福利最大化。另外，法学学科将劳动界定为人们创造物质财富、精神财富或秩序、公平、安全等公共价值，以及提供其他有价值社会服务的活动。因此，公共管理和服务机构履行职责及提供服务的过程亦属于劳动的范畴，公共数据是劳动的衍生品。根据劳动价值论，公共数据具备使用价值，其亦可成为市场交易的商品，又根据劳动财产理论，劳动是产生原初的排他性财产权的唯一根据，故公共数据具备财产权利属性。

（二）公共数据财产权的构建

学界早期试图将数据纳入传统财产权利的保护范围，但是基于数据的特殊性，这些理论通常很难自圆其说。本研究建议构建公共数据财产权利，以明确公共数据财产权利的归属及具体内容，以更好地促进公共数据资源的利用与保护，培育和构建公共数据要素市场。

1. 公共数据财产权的主体

根据《上海市数据条例》对公共数据的界定，公共数据来源于行政部门、事业部门和公共服务部门，故可将公共数据分为行政部门公共数据、事业部门公共数据和公共服务部门公共数据三类。因为三类主体的性质不同，导致三类公共数据的权利归属亦不相同。第一，行政部门和事业部门皆是在财政补贴的前提下履行职责和提供服务，作为衍生品的公共数据亦来源于公共服务，其所蕴含的与公共利益密切相关的重要信息和知识亦决定了此类数据应当服务于社会公众，故其财产权应当属于全体人民，国家作为财产权利的主体，并由各级人民政府代表国家行使财产权。第二，公共服务部门公共数据虽然也是来源于公共服务，并且与公共利益密切相关，但是公共服务部门并不是由财政补贴的部门，故其数据亦不是来源于财政补贴。在公共服务部门已经接近于市场化运作的情形下，仍应肯定公共服务部门对其产生的公共数据的财产权利。同时，基于政府对公共数据统一管理地位，由政府代表公共服务部门行使公共服务部门公共数据财产权。

2. 公共数据财产权的内容

公共数据财产权与知识产权、物权、债权等统属于财产权的范畴，不同类型财产权的内容与其权利客体及法律关系有关。公共数据财产权的内容配置应符合公共数据活动的规律，结合公共数据活动的目的和阶段价值需求，平衡数据价值链中各参与者的权益，达成对动态中的公共数据利益的合理配置功能。总体上，公共数据财产权的内容应该包括以下权利：

（1）数据采集权：数据控制者可以通过合法、正当的方式收集数据；（2）数据管理权：数据控制者可以对内部数据的生产、加工、流通等进行全生命周期的管理；（3）数据控制权：数据控制者对内部数据的安全性、真实性和完整性采取有效措施予以保护；（4）数据开放权：数据控制者将掌握的数据根据需要公开、共享；（5）数据使用权：数据控制者发挥数据的使用价值的权利；（6）数据处分权：数据控制者对数据在事实上或法律上处置的权利；（7）数据收益权：数据控制者基于数据获得收益的权利。

（三）公共数据财产权行使的限制

政府在实现数据资产化、创造数据财富和应用价值的过程中涉及个人信息的处理、维护国家主权、数据安全的需要以及公共数据利用需符合公共利益的限制。具体如下：

1. 个人信息权益保护之限制

公共数据财产权的行使必将涉及个人信息的收集和处理等，在此过程中，必须保护自然人对其个人信息享有的人格权益及自然人基于保护人格权益所享有的权利。具体的人格权益主要包括人格尊严、人身财产安全以及通信自由和通信秘密等，根据《个人信息保护法》之规定，具体体现在以下两个方面：第一，涉及一般个人信息，原则上应当对其作匿名化处理；第二，敏感的个人信息原则上不开放，除非取得个人的单独同意。自然人基于保护人格权益所享有的权利则可参照《个人信息保护法》的规定，具体包括：个人对其个人信息的处理享有知情权和决定权、向个人信息处理者查阅复制权、对不准确或不完整个人信息的更正修改权和通知删除权。政府应当采取必要的技术或组织措施确保个人数据的安全，建立实现个人访问、更正、拒绝权利的流程和方式，以实现个人权利。

2. 国家安全保护之限制

公共数据财产权的行使应当保障数据安全、维护国家主权。根据《中华人民共和国数据安全法》相关之规定，政府应建立数据分类分级保护制度、数据安全监测预警机制、数据安全应急处置机制和数据安全审查机制。根据《个人信息保护法》第36条之规定，国家机关处理的个人信息应当在中华人民共和国境内存储；确需向境外提供的，应当进行安全评估。安全评估可以要求有关部门提供支持与协助。根据《中华人民共和国网络安全法》相关规定，国家应建立健全网络安全保障体系，提高网络安全保护能力。

3. 数据利用公共性之限制

公共数据源于公共服务，因此公共数据的利用应该服务于公共利益。但是有能力并且有需求利用公共数据的主体往往是一些掌握大数据技术的企业或平台等特定主体，为避免用多数人的利益满足少数人的私人利益，政府应该基于事前控制和事后监督确保公共数据有限或限定用于公共目的，以公共用途确保公共数据在全社会范围内的价值最大化。

（四）公共数据财产权登记制度

建立公共数据财产权登记制度和系统，推动各部门公共数据形成公共数据资产，为公共数据市场化配置奠定基础。公共数据财产权登记制度采用登记公示原则，公共数据财产权登记的内容应包括公共数据财产权属、公共数据财产名称、公共数据取得方式等，方便数据需求者可以随时掌握公共数据登记相关信息，明确数据提供者和数据需求者之间的权利义务。公共数据财产权登记制度还应具备价值评估的功能。在涉及公共数据法律纠纷时，该价值估量可为司法者提供评判依据。公共数据财产权登记制度的建立可以起到联系公共数据财产权保护各个具体制度的作用，为公共数据市场的良性发展提供保障，同时对公共数据市场参与者提供行为准则。

（五）法律救济的方式

构建公共数据财产权利之后，围绕公共数据开放、开发利用等法律行为应受到法律的保护，因此引发的纠纷亦应当纳入法治化轨道，通过法律途径解决。本书认为，对可能引发的侵权行为可提供以下解决方式。

1. 未保护好个人信息的政府侵权责任

政府工作人员出于故意或过失对个人信息未作匿名化处理而导

致个人利益受损的，政府应当承担行政侵权责任，法院应根据其过错程度、侵权行为与损害后果之间的因果关系的紧密程度等原因力大小判决其承担相应的责任。

2. 不予开放公共数据行为的可诉性

政府享有公共数据开放权，其可以根据职权或社会需要开放公共数据，若当事人认为政府应当开放某种数据而未开放，影响其合法权益的，可以申请行政复议或者提起行政诉讼。

3. 公共数据使用不当的民事责任

对于有条件开放的公共数据，数据使用人应当遵守数据利用协议的规定，违反该规定的，需承担一定的民事责任。对于无条件开放的公共数据，数据使用人也应当遵守基本的注意义务，防止因不当使用而给原始主体带来利益损害，涉及侵权及不正当竞争行为的应承担一定的民事责任[1]。

第二节　公共数据市场化配置

一、公共数据市场化配置的含义

尽管政府免费提供也会形成市场化配置，但是在公共数据领域并不适用。公共数据的特殊属性导致普遍授予下不会存在市场化配置。与一般传统的实体产品相比，公共数据有个重要特性即非竞争性，任何社会部门对于同一公共数据的需求量均为一份，并没有数量上的需求差异。当公共数据免费提供后，任何社会部门是不会需要从其他社会部门购买更多的公共数据，因此不会存在后续的市场交易。

当然存在一种情况是某社会部门获取公共数据后，进行二次加

---

[1] 参见杭州铁路运输法院（2019）浙 8601 民初第 1594 号民事判决书。

工，并且在市场上销售加工后的数据，但是这类数据并不属于公共数据。因而不能看成公共数据的收费开放范畴。可见，尽管市场化配置可能是多样的，但是公共数据的市场化仅限于政府对公共数据收费开放。

公共数据市场化配置的结果可能是免费，这与一般商品市场化有很大的差异。一般商品的市场化可能会出现免费提供的情况，但是这种免费是整个价格体系的一部分，可以视为一种营销方式，即将商品成本视为营销成本，商家必然要通过其他途径获取利益。而公共数据市场化出现免费则是因为政府的多重目标性，政府对于公共数据市场化配置的目的在于让公共数据作为一种生产要素进行有效配置，而非让自身收益最大化。因而考虑到其他目标要求，公共数据市场化配置会出现免费甚至补贴的结果。

二、公共数据市场化配置与相关概念的辨析

目前为止关于公共数据市场化配置的范畴是较广的，包含很多内容，如公共数据的开放与购买、公共数据的管理与维护、公共数据的二次开发，等等。但是公共数据收费的相关讨论仅仅限于公共数据开放是否应该收费方面。由于除此之外的争议并不大，并且也不是公共数据市场化配置的核心内容，因此本研究的讨论仅局限于公共数据开放的市场化配置方面。

在对公共数据市场化配置的讨论之前，需要厘清几个概念以及相互的关系，即公共数据收费、公共数据市场化配置和公共数据授权开放。

（一）公共数据市场化配置与公共数据收费

公共数据收费并不意味着就是市场化配置，不少主张公共数据免费开放的观点，并不认为所有的公共数据都应该免费，严格来说，属于免费原则。欧美的主要做法是公共数据开放整体基于免费

原则，但是针对少数公共数据在特定情况下是可以收费的，如数据所属公共部门是具备盈利目标的。免费原则下的收费方式有两种，按照边际成本收费或者是限制公共数据投资回报率，如欧洲议会和欧盟理事会 2019 年 6 月 20 日第（EU）2019/1024 号指令《关于开放数据与公共部门信息再利用》中规定，需要在边际成本之上定价的公共数据，"投资回报率不应超过欧洲央行固定利率的 5%"。

即使有收费行为，甚至收费是存在一定的利润，本研究仍然认为这种情况属于非市场化配置行为。公共数据市场化，即依据市场规则、市场价格、市场竞争推动公共数据要素的有效配置从而实现效益最大化和效率最优化。被限制的收费方式有价格但没有价格机制。[1]

反之公共数据市场化配置也未必意味着政府需要对公共数据收费，有可能政府免费提供公共数据，但是公共数据进入社会领域后，也会形成市场化配置。典型的例子如排污权证，即使政府免费提供排污权证，但排污权证的拥有者可以对权证进行交易，形成市场化配置。

（二）公共数据市场化配置与市场化运营

公共数据运营是指经公共数据管理部门授权的具有专业化运营能力的机构，对公共数据进行加工处理、价值挖掘，形成数据产品和服务的运营活动。公共数据市场化运营以公共数据为关键要素，以创造公共价值为核心，以政府职能转变为助推力，用市场价值规律对公共数据的获取、识别、开放、应用等阶段进行衡量。即公共数据的价格由市场价值决定，公共数据的供求由市场交易来实现。

公共数据市场化的要件应当包括：第一，市场定价。根据价值

---

[1] 限制投资回报率是存在一定的价格机制的，但是这类数据比例太小，因而整体纳入免费原则体系里面。

规律，市场定价的基础是数据价值，并受市场供求关系影响。市场定价有利于释放生产率，但数据与实物并不相同，无法准确计量生产加工数据产品的社会必要劳动时间，同时公共数据多与涉及民生等的公共事务有关，定价需在专业、稳妥的基础上再与市场磨合。第二，市场交易。公共数据的交易多依托于互联网与数字技术设施，具有较高的基建设施要求。同时需要有适格的交易主体。第三，市场竞争。公共数据的市场竞争主要体现在公共数据的规模与质量。第四，市场制度。公共数据市场需要规范运行，这其中离不开相关市场制度的建立健全，包括监管机制、安全保护机制等。

公共数据市场化配置概念的提出，实际上源于数据要素市场化配置改革理论和实践的发展。2020 年中共中央、国务院发布《关于构建更加完善的要素市场化配置体制机制的意见》，提到要充分发挥市场配置资源的决定性作用，推动要素配置依据市场规则、市场价格、市场竞争实现效益的最大化和效率的最优化，并针对数据要素市场的培育提出建议和要求。[1] 随后，广东省发布《广东省数据要素市场化配置改革行动方案》(下称《方案》)，确定数据要素市场化配置的指导原则是破除数据要素自由流通障碍，加快培育数据要素市场，促进数据要素流通规范有序、配置高效公平。[2] 同时，《方案》将构建统一协调的"公共数据运营管理体系"作为主要目标之一，并将"创新公共数据运营模式"纳入"释放公共数据资源价值"的主要任务中，以进一步推进公共数据与社会数据的融合利用。从现行法律政策规范来看，公共数据市场化运营实质上是对公共数据进行市场化配置的主要方式和手段之一，公共数据资源

[1] 参见《中共中央　国务院关于构建更加完善的要素市场化配置体制机制的意见》，2020 年 3 月 30 日发布。
[2] 参见广东省人民政府《广东省数据要素市场化配置改革行动方案》，粤府函〔2021〕151 号，2021 年 7 月 11 日发布。

市场化配置是公共数据市场化运营的现阶段目标，探索和创新市场化运营模式有利于实现公共数据市场化配置，加速公共数据与社会数据的融合，发挥市场机制在数据资源配置中的决定性作用。

（三）公共数据市场化配置与公共数据授权开放

上海市将公共数据分为无条件开放、有条件开放和不开放三类。显然不开放数据不在讨论范围之内，而有条件开放等同于授权开放，无条件开放则指免费开放。

如果将无条件开放与有条件开放称为可开放数据，那么公共数据市场化配置就是指对可开放数据的市场化。如果政府强制区分了免费开放和授权开放，则意味着政府强行设置了一个公共数据的市场化边界，因为前文分析，免费开放公共数据是无法或者无需形成市场化配置的。而授权开放意味着有限的供给，则具备了构成市场化配置的基础。

尽管一些学者将授权开放等同于市场化配置的一种方式，但是授权开放并不意味着就必然市场化，如何判断是否应该进行授权，以及授权后是否进行市场化配置、如何配置正是本书所需要研究的主要内容之一。需要提及的是，当某些数据被授权开放以后，是会存在市场化配置的情况，无论获取数据的社会部门是否付费，只要非授权社会部门对于这类数据存在需求，就可能会产生交易。显然，这种市场化交易并非政府所支持的，因为这样会导致授权行为失去意义，这种套利行为可以通过一些技术性的手段进行规避，因而本书并不对套利行为进行讨论，并假定套利行为不存在。

三、公共数据市场化配置的必要性

在数字经济迅猛发展的今天，数字产品的出现已经打破了很多传统的市场逻辑，公共数据的开放也引发了众多在法律层面的争论。但公共数据开放问题何尝不需要一个更新的解释框架进行论述。

（一）公共数据开放是特殊的公共服务

将公共数据开放视为一种公共服务是免费原则论的基本逻辑，但是公共数据开放属于一种较为特殊的公共服务。一般的公共服务，政府提供具体服务，而民众直接享受该服务，民众是以消费者的身份出现。而公共数据属于一种生产要素，它并非一种可以直接使用的商品或服务，而必须通过加工才能够使用。在这种情况下，公共数据更类似于土地，朱扬勇（2020）、谢波峰（2020）将数据与土地进行类比就有相同的逻辑。

因此从政府中获取公共数据的部门，它们的身份是生产者的身份而非消费者的身份。这种差异在于消费者对于公共服务的评价是不一样的，但是不一样的原因基于偏好的差异，而偏好本身是平等的。如果一般性公共服务因为偏好的不同对某些消费者进行排他或者收费，那显然是不公平的行为。但是生产者对于公共数据的评价取决于成本效益，那么高效率企业与低效率企业、高社会收益项目与低社会收益项目、垄断部门与竞争部门同等获取公共数据是否公平，这就需要进一步论述。王翔（2018）在对交通运输部"出行云"平台的案例研究中，恰恰也发现企业认为"互联网企业从数据开放中获益较多，而交通运输企业获益较少"。因此就交通运输企业而言，难以体会到数据开放给企业带来的经济收益。可见，公共数据免费开放是一种平等，但并非公平。

（二）公共数据公平是社会的公平收益

从政府的角度，追求的是更为广泛的公平，即社会公平。在公共数据开放中，社会部门获取公共数据的公平自然是其中一部分，但政府更关心的是公共数据被使用后的公平，实现这种公平有两个主要的途径，一是公共数据使用后增加的社会效益，二是政府通过税收收入进行的二次分配。

免费原则论的支持者只着眼于公共数据的获取公平，但并未关注于公共数据的收益公平。对于收益公平而言，免费可能往往是导致事实不公平的结果。一是免费原则导致对社会收益缺乏激励，即使社会部门免费获取数据，但并没有动力去增加项目的社会收益，特别是存在增加社会收益会降低私人收益的情况，因此并不能够提高社会的收益公平。二是免费导致政府失去相应的收入，因而也降低了进行二次分配的能力。

（三）效率是实现公平的最优途径

公共数据开放的最大公平是社会从开放中获得的收益公平，而实现这个公平，就需要获得公共数据的社会部门能够最大效率地利用公共数据。因而效率才是实现公平的最大保障。

而现实和理论分析都恰恰表明，一味追求开放形式的公平才会导致社会收益的不公平。谢波峰（2020）认为，免费开放公共数据导致两个结果，一是政府如果无法从公共数据开放中受益，因而缺乏公共数据开放的动力；二是公共数据的获取是存在较高成本的，将数据开放纳入公共财政范围，恐怕难以为继。胡业飞（2018）也认为免费向社会供给，造成政府成本无法被补足的同时，还侵占了政府部门其他项目的原始预算份额。因此，各个行政部门缺乏向社会供给公共数据的动力，公共数据的供给效率严重低下。

政府众多 PPP 项目就是这种逻辑，表面上公众付费获得了本该免费的公共服务，但是通过 PPP 项目可以让社会收益整体上升，无疑带来了更大的社会公平。同样对于某些行政部门缺乏开放动力方面，固然可以指责这种行为可能是不恰当的，事实上免费开放往往会造成一种懒政的行为，因为与其他服务不同，其他服务可以通过设立标准来保证服务的水准。但公共数据的价值在于应用，对于公共数据开放只能设置技术性标准，例如数据的及时性、准确性、完备性等。但是技术标准对于公共数据成功应用而言，只是必要条件而非充分条件。免费的结果往往是行政部门将数据按照技术要求上传开放平台了事，而缺乏足够的效率机制和动力对公共数据的应用进行引导、管理。正如《我国数据开放共享报告2021》中指出："建立公共数据开放平台只是刚起步，后续如何开放更多、更有价值的数据，让公共数据活起来、用起来才是重中之重。"

（四）市场机制是政府开放决策的重要依据

数据的不确定性包含数据具有事前不确定性、协调性、自生性和网络外部性几个特征。事前不确定性指购买者在获得数据之前，很难确定数据的价值；协调性指不同数据可以通过组合，协调形成新的价值；自身性指同一组织或个人拥有的数据资产组合越多时，这些数据资产彼此之间越可能相互结合而产生新的数据集，创造更多的价值；网络外部性指的是数据产品的使用者越多，其价值越高。

数据的不确定性进一步强化了数据被广泛传播的社会价值，因为更多的人获得公共数据，则会增加数据的价值，这种不确定性就很容易产生一种逻辑，即让更多的人获得公共数据总是好的，而免费则是最直接的方式。OECD对于免费开放的支持就基于这种逻辑。当然这种免费观点基于是效率原则而非公平原则。

的确公共数据在应用方面是存在不确定性的，但是因为这个属性而决定免费则过于武断，恰恰正因为存在不确定性，更说明了市场化配置中价格机制的重要性。因为恰恰只有价格最能反映公共数据应用的信息，例如使用者发现公共数据未达到预期的目标，自然会降低对公共数据的报价。因此市场机制有助于政府及时调整公共数据开放的相关决策。

四、公共数据市场化配置的机制构成

市场经济的本质是市场配置生产要素和实现商品价值，生产要素市场化要求生产要素必须以交易形式进入市场。公共数据完全市场化配置的实现机制基于市场经济，要求充分发挥市场的决定性作用。具体主要通过价格机制、供求机制和竞争机制等来实现完全市场化。

（一）价格机制

马克思劳动价值理论是分析其价值的理论基础，数据因凝结了人类的劳动而具有价值，因可为企业生产所利用而具有使用价值。公共数据以生产要素的形式在市场领域流通，其价值由生产该数据所花费的社会必要劳动时间决定，并通过价格具体表现。公共数据市场化运营采取市场化定价，具体包括使用量定价法、协议定价法等，通过市场竞争防范垄断定价，促进数据价格合理化。

（二）供求机制

公共数据供给方和需求方作为市场上的主体直接进行交流。公共数据的供求情况直接影响价格的波动。数据供给量大于数据需求量，则公共数据价格下降；数据供给量小于数据需求量，则公共数据价格上升。但数据与其他生产要素不同的是，市场上提供的数据可供不同的需求者重复购买，这也就导致了传统的供求机制对公共数据价格的影响并不明显。公共数据供求的影响更多体现在数据要素的应用促进其他生产要素配置效率的提高，从而整体影响公共数据价格。

（三）竞争机制

只有通过市场竞争，生产要素才能得到最优化配置。公共数据的市场竞争具体表现在数据生产和数据需求中。对公共数据进行市场化运营的私营部门并不单一，它们彼此之间会展开竞争，降低公共数据整合成本、提升数据产品的质量以增强数据生产竞争力。公共数据需求者通过对公共数据产品的竞争追求，满足自身生产和服务的需求，促进数据的二次开发利用，形成新的数据产品，以新的数据生产商的形式开始新的数据生产竞争。更重要的是，数据要素的市场竞争是全要素的竞争。传统经济模式下的竞争主要是经营者之间的横向竞争，而数据市场化的竞争是上下游不同主体之间的纵向竞争，竞争主体从供给者竞争转向供需双方竞争，这有利于提高数据利用效率。

（四）准入机制

市场主体准入是国家确认市场主体的主体资格和经营资格的行为。《关于促进市场公平竞争维护市场正常秩序的若干意见》要求，要改革和放宽市场准入制度，制定市场准入负面清单，充分发挥市场在资源配置中的决定性作用。同时强调了要完善市场退出机制。对于违反法律法规禁止性规定和达不到强制性标准的市场主体，依法予以取缔，吊销相关证照。

公共数据市场化运营准入机制是审核和确认市场主体在实体条件和程序条件上是否具有从事公共数据运营活动资格的法律制度规范。公共数据市场主体的准入制度应同时符合传统行业准入法律制度和数据管理法律。公共数据市场化运营退出机制是市场主体在法定程序和条件下丧失主体和经营资格从而退出市场的法律制度规范，具体包括主动退出和被动退出两种形式。主动退出是市场主体因解散等自身原因申请注销，被动退出是市场主体因违法行为而被吊销营业执照或司法强制解散。

公共数据市场化运营准入机制的推行，能够加强公共数据市场化运营主体的资格认证，从源头上选择适格主体，规避不良主体运营数据带来的风险。对于违法经营的市场主体，公共数据市场化运营退出机制可以及时清退违法经营或经营效率低的市场主体，切实保障其他主体的合法权益和公共数据的利用效率。

（五）权责机制

权责机制是明确公共数据市场各主体的权利和义务，这是规范数据市场化、有效利用数据的法律基础。一般而言，政府是最主要的数据供给者，企业是最主要的数据需求者。但是在社会数据政府采购模式下，供给者和需求者的主体对换。市场主体角色的不固定性使得公共数据市场化监管的难度加大，以法律形式明确各市场主体的权利和义务很有必要。

政府作为公共数据的主要供给者，需要保证进入市场的数据具有合法性、真实性和可靠性，并对数据具有安全保障义务，要确保数据在收集、存储、筛选、开放过程中的安全，采取必要的技术手段及时消除可能存在的安全隐患。政府还应该平等对待所有的数据需求者，不能通过设置歧视性条款妨碍公平竞争。同时，政府作为公共数据市场化的监管者，享有一部分的行政优益权，对供需双方之间设立的合同具有合同履行指挥权和监督权，可以对市场上的数据需求者进行资格审核、身份识别、信用评估等。而在社会数据政府采购模式下，政府的角色是数据需求者，享有数据购买的权利，但也同时应该保证在法律和合同规定范围内合法合理使用数据。

企业作为公共数据的主要需求者，具有通过市场行为获取公共数据的权利。企业也具有对政府数据供给和监管行为的监督权利，当自身权利受到侵犯时，可以依法获得救济。企业与政府签订许可协议并支付报酬，具有合理使用数据的义务，应确保在法律法规和合同约定的范围内规范使用获取的数据。而在社会数据采购模式下，企业作为数据供给者，则要积极履行前述的供给者义务。

第三节　公共数据开放的单边市场化配置

公共数据开放引发了法律界关于如数据权属的较大争议，产生争议的根源在于公共数据作为一种数字产品的特性以及公共部门的特性。但众多公共数据的研究者忽略了公共数据与公共部门的特性对于传统产品的市场化配置也出现了挑战，用传统的市场化配置思想来推演公共数据的市场化配置必然遇到难题，实际上也是公共数据市场化出现困境的主要原因。

一、公共数据收费论存在的问题

传统市场化理论中，公共数据市场化等同于公共数据收费，尽管本研究并不主张公共数据开放的免费原则，但同时本研究也不主张全面收费的主张。当将公共数据市场化讨论等同于是否应该收费的时候，就会出现一些问题：

（一）将研究对象局限于公共部门，而忽略了市场整体与社会收益

在一般的市场化研究中，基本的前提在于市场的参与者是独立决策的，他们的决策点在于自身利益的最大化。但是公共数据开放的主体是公共部门，而公共部门特别是行政机关，往往是一个多角色多目标的主体，因此就出现了矛盾，即使作为公共数据收费的支持者，对于公共数据收费的盈利也是相当谨慎的。胡业飞（2019）认为政府对于公共数据的收费由三部分构成，"平均固定成本＋边际成本＋结余"，同时对于结余部分，他认为不应该以政府利润最大化为原则，且应该"在补偿数据开放成本的同时，将可能存在的收入结余用于补偿其他公共服务事项所耗费的成本"。从中可以看出几点，一是他试图强调结余的合理性，因为他也必须面对政府还具备管理者的身份；二是他也认为政府定价不应该利润最大化，说明他对政府的市场角色是有所保留的，但他无法提出更合适的结余标准。究其原因在于，当将政府公共数据开放的焦点集中于政府是否应该收费的时候，就无意中割裂了需求者和社会收益的关系，但政府的管理者角色必然要求政府更多地关注社会收益，而收费讨论则侧重于收多少、怎么收的问题，因此将收费作为讨论的焦点与政府职能和目标出现了不匹配的矛盾。

（二）公共数据收费忽略了公共数据免费提供的合理性

将收费作为公共数据开放的诉求，必然就与公共数据免费提供相对立。笔者认可姜东旭（2021）、胡业飞（2019）关于"特定受益人"的论述，但这种论述只能得出公共数据免费原则存在问题，并不能得出公共数据开放就不能免费。

举个例子，上海市政府定期会将有餐饮资质的企业信息发送给外卖平台，帮助外卖平台剔除不具备合法资质的餐饮企业。按照"特定受益人"的逻辑，外卖平台属于典型的双寡头垄断，但这类数据如果进行收费，无论标准、方式如何，从行政伦理上都是不恰当的。不少支持公共数据开放应当收费的学者，他们并不支持全面性的收费制度，均主张大部分公共数据应当免费开放，只有少数数据才需要收费。尽管他们对于哪些应该收费的数据提出了一些建议，但是都缺乏系统性的论述，更多地是从一个主观上的判断给出了结论。

公共数据的市场化配置与传统的市场化存在差异，这是数字经济下政府行政的一个新课题，必须建立一套新的针对公共数据的市场化配置模型和理论，否则公共数据市场化会变成免费与收费之争。无论免费论还是收费论都将视角限定在公共数据部门，而忽略了公共部门开放公共数据的本来目的。之所以不能将公共数据市场化简单视为公共数据收费，在于公共数据市场化配置是一个特殊的单边市场化配置。

二、公共数据单边市场化配置的解析

所谓单边市场化配置，在于价格机制只对需求方产生调节作用，而供给方并不受到价格机制的作用，因为公共部门作为供给方，并非一个市场角色，而是一个单纯的管理者角色。不少学者在研究公共数据市场化时，都曾具有公共部门的多重角色困扰，即公共部门既是市场的参与者，同时也是管理者。而本研究认为，单边市场化下，公共部门并不具备市场角色而只有管理者角色，因为它们的目标并非公共部门利益的最大化，而是社会利益的最大化。

对于公共部门而言，边际成本并不是它们的盈亏点，而是一个社会福利最大化的基准点，换句话说，当收费偏离边际成本，对于公共部门而言，可以了解这种情况下社会福利会损失多少，借以评判收费是否值得牺牲这些社会福利，但是公共部门开放公共数据的目的在于社会效益的最大化而非社会福利最大化，因为社会福利只是一个效率指标，而社会效益则包含效率、公平等所有政府指标。当政府收费即视为"税收"[1]，当价格为零时，即表示税收为零，而价格低于零则表示政府补贴。

结合公共数据授权开放进一步论述。一般而言，对于授权获取公共数据，审核的是申请部门的资质和能力，但是实际上并不会因为符合资质就能够获取所有的公共数据，因此一般还会审核申请部门使用公共数据的项目内容。本书认为，对于授权部门应产生一个附加的隐含内容，即申请部门对于公共数据的使用必须提供一个基准的社会收益。

基于基准的社会收益政府提出一个基准定价，这个定价类似于税收，但是与税收相比，定价是可以变化的，其强制性在于申请部门必须达到基准社会收益而非税收金额。如果申请部门有能力、有意愿提供一个高出基准收益的项目，并能够证明且提出承诺，那么政府则降低定价，这种价格减免意味着对申请部门的间接补贴。而申请部门项目的社会收益足够高，政府可以完全免税，甚至进行直

---

[1] 将税收加引号是这种收费并非真正的税收，严格来说属于行政收费的范畴。之所以使用"税收"在于后文要利用税收理论进行解释，为了方便论述而已。

接补贴，即给出一个负的价格。反之，如果申请部门无法实现基准社会收益，那么价格会高于基准定价，相当于申请部门额外缴纳一笔现金来弥补自身社会收益的不足。

增加申请部门的社会效益目标并不会增加申请部门的额外负担，在实际操作中，申请部门提出公共数据申请，其申请的重点也是强调公共数据引入后对社会效益的提升，而不是对自身财务报表的提高。因而公共部门对于申请部门的选择，也是基于其项目的社会效益的结果。因而无论是否引入市场机制，申请部门都需要提供足够的社会收益。

由于公共部门并不是一个市场角色，因而定价高低只是公共部门对于社会收益"自营"和"外包"的一个选择，正如税收理论所描述的，公共部门将获得的收入去提高社会收益，而当公共部门认为这笔收入在社会部门手中能够提升更多的社会收益时，公共部门就会将这笔收入让渡给社会部门，由社会部门来提高社会收益。定价机制优于直接的税收在于政府将更多的主动权交予社会部门，并且激励它们通过提高社会收益来提升自身收益。

第四节 公共数据市场化配置的分类

一、公共数据市场的分类

对公共数据的市场化配置进行讨论，首先要确定公共数据市场的构成，它本身是一个市场或是几个市场的集合。从市场主体来看，它可以分为行政机关、事业单位和公共服务部门。但是市场是否也可以按照主体划分较少有人讨论。之前关于公共数据收费差异就是依据公共部门是否有盈利指标或者受到财政补贴的多少来讨论的，但是这种观点只是单纯从公共部门的某些特性，而不是认为不同盈利指标或者财政补贴是面对不同的市场。

本书认为众多讨论中遗漏了一个关键因素，即公共数据并非公共部门为迎合市场需求生产的结果，而是为公共部门活动所收集和产生的数据，同时公共部门是基于活动的完成而产生的组织机构，先有活动的需求，才有部门的产生。因而对公共数据市场的分类应该基于活动而非主体或者数据本身。

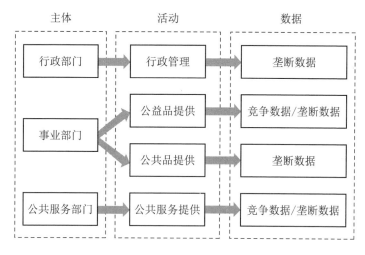

图 2.1　公共数据的市场结构与分类（来源：作者自制）

根据活动可以分出公共数据的四个市场，即行政管理数据市场、公益品数据市场、公共品数据市场和公共服务数据市场。而这四个市场的主体与市场结构是存在一定的差异的。

（一）行政管理数据市场

行政管理数据市场也可以称为政府数据市场，市场的主体为行政部门（政府）。政府作为主体，与其他市场主体不同，主要是以管理者的角色出现，因此对于市场的管理来说，政府存在多重目标，并以社会收益最大化为整体目标。该市场的数据基本上属于垄断数据。

（二）公共品数据市场

所谓公共品，是具备非竞争、非排他性的产品。这类产品因为具备公共品性质，所以市场无法提供该类产品转而由公共部门提供。该市场的主体为事业单位，市场数据基本上属于垄断数据。

（三）公益品数据市场

这类商品并不具备公共品性质，完全可以由市场提供，但是政府认为这类产品具备一定的公共性，从普遍权利保障和社会效益的角度，政府也相应提供这类产品，并往往以免费方式提供，如博物馆、公园、图书馆、教育、医疗、文化宫等。该市场的主体为事业单位，市场数据既可能有竞争数据，也可能有垄断数据。

公共品与公益品的提供者都是事业单位，那么两种产品是否属于一种市场，后文会进行分析。同样，事业单位是否具备多重目标取决于公共数据开放定价权隶属于上级行政主管部门还是事业单位自身。

（四）公共服务市场

这里的公共服务部门是借鉴《上海市数据条例》当中所定义的，是以"提供供水、供电、供气、公共交通等公共服务的组织"，目前各地政府对于公共服务部门的圈定并没有一个统一的标准。公共服务部门一般是指提供公共服务的国家企业单位。市场数据既可能有竞争数据，也可能有垄断数据。

二、行政部门数据的市场化配置

（一）现有行政数据市场化方案

在关于行政数据如何市场化的有关文献中，主要提出了几种市场化方案、招标模式、定价模式、利益分享模式。

1. 拍卖制

谢波峰（2020）提出的拍卖制是基于数据财政的逻辑框架下进

行，从他的思维脉络中，是借鉴土地财政的招挂拍制度。但是公共数据与土地的不同之处在于，公共数据是存在非竞争性的以及较强的正外部性的产品。

土地因为是竞争性产品，因而一块土地只能卖给一个买家，招挂拍方式无疑能够获得最大的收益。但是一份公共数据可以卖给无数买家，且增加的边际成本极低。而买家越多，数据体现的正外部性效应越明显。显然从政府角度将公共数据只卖给一个买家不是社会效益最大的结果，因为既降低了买家福利，也降低了卖家福利。

因为谢波峰（2020）并未描述拍卖制的具体运作方式，本书假设设计一种可以多人中标的拍卖方式，采用限量或者限价的方式，限量即政府先设定中标者数量，然后根据竞价的排名顺序取该数量的中标者，价格可选择实际投标价格或者按照最低中标价格。限价即政府设定价格标底，价格高于标底价的均可中标。最终成交价格也可以按照实际投标价格或者标底价。

本书认为从效率和公平角度，后者的方式比单一中标都要更优，但是存在几个问题：一是限量或者限价的标准是什么？目前缺乏足够的理论依据。二是公共数据与土地不同之处还在于公共数据的数量极大且不断更新，都需要招标则行政成本过高。三是拍卖制只关注价格而忽略了社会效益，那些从事社会效益高但是自身收益偏低的社会部门往往无法中标，该机制缺乏鼓励社会部门提高社会效益的激励。

2. 利益分成制

洪学海（2016）认为，数据应用方通过投标、申请和协议的方式获得政府大数据资源的使用许可和授权，并在数据管理方的协调下将利用政府大数据资源获得的收益对数据提供方和数据共建方进行分成。在关于公共数据衍生品的讨论中，商希雪（2021）提出，按照市场参与主体的贡献比，包括投入的成本（如人力、物力、市场运营、技术研发等）与产生的价值（如参照市场价格与增值区间）进行分配。因此关于市场化方案的描述只是一种方案性的设想。

利益分成方案往往和公共数据授权运营放在一起，但这种收费方式目前并未有更为详细的方案。该收费方式的优点在于：一是对利润收税不会造成纳税人的行为扭曲，因而不会影响项目的社会收益；二是保证了所有符合条件的企业都能够获得数据；三是能够激励企业提高利润水平和社会收益；四是从政府税收的角度，可能也会获得更多的税收。但是该收费方式在现实操作中存在一些难以解决的问题：

第一，适用范围偏窄。这种情况只限于公共数据衍生品的讨论，而社会部门对于公共数据的购买并不仅仅是开放公共数据衍生品，例如它们只是利用公共数据进行决策辅助，并不直接产生经济效益，或者在社会部门的项目里面，公共数据只是其中的一部分，并不视项目为公共数据衍生品。这个时候，项目收益本身就很难核算清楚。

第二，行政成本较高。尽管根据投入比来计算分配是合理的，但是问题往往在于双方对于投入品价值的评估，而公共数据是缺乏市场价格标杆的，这意味着政府与企业可能会陷入较为长期复杂的谈判之中。同时既然政府是从利润中获得收入，那么就意味着政府需要确定利润的准确性，那么无论对政府权限、能力还是对行政成本等方面都提出了较高的要求。

第三，价值不确定。由于公共数据项目与一般的项目不同，往往是一个长期的、持续性的项目，那么当初拟定的项目收益分成可能会因为各种原因面临需要改变的情况，政府需要和社会部门经常性的谈判、调整，因而也会大大增加行政的难度和成本。

3. 定价制

胡业飞（2019）提出"平均固定成本 + 边际成本 + 结余"的定价制，本质上是一个成本加利润的逻辑。这种定价模式存在的问题有几个：

第一，前文已经有所论述，这种定价的前提在于政府首先要回收成本，而能够浮动的只有结余部分，这就意味着直接否决了免费提供公共数据的可能，而前文提及某些公共数据免费提供是应该的，另外无法确定合理的结余金额。

第二，将固定成本全部计入数据成本明显不合理，因为公共数据的固定成本支出是为了维系政府的行政管理工作，本书主张有必要将公共数据的固定成本支出划分出一部分计入公共数据市场化的固定成本，但是并不认为应该将所有的固定成本支出都认定为数据成本及将这块成本转移到购买者身上。

第三，同时平均固定成本的计算对于公共数据这类特殊商品的市场化是存在问题的。因为平均固定成本取决于买者数量，如果购买者是存在时间顺序差异的，那么就意味着两个相同的买者先购买的部门会承担更高的平均固定成本，因而出现了明显的不公平。购买者会形成过大惰性，即都选择观望，尽量最后进入市场，形成"搭便车"的结果。

当然可以有一种方式是随着后面部门的进入，政府重新调整平均固定成本，并将溢价以某种方式返还给先购买者，但是这无疑会导致行政成本的提升，因为每有一位购买者进入，政府都需要对之前所有的购买者进行返还。

（二）行政数据市场的模型假设

本书认为，上述方案均存在不少问题，原因在于这些方案都是基于传统的市场化配置逻辑，而公共数据属于单边市场化配置，因此需要建立一个面对单边市场化配置的公共数据开放定价模型，对于模型首先有以下设定：

1. 数据垄断

行政部门的数据往往都属于垄断数据，数据的垄断力来自两个方面，一是行政业务垄断，即该业务只能由公共部门完成，私人部门不允许从事该类业务，主要表现为行政类工作。二是基于行政权力或国家优势获得的数据，公共部门特别是行政部门从社会收集数据是依靠公权力保障，因而收集数据成本更低且数据内容更广，尽管这类数据私人部门也可以收集，但是因为成本高而导致不经济。还有一种情况是，某些数据的获得需要付出极高的成本，例如资金、科技或者其他综合实力，例如卫星数据等。尽管这类数据私人部门是有可能依靠自身力量获取，但是总体而言这类数据还是处于垄断情况。

2. 产品成本

数据的成本有两大块，一是数据的固定成本，二是数据的边际成本。公共数据具备数字产品的特征，即拥有极低的边际成本，且边际成本近乎不变。但是公共数据的固定成本则面对一个确认的难题。目前的公共数据的收集和产生都并非来自市场需求，而是围绕着公共部门业务产生的，因而数据的产生成本均没有独立核算。同时，例如政府信息化的软硬件投入也很难被视为政府数据的投资，因为信息化投入仍然是服务与业务本身。尽管针对公共数据开放需要专门付出一些投入，例如建立开放平台。但是相比之下这种成本是很低的。

某种意义上，公共数据的成本未独立核算也是导致公共数据无法市场化的一个原因，因为从报表上来看，公共数据的产生几乎是零成本的，可以被视为业务的外部性结果，那么免费开放也没有什么成本支出。此外，即使要进行边际成本收费或者限定投资回报率，由于缺乏足够的成本信息，因此直接免费更加简单易操作。

《自然》在2017年6月发表社论指出，"长久以来，人们在公共讨论中忽视了开放数据的真正成本","政府机构缺乏建立数据共享平台的资金,也不愿为这样的基础设施承担责任"。本模型设定公共数据具备一个固定成本,对于固定成本的影响在后续模型中进行讨论。结合公共数据的成本特性和垄断特性,可以看出公共数据属于一种自然垄断产品,这也是模型的基本假设。

3. 公共数据的社会价值

公共数据的社会价值会随着公共数据使用者的增加而相应增加,但是增加量如何,却很难得到一个量化的测度。因而这也造成了支持公共数据免费开放的一个理由。因为免费开放肯定是使用量最高的一个结果。对于公共数据这种较难确定的增量价值,与数据的固定成本一样,后文会结合模型进行讨论。

(三)公共数据的定价

1. 基准定价模型

根据模型假设,公共数据市场是一个自然垄断市场。如图 2.2,其中 P_m 和 Q_m 为政府在利润最大化下的价格和产量。P_c 和 Q_c 为政府边际成本与需求曲线相交的价格和产量,也是社会福利最大化的结果,$P_c=MC$。

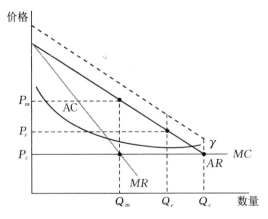

图 2.2 公共数据市场(来源:作者自制)

假设每个购买者基于公共数据的项目都能够提供 γ 的社会收益，该公共数据面对一条需曲线：

$$P = a - bQ \qquad ①$$

如果政府定价为 P_r，那么政府获得税收收入为：

$$Tax = (P_r - P_c)\,Q_r \qquad ②$$

此时从购买者获得的社会收益为：

$$w_e = \gamma Q_r \qquad ③$$

假设政府将边际成本之上的收益即税收全部投入社会收益。因而有总社会收益 w_t：

$$w_t = (P_r - P_c)\,Q_r + \gamma Q_r \qquad ④$$

结合需求曲线式①，可以求出 w_t 最大化条件：

$$Q_r = \frac{\gamma + bQ_c}{2b} \qquad ⑤$$

此时政府最优价格为：

$$
\begin{aligned}
P_r &= a - \frac{b}{2}Q_c - \frac{\gamma}{2} \\
&= \frac{a}{2} + \frac{MC}{2} - \frac{\gamma}{2}
\end{aligned} \qquad ⑥
$$

同时，可以算出当该垄断的利润最大化价格为：

$$P_m = \frac{1}{2}a + \frac{MC}{2} \qquad ⑦$$

式⑥为本研究构建的公共数据基准定价模型，a 可视为买家的最高报价，可作为数据价值。γ 视为行政数据利用的平均基准社会收益，这个需要政府进行一个大致的估算。需要强调的是，模型对于政府收费的设定是政府只是对公共数据进行一次性收费，因而对于购买者而言，该成本成为沉没成本，并不会影响购买者的项目决策，因而不会降低购买者项目的社会收益。但是如果政府对于公共数据的收费是按照使用次数，例如购买者对公共数据进行二次开发并销售，而政府对于每次销售进行收费，这就意味着收费直接影响了购买者的边际成本，那么这笔费用很有可能转嫁给消费者，从而降低社会收益。因此在这种情况下，对数据收取一次性费用更为合适。如果购买者需要持续的数据供应，那么这种一次性收费可以以类似会员费的方式定期收取。

基准定价模型最适用的方式是针对不同部门的数据集核算各自的社会收益值，而不是对整体的公共数据社会收益值选择一个标准，这个更符合现实的情况。从基准定价模型可以看出 P_r 是有可能小于零的，但是本书认为基准定价模型并不适合出现小于零的价格，也就是说，$P_r \geq 0$。之所以基准定价不宜小于零是因为一旦价格小于零，就相当于对所有的使用者进行补贴，行政成本和财政支出会出现一个极大的跳跃，因为肯定会出现社会部门为了获得补贴而提出要使用该行政数据，所以行政单位需要核实所有数据的需求者是否真正使用该公共数据，因而这种补贴将毫无意义。

2. 单独定价模型

从式⑥中可以看到基准定价受到两个因素的影响，a 和 γ。当 $a - \gamma = MC$ 时，政府在边际成本上定价。从式⑥⑦可以看出，如果所有的买家项目均没有社会收益，那么政府是以垄断最优的方式定价，那么就存在一个问题，传统经济学理论中，如果一家垄断厂商根据自身利润最大化的原则定价，是会造成社会福利下降的，因而政府会对垄断厂商进行价格管制。那么为什么政府自身的行政数据定价是按照垄断最优的方式定价呢？

第一，无论将收费视为税收还是行政收费，除非是矫正性税收（如针对外部性的税收），否则必然导致社会福利的无谓损失，但是这种损失是行政必需导致的。社会福利最大化并非政府的唯一目标，如胡业飞（2019）提出的"特定受益人"的逻辑，购买公共数据的仍然属于少数社会部门。因而通过税收可以用于弥补社会不公平。

第二，行政数据对于购买者而言属于投入品而非消费品。传统垄断模型中，消费者剩余的差异取决于消费者的效用偏好。而作为投入品，消费者剩余的差异则可以将其视为购买部门对于公共数据的利用效率。政府通过价格将低效率的社会部门排斥出去，一定程度上激励了社会部门提高对公共数据的利用效率。

第三，在现实情况中，购买行政数据的社会部门往往具备一定的垄断势力，因而这种税收相当于针对购买者征收了一笔垄断税。这种判断似乎过于武断，笔者在后文会作出解释。

基准定价模型尽管对行政数据创新提供了一定的激励，但并未对社会部门提高社会收益形成激励，具有更高社会收益的社会部门并未获得更多的好处。因而基于基准定价模型建立单独定价模型：

$$P_i = \frac{1}{2}a + \frac{MC}{2} - \frac{\gamma_i}{2} \cdot \frac{\gamma_i}{\gamma}$$

式中 P_i 是针对第 i 个需求者的独立报价，γ_i/γ 为社会收益系数，γ_i 为第 i 个需求者的社会收益，γ 为平均基准社会收益。上述式子实际上对市场进行了一个反向的一级价格歧视，之所以称为反向价格歧视，是因为政府的单独报价并不是为了攫取购买者的消费者剩余，而是根据购买者提供的社会收益进行税收让利，增加其消费者剩余。

可以看出，当用户的项目社会收益与平均收益相同时，其价格就是基准价格，但是当用户的项目社会收益大于平均社会收益时，$\partial P_i / \partial \gamma_i = -2\gamma_i < 0$，价格会加速下降。因此用户项目的社会收益越高，面对的价格越低。显然这种情况更加鼓励社会部门从事社会收益更高的项目。而且反向价格歧视无疑会促进更多的公共数据进入社会部门，从而也提高了数据固定成本投资的支出效率和公共数据

的外部性价值。

单独定价模型是可以存在负价格的，因为和基础定价相比，单独定价模型的负价格并不会增加额外的负担。首先从数量角度，出现单独的负价格并不会改变使用数量，因而不会导致固定资本摊销和数据外部性的价值。此外，无论会不会出现负价格，单独定价都需要对项目进行审查核实，当然由于负价格意味着现金补贴，行政成本肯定会相应增加，但是单个项目的行政成本增加是有限的。

当然如果出现较大规模的负价格，那就意味着可能行政部门对于平均基准社会收益设置过小，政府可以对补贴比例进行一定的限额，并借此调整平均基准社会收益。同理，如果负价格甚至免费的比例过小，则意味着政府需要调低平均基准社会收益。随着技术的提升以及经济、市场环境的变化，长期选择一个平均基准社会收益是存在问题的。因此最好的方法是定期通过调整平均基准社会收益，让免费、补贴保持一个相对稳定的比例。当然如果某些行政部门面对的对数据有需求的行业出现明显的变化，例如重大技术更新、外部因素导致的需求市场明显变化或者政府产业政策调整等，则应根据实际情况进行相应比例的调整。

本模型也为一种定价法模型，与胡业飞（2019）提出的"平均固定成本＋边际成本＋结余"定价方式（后文简称"结余法"）有一定的变化：

第一，本定价模型并未将固定成本纳入模型，这是因为固定成本多少比例应该划归政府数据销售的固定成本还没有定论，另外固定成本的发生本质是优先满足政府行政工作的需要，而非销售数据的目的，因而本书视固定成本为行政成本，将其独立进行讨论。这样也避免了结余法较难处理平均固定成本的问题。

第二，根据结余法定价，行政部门至少要在成本或成本以上定价，而根据基准定价模型，行政部门的价格是可以低于边际成本乃至免费，甚至出现一个负的价格，因而本模型也同时提供了一个政府补贴的计算方法。

（四）公共数据的价值与需求

关于公共数据开放的讨论中，本书之前指出对公共数据进行全免费或者全部收费都不应该是最优的选择。有一些学者如贺睿（2013）、周华阳（2016）、王翔（2018）、胡凌（2019）提出应该对部分公共数据进行收费，但是持何种标准均未详细论述。

根据基准定价模型式⑥可以看出。行政数据价格受到两个因素的影响，a 和 γ。而这个对应为公共数据的两个属性，即数据价值、数据社会收益。这两个因素也可以作为开放数据是否选择政府收费的一种判断参考。当 γ 较大的时候，意味着公共数据的社会收益很高，因而政府更应该免费提供。而当 a 较大的时候，意味着该数据具备很高的价值，因为商家愿意用更高的价格购买该数据，那么更应该收费，现实中的确各国政府对于具有较高价值的公共数据大多都在边际成本之上收费。

1. 高需求、低价值数据

这里存在一个疑问，如果政府面对一个具有很大需求量的公共数据集，那么是否有必要直接将其免费提供，而无视最优定价？表面上来看的确这样，因为假定公共数据的产生有一个固定成本，总需求量即价格为零时的社会需求量很大时，影响了三个因素：一是固定成本分摊，因为本研究视固定成本支出为行政支出，使用者越多，则单位行政成本越低；二是数据的不确定性，使用者越多则意味着公共数据在社会上可能产生更高的溢出价值；三是公平原则，因为这种情况下，"特定受益者"已经变成普遍受益，那么同样理应免费提供。

这里考虑两种情况，同样在需求较大的情况下，一是数据价值低，表现为需求曲线的 a 较小，因而需求曲线具备较大的弹性。其结果就表示需求曲线是一条高弹性的曲线。在垄断市场的定价模型为：

$$P_m = \frac{MC}{1 + （1/E_d）}$$

基准定价模型也可以改成：

$$P_r = \frac{MC}{1 + （1/E_d）} - \frac{\gamma}{2}$$

E_d 为需求曲线的需求弹性，E_d 越大，P_m 就越接近边际成本 MC，这表明即使政府按照垄断最优定价，造成的社会福利损失也是很小的。可见，即使政府不进行强制免费，按照最优定价，价格也会极低，接近边际成本甚至接近零。

2. 高需求、高价值数据

但是另外一种情况是行政数据的价值较高，那么这就意味着最优定价会偏离 MC 较远，那么政府应该如何决策？本书认为，问题其实在于高价值、高需求的行政数据需求曲线是不会存在的。

这是因为购买者对于行政数据的价值评估并不取决于消费者偏好，而取决于行政数据在其项目中的作用，如降低成本或者提高收益。如果一个垄断竞争市场，在购买行政数据之前，该市场的所有厂商经济利润为零。如果购买了行政数据，且需求量很高，这就表明几乎所有的厂商都需要购买该数据，垄断竞争市场的进入壁垒是极低的，这意味着任意厂商购买以后，它们或许短期会获得一定的超额利润，但是很快又会回到经济利润为零的长期均衡状态。同时因为行政数据的边际成本极低，甚至出现非竞争性的准公共物品特性，需求增加并不会推动价格上升。因此在大量需求下，社会部门愿意对行政数据所支付的价格是很低的。

而只有少数具备行政数据处理能力的厂商，因为行政数据的获取从而获得了较强的市场垄断势力，它们才有高价格购买行政数据的动力。这就回应了之前为什么本书认为如果税收较高，则意味着征收了垄断税的原因。在这个逻辑下，高需求必然对应低价值。

但是反过来，低需求的行政数据并不意味着高价值，因为某些行政数据可能给社会部门带来的直接价值是不高的，而这些部门即使较少，所影响的范围也很低。那么往往即使按照最优定价，价格也不会高出边际成本太高，考虑到行政成本因素，将其免费提供可能更好。

需要指出的是，本书提及的数据价值是针对购买者而言的，与数据的社会价值是不一样的。首先数据的社会价值必须要经过数据利用才能体现出来，其次作为私人部门的购买者，更关注的是企业价值。而行政数据市场化配置的一个目的就是希望私人部门通过行政数据的利用实现更高的社会价值，免费开放社会价值高的数据当然是一种选择，但是从本研究的定价模型中，高社会价值的项目面对的政府报价也是极低的，可以为零甚至负价格。因而采用定价模型与免费提供并不矛盾。

（五）公共数据开放的两阶段模型

总体而言，所有行政数据除了因为政府的特殊考量，例如密级等，都应该进入市场化配置。但是全体市场化配置并不等同于全部收费，这里存在一个两阶段的决策：

第一阶段：数据价值评估阶段。根据基准最优定价可以估算出数据的最优定价。很明显根据基准最优定价模型，价格是一个连续的变量，价格为零的情况并不多见。此时就需要加入政府关于固定成本、行政成本、数据外部性等其他因素的考量。从固定成本和数据外部性的角度来看，越多的使用者使用公共数据，创造的价值总是更高的，尽管无法确定具体的价值，但是对于价格在边际成本附近的定价，选择免费可能是最优的结果。因此可以设置一个断点价格，低于该价格则直接免费，因为假设以断点价格之下征收的税收其社会收益提高会低于考虑固定成本摊销、行政成本支出及数据外部性等因素下免费开放的社会收益。断点价格的确很难量化，更多地取决于公共部门的一个经验下的估算。

第二阶段：项目社会价值评估阶段。对于最优定价偏离边际成本的行政数据，政府应将这类数据纳入有条件开放的范畴。对于有条件开放的数据，首先要进行申请人的资格审核，该审核仅针对申请人自身而与行政数据用途无关，符合条件的相当于获得有条件开放市场的准入。

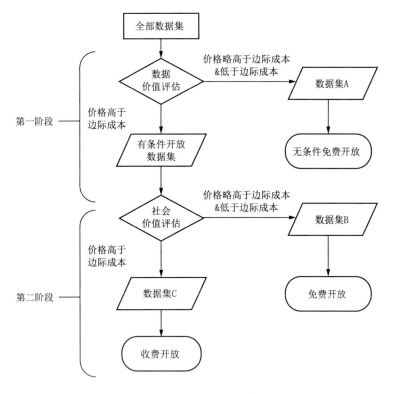

图 2.3 公共数据开放的两阶段模型（来源：作者自制）

有条件开放并不意味着就一定要收费，政府需要根据申请人的项目进行社会效益的评估，再利用单独定价模型向申请人报价，根据单独定价模型，价格很有可能只等于边际成本或者免费甚至为负。因此在第二阶段，政府根据项目的社会价值，结合行政成本、数据外部性等考量，同样会释放出免费提供的行政数据集 B。与第一阶段不同之处在于单独定价会出现负的价格，但是考虑到补贴会增加行政成本和行政支出，因而对于较低的负价格，选择免费也是更为简单的方式。而对于行政数据集 C 则采用收费模式，当然这种收费包括两种情况，一种是较高的正价格，另一种是财政补贴。

从结果而言，与之前一些学者提出的观点相同，即大部分行政数据免费，小部分行政数据收费，但本书基于两个模型给出了一个决策流程，帮助政府在面对行政数据的时候，对于哪些数据应该免费开放，哪些数据应该有条件开放提供了一个理论依据。尽管数据集 A 与数据集 B 都是免费开放，但是存在很大差异。对于数据集 A，政府并不需要对使用者有任何约束；而对于数据集 B，政府需要对使用者进行前期审核和后期检查，以保证使用者按照事前约定使用数据，因而行政成本要远高于前者。

三、事业部门的公共数据市场化配置

事业部门的活动分为两块，公共品提供与公益品提供，由于公共品无法收费、公益品不该收费，因而提供这些产品的事业单位往往也会获得较高甚至完全的财政补贴，同时事业部门的盈利指标也是很低的。既然事业单位都是财政补贴，那么它们的数据也应该免费或者以边际成本提供给社会。郑磊（2018）认为数据获得的财政支持越高，具有的公共价值越高，其公共属性也就越高，越应该免费开放或以尽可能低的成本收费。

（一）公共品数据开放

公共品的提供并非政府认为公共品必须由政府提供，而是因为市场上无法提供该类产品，而财政补贴的原因在于提供公共品无法获得维系公共品提供的收益。但是从另外一个角度，如果提供公共品的事业单位能够从公共品中获利，同时不影响公共品的提供，那么财政补贴并不是事业单位市场化运作的阻碍，反而事业单位如果能够从公共数据市场化中获得收益，这样既保障了公共品的提供，同时还降低了财政支出，也调动了公共产品提供者的积极性。甚至进一步说，如果这种收益使得公共品提供能够获利，那么政府可以减少甚至退出该产品的供给，而将该产品交予市场提供。例如，公共道路属于公共品性质，但是如果私人部门修建道路后，可以从广告中获得收益，那么既保障了道路的使用，也降低了财政支出。不少政府 PPP 项目都有类似的思路。

（二）公益品数据开放

提供公益品的部门并非不能够进行营利性的活动，前提是不会影响公益品的提供。例如博物馆也可以销售文创产品，公园提供付费的娱乐项目等。公益品的提供者不仅获得了市场收益，降低了财政支出负担，合适的盈利项目还能够满足不同消费者的需求，提高社会福利。同时可以激励该部门更好地提供公益品，借此获得更多的收益。公益品数据开放也是一样的逻辑，销售公益品数据并不会影响公益品的提供，反而更会激励提供者提高公益品水平以及自己的数据管理水平，从而获得数量更多、质量更好的数据。

可见，如果以财政支持作为标准，那么不少事业单位与行政部门一样，都是接受完全的财政补贴，但是事业单位与行政部门最大的不同在于事业单位并不具备管理职能。公共品提供是无法收费，而公益品提供是不能收费。尽管事业部门接受较多的财政补贴，并不意味着公共数据应该免费或者边际成本收费，相反应该更多地进行市场化配置，既降低财政支出负担，也提高产品提供水平。同样，以盈利要求作为收费的标准也不合适，既有高的盈利要求的部门可以选择更高的收费，而低的盈利要求的部门则选择更低水平的收费。原因在于这是一个以果导因的结论，不少事业部门盈利要求很低甚至没有盈利要求，那是因为该事业部门过去缺乏盈利的能力，因而就会面对较低的盈利要求。既然事业部门可以从公共数据上盈利，自然就会导致盈利要求的提高。

那么事业部门的市场化配置是不是完全从自身利益最大化出发？笔者认为可以将事业部门视为两个部门，A部门运营公共品或公益品项目，B部门运营增值收费项目。财政补贴或盈利目标多少取决于B部门的情况。而A部门则全部属于财政支持，且A部门无任何收入，显然公共数据是来源于A部门的。

这种情况下A部门的决策就属于行政部门的决策，因而和前文讨论的逻辑相同。但与行政部门数据开放不同的在于，A部门并不能将数据直接提供给社会部门，而需要B部门进行运营，因此B部门应当获得运营收入。

但是B部门的运营收入应该受到限制，原因在于如果A部门的数据是垄断数据的话，B部门也天然获得市场优势，合理的情况是根据投资回报率进行限定。在这种情况下，A部门尽管依据定价模型定价，但是价格应该低于最优定价，这个价格是A部门向B部门提供的价格。因为最终面对社会部门的价格要加上B部门的运营定价，由于B部门的定价是被限定的，因而可以确认B部门的加价，这样A部门的价格加上B部门的价格应为最优基准价格。

存在一种情况，即B部门的投入和成本构成。因为不少事业单位的盈利项目是以自身的公共资源为依托的，例如博物馆销售文创产品，往往它们是在博物馆内部进行的，但它们并没有将租金付给政府。因而B部门的投入成本可能是事业单位与行政单位共摊的，这就意味着B部门的收益有一部分要返还给行政部门。与行政部门不同之处在于，政府的降价只能在自身税收里扣除，而要保障B部门基于自身投入和成本支出的收益。由于公共数据开放的边际成本是在 B 部门支出，因而事业部门的公共数据开放价格不应低于边际成本。高出边际成本的部分应保障 B 部门的收益，即扣除 B 部门自身承担的所有成本之外应有合理利润。因为 B 部门并没有社会收益目标，如果 B 部门无法从运营中获得利润，那么 B 部门缺乏承担公共数据运营工作的动力。因为外包企业同样需要有利润，运营外包与直接选择 B 部门并无差异。如果行政部门愿意承担所有的运营工作，那么该数据与行政数据在定价决策上无差异。

笔者建议事业部门采用基准定价模型，从而兼顾公平和效率，之所以不采用单独定价模型，原因在于事业部门无能力对购买者进行项目社会效益的审查及后续工作的核实。与政府数据市场化的不同之处还在于事业部门数据可以采用授权运营项目分成的方式，本书并不建议政府与社会部门采用收益分成的方式，原因在于政府具备管理者角色，无论政府如何定义收益，都容易导致政府是一个股东身份的认知，而且政府也无法直接参与项目的运营。但是事业部门并无这种约束，收益分成可以帮助事业部门获得更高收益，从而降低财政对于事业部门的支出，同时分成比例也可以基于项目的社会收益进行调整，也保证了社会收益的提高。

总体来说，公共品数据和公益品数据市场化配置并无太大差异，较大的差别在于公益品提供可能处于一个竞争市场，如果公益品数据是同类型数据的一部分，那么公益品数据应当以可参考的市场数据价格为基准价格。如果该类型数据对于数据的完整性有着很高的要求，即一个完成数据集的价值要远高于分散数据集的价值总和，那就意味着公益品数据具备很高的社会效益，那么公益品数据更应该免费开放。但是由于本书并不主张事业部门数据免费开放，因此当面对需要免费开放的情况，行政部门需要自己承担运营工作，如由行政部门直接运营或者给予相应的补贴让事业部门运营。

四、公共服务部门的数据市场化配置

不少政府文件在公共服务定义中，并未对服务部门进行明确的定义，而往往以类别列支的方式体现，如上海市是指"供水、供电、供气、公共交通等"；《贵州省大数据发展应用促进条例》是指提供公共服务的供水、供电、燃气、通信、民航、铁路、道路客运等企业；《安徽省大数据发展条例》指与人民群众利益密切联系的教育、卫生健康、供水、供电、供气、供热、环境保护、公共交通等领域公用企事业单位。《河北省信息化条例（修订）》中包括但不限于邮政、通信、水务、电力、燃气、热力、公共交通、民航、铁路等。总结起来，被视为公共服务部门的企业，表现为它们的产品具备两个特征：（1）重要性，与人民群众利益密切相关；（2）需求范围，产品服务覆盖面很广，几乎所有的民众和部门都有产品需求。

公共服务部门即使不属于自负盈亏单位，至少也属于存在盈利指标的公共部门，因而目前主要的观点认为这类部门的数据是可以在边际成本以上收费的。但公共服务部门市场化的问题并不在于价格问题。

因为公共服务部门已经接近于市场化运作，那么就存在一个疑问，在提倡公共数据开放之前，公共服务部门为什么不自行开放数据，并取得收益？例如机场和民航很早就与飞常准合作，向该公司提供航班数据，这就是一种典型的例子。那么很有可能公共服务部门之前不将数据放入市场进行交易，原因在于它们并不愿意这么做，例如可能涉及商业秘密或者影响核心竞争力等原因。因此与行政事业部门不一样，公共服务部门的市场化问题不是该不该赚钱，而是愿不愿意的问题。

因此，政府首先需要对于公共服务部门的数据集进行评估，设立必须开放数据，并进行价格限定。因为政府并不会从数据收益中获得税收，所有收益归于公共服务部门所有，因此价格应当根据对数据集社会效益的评估来决定是在边际成本收费还是限定投资回报率收费。此外，对于非必须开放的数据，则交由公共服务部门自行决定市场化形式和价格。如果数据属于垄断数据，同样政府应当进行适当的垄断管制。

第五节　公共数据市场化配置的路径探索

一、关于公共数据市场化配置战略推进阶段的探索

第一，从战略目标来看。公共数据开放的目的是实现公共数据的共治共享以及公共数据与社会数据的大融合，实现公共数据的市场有效配置，激发政府与社会单位挖掘数据资源的热情与动力，最终实现政府治理能力、公共服务水平和经济发展效能的大提升。目前公共数据开放的主要工作是政府数据开放上网，这是公共数据开放的基础工作，但并不是最终的目的。

第二，从战略路径角度。公共数据开放是一个操作难度从易到难、实施效果从小到大的一个过程，在这个过程中存在不同层面、不同难度的问题，因此公共数据开放的战略路径应该分阶段实施、每个阶段都要解决相应的问题，尽管不同阶段的工作并非一定要按照时间顺序严格排序，但是阶段上升应避免跳跃，只有夯实基础，才能在路径上稳定发展。

（一）谋划宏观布局，分阶段推进部署

在公共数据定义中，主体论定义与属性论定义尽管定义逻辑存在差异，但是并不应将其视为相互矛盾和冲突的定义。主体论定义

着重的是操作的简洁明了，属性论强调的是效果的最佳，且不同分类定义中还存在诸多不同的定义。因此，可以借鉴不同定义的内容，将其视为公共数据开放的不同阶段，图2.4是公共数据开放的分阶段路线图，将所有阶段分为三个大步骤：

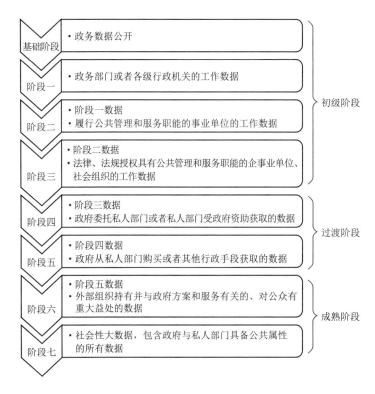

图 2.4　公共数据分阶段推进图解（来源：作者自制）

1. 初级阶段

在该阶段，对于公共数据的界定主要基于的是"主体论"观点，主要工作是将政府可控的数据完成开放工作。这个阶段主要是在行政机关与国家企事业单位之间完成，因此工作的推进以行政指令为基础，存在少量的市场行为。公共数据开放也被视为公共服务的一种，其重要目的在于释放政府数据能量。

2. 过渡阶段

主体论下的公共数据存在两个较大的欠缺，一是数据不全且可能会导致数据偏差。特别是在国有企业与私人企业共存的市场，如医疗、教育、金融等行业，由于公共数据仅包括国有企事业的数据，而遗漏了私人市场的数据，那么行业数据会出现欠缺，对于数据的再开发、再利用无疑会产生不同程度的影响。二是主体论下的公共数据是单向数据，即只是公共部门向私人部门提供数据，而公共部门无法从私人部门那里获取数据。在数字化、网络化高度发展的现在，私人部门业务的地域约束逐渐减小，而影响力则日益提高，市场能力不断扩大。其与公共利益的相关性越来越强。因此，获取私人部门数据，可以更有效监督私人部门的行为、整合私人部门业务与公共资源的关系。同时，私人数据也是公共数据的一个有效补充，获取一定内容的私人部门数据，对于提升政府治理水平、保证经济平稳安全运行、提高公共服务质量都有很强的帮助。

过渡阶段的特点在于公共数据开放的外延从公共部门数据向社会私人部门数据的扩展。之所以将这个阶段称为过渡阶段，在于这个阶段可以视为主体论观点向属性论观点转移的一个阶段，是公共数据开放将效果与操作难度平衡的一个思路。

过渡阶段的思想表现在：一方面，认为社会私人部门数据中具备公共属性、与公共利益密切相关、对于提升公共服务有很大帮助的数据应该被视为公共数据；另一方面，这个阶段的思想认为这类私人数据首先应该确定主体才能够按照公共数据开放操作，因而强调政府必须通过各种途径获取私人数据，确定数据的所有主体。

在过渡阶段中，公共数据开放逐步引入市场机制，鼓励社会私人部门向公共部门销售对社会公共利益与公共服务密切相关的数据，同时公共部门从私人部门获取数据更多采用市场机制而非行政命令强制获取。《北京市社会数据采购和使用管理暂行方法》就体现了这种思想。

3. 成熟阶段

在成熟阶段，公共数据的外延进一步扩大，主体论论述转为属性论论述，形成了成熟的公共数据交易市场，公共数据也不仅仅局限于公共部门与私人部门业务活动中衍生的数据，基于公共数据的二次开发，以及针对数据的专门采集、处理和生产。公共数据与私人数据、政府数据与社会数据能够相辅相成，互补不足，为社会生产力提高、政府公共服务水平提升提供一个可持续发展的数据生态圈。

（二）立足现有基础，寻求效率平衡点

从目前的现有情况来看，公共数据开放的效果与操作难度是相悖的，因此公共数据开放分阶段是一个效果逐渐提升，同时操作难度也不断提升的过程。操作难度包括技术上实现、政府与社会对数据开放的认知、现行法规的限制等。因此分阶段实施是在每个阶段寻求效果和操作的平衡点，并持续解决问题、夯实基础、提高认识，在条件成熟下迈入下个阶段。

表2.3　不同阶段的问题和均衡目标

	均衡目标	主要问题	问题内容
初级阶段	完成公共数据开放的基础性工作。	技术层面	涉及所有与技术层面相关的问题，如数据标准、数据结构、数据规范等等。
		认知层面	对于哪些公共数据应该开放，开放到什么程度，如何解决涉密问题，如何评估开放绩效等方面尚需统一认识。
		管理层面	专门管理机构的设立，以及相关的规则、职责、流程、制度的完善。

	均衡目标	主要问题	问题内容
过渡阶段	尝试建立公共部门从社会私人部门获取数据的平台和长效机制，提升数据利用能力。	数据遴选	如何判定社会数据具有公共价值，如何从社会数据中遴选出所需的数据。
		数据获取	如何从社会私人部门获取数据，是否可能建立获取数据的长效机制。
		数据利用	探寻利用数据提高公共服务水平和政府决策能力的制度和方法。
		市场运作	用市场购买代替行政手段、建立和完善公共数据的价值评估标准和体系。探寻解决社会数据转为公共数据中行政机制与市场机制的协调问题。
成熟阶段	建立规范的公共数据市场配置机制，促进公共数据与社会大数据的市场融合。	立法方面	处理好公共数据开放涉及的法律问题。
		市场管理	建立一个完善的公共数据交易市场，形成公共数据的有效市场配置。
		市场融合	公共数据市场与社会大数据交易市场的融合，建立起完善的数据交易、利用的平台和市场机制。

二、公共数据市场化配置初级阶段的模式与实现路径

公共数据市场化配置的初级阶段，是以"主体论"作为公共数据的主要界定标准。这一阶段的任务是建立和完善公共数据开放与共享制度，由行政机关、事业单位以及其他依法履行公共管理和服务职能的社会团体和组织等来承担，目的是提升政府及其他公共部门的公共服务质量和数据治理水平。在该阶段，政府依旧是数据开放和数据治理的主体，其目标是要完成公共数据共享开放的基础性工作，包括公共数据开放在数据质量、数据安全等层面的技术处理工作，公共数据开放相关组织机构的设立与职责工作，以及各主体对于公共数据开放的认知提升工作。在公共数据市场化配置的初级阶段，政府可利用数据开放许可制度、授权运营制度等来推进该目

表 2.4　公共数据市场化配置的模式与运行机制

模式	属性	运行机制				适用阶段
		供求	价格	竞争	风险	
以政府及其他公共部门为主体：数据开放　开放许可	知识产权许可/数据库权益许可协议行为	1. 需求端：各类用户通过公共数据开放平台获取数据，满足数据需求。 2. 供给端：上海市公共数据开放平台提供上海市相关政府部门或第三方机构基于政府信息资源而开发形成的数据产品及数据应用等服务。	定价方式及定价原则：通过上海市公共数据开放平台注册并完成认证的用户，对现有已开放数据（依申请类除外）享有免费访问、获取、传播和增值利用的权利，依申请类开放数据依特定条件享有免费访问、获取和增值利用的权利，但我们保留对部分数据加工产品收费访问及收费获取的权利。	无	涉及商业秘密、个人隐私，或者法律、法规规定不得开放的公共数据列入非开放类。	初级阶段、过渡阶段
		1. 需求端：各类用户通过公共数据开放平台获取数据，满足数据需求。	定价方式及定价原则：通过开放政府许可，非商业政府许可，开放最	无	个人信息；未经数据提供者同意或未根据信息获取法所公开的信息息；公共机构列入的标志，以及皇家	

续 表

模式	属性	运行机制				适用阶段
		供求	价格	竞争	风险	
以政府及其他公共部门为主体：数据开放 开放许可	知识产权许可/数据库权益许可协议行为	2. 供给端：开放许可的对象包括受版权或数据库权利保护的信息，最高法院的数据、政府部门和其他公共部门开发的软件及其源代码以及许可方所许可的任何数据集。	高法院许可等为免费许可。另外有收费许可。若数据集的重复使用超出了2015年《公共条例》所规定的再利用范围，根据《自由保护法案》，可使用此许可对数据重复使用进行收费。任何重复使用费用必须限于复制、提供和传播文件所产生的边际成本。总费用不得超过：直接成本；应课税活动产生的间接和杂项费用的合理分摊；合理的投资回报。	无	纹章（除非构成文档或数据集的组成部分）：军事徽章；信息提供者无权许可的第三方权利；其他知识产权；身份证件，如护照等属于豁免条款。	初级阶段、过渡阶段

续　表

模式	属性	运行机制				适用阶段
		供求	价格	竞争	风险	
以政府及其他公共部门为主体：**数据开放** 会员收费	行政收费	1. 需求端：对公共数据有需求的用户 2. 供给端：公共部门可借鉴 Freemium 商业模式，进行开放数据再利用的市场化运作。Freemium 商业模式，即"用免费服务吸引用户，然后通过增值服务，将部分免费用户转化为收费用户"。因此，公共部门可发展有特色的定制服务和产品，通过 B2B 或 B2C 的模式提供增值服务，并收取相关费用。	无	无	无	初级阶段、过渡阶段
以政府及其他公共部门、企业为主体：**公私合作** 授权运营	国有资产运营、行政协议行为	1. 需求端：政府指定部门面向社会企业收集政府数据需求，向数据运营单位推荐可能存在政府数据需求的企业，数据运营单位与企业进一步确认所需数据内容，使用户明确数据应用具体场景。	定价方式及原则：数据运营单位与数据使用单位通过多轮协商确定相应的数据服务价格，具体遵循三条原则：	1. 竞争方式：将政府数据授权给本地一家国有企业，即成都市大数据集团股份有限公司运营。	1. 政府各部门、数据提供单位及数据使用单位各自建立数据安全保障技术平台和管理机制。 2. 数据运营单位需建立严格执行网络数据和政府数据安全的管理制度，明确主体安全责任。	

续　表

模式	属性	运行机制				适用阶段
		供求	价格	竞争	风险	
以政府部门及其他公共部门，企业为主体：公私合作　授权运营	国有资产运营，行政协议行为	2. 供给端：政府部门以及有关单位（数据运营提供单位）确认数据运营需求之后，依法对所需数据、使用方式，应对所需数据、使用方式、安全风险应进行评估，最后对是否授权运营进行确认。 1. 需求端：市经济和信息化部门根据专区运营需求，依托市级大数据平台统筹、协调相关数据汇聚。其中，银行对专区数据的需求极大，专区建设支持12家商业银行在京落地线上化普惠信用贷款产品，累计调用接口服务106万余次，支撑15万余笔信贷审批的风控服务。	① 围绕数据服务定价，而不是数据本身；② 双方共同协商，特别是让数据使用单位充分表达意见，明确需求场景以增强服务的针对性；③ 尽可能低数据使用单位的成本。 无	2. 竞争主体：本地国有企业 1. 竞争方式：由市经济和信息化部门授权具有公益性、公信力、技术能力和资源优势的市属国有企业及金融专区对专区公共数据进行运营。	行为规范和管理要求；对数据资源进行分级分类管理并编制政府数据运营清单；建立数据备份制度，定期对平台中的数据进行备份；制定网络安全处置应急预案，定期组织应急演练，确保政府数据安全运营工作有序。 1. 运营单位应当遵守法律、法规，有关国家秘密、商业秘密和个人信息保护的要求，并通过必要的技术防控措施，加强对第三方合法权益的保护，防范相关数据被非法获取或者不当利用。任何个人、法人和其他组织认为开放数据存在错误、遗漏或者有侵犯个人隐私、商业秘密等情形的，有权向运营向运营单位提出异议，并由	初级阶段、过渡阶段

续　表

模式	属性	运行机制				适用阶段
		供求	价格	竞争	风险	
以政府及其他公共部门、企业为主体：公私合作　授权运营	国有资产运营，行政协议行为	2. 供给端：各级、各类行政机关和法律法规授权的具有管理公共事务职能的组织应当按照专区建设要求，将数据目录中的金融公共数据向专区汇聚。运营单位应当在授权范围内，加强金融数据技术投入，对各类金融机构及其他主体提供数据、技术、咨询等便捷化服务，不得以营利为目的对原始数据进行交易。运营单位应当统一为各应用单位提供优质数据服务，公平对待各类数据应用需求。运营以营定量提供服务时，应当以合同、协议等形式约定数据使用目的、范围、方式和期限。	无	2. 竞争主体：具有公益性、公信力、技术能力和金融资源优势的市属国有企业。	市经济和信息化部门与汇聚单位核实后予以处理。 2. 运营单位应当制定数据的分级分类标准，明确数据管理里策略，建立数据管理制度和操作规程，并定期对数据管理策略、制度进行评审，及时更新。 3. 运营单位应当按照国家网络安全等级保护要求，对存储、传输金融公共数据涉及的网络、系统进行定级备案，系统规划建设的安全需求不低于等保三级系统要求。 4. 运营单位应当制定信息安全事件应急处置预案，发生信息泄露、毁损、丢失等数据安全事件，或者发生数据安全事件风险明显加大时，应当立即启动应急预案，并按安全要求向市经济和信息化部门报告。	初级阶段、过渡阶段

续 表

| 模式 | 属性 | 运行机制 | | | 适用 |
		供求	价格	竞争	风险	阶段
以政府采购及其他公共部门、企业为主体：公共数据及相关服务（政府采购（购买）私相合作）	行政合同／民事合同行为	1. 需求端：依法进行政府采购的国家机关、事业单位、团体组织。 2. 供给端：供应商参加政府采购活动应当具备下列条件： （一）具有独立承担民事责任的能力； （二）具有良好的商业信誉和健全的财务会计制度； （三）具有履行合同所必需的设备和专业技术能力； （四）有依法缴纳税收和社会保障资金的良好记录； （五）参加政府采购活动前三年内，在经营活动中没有重大违法记录； （六）法律、行政法规规定的其他条件。 采购人可以根据采购项目的特殊要求，规定供应商的特定条件，但不得以不合理的条件对供应商实行差别待遇或者歧视待遇。	定价方式及原则：采购人应当对采购标的的市场技术或者服务水平、供应、价格等情况进行市场调查，根据调查情况、资产配置标准等科学、合理地确定采购需求，进行价格测算。	1. 竞争方式：政府采购采用以下方式：（一）公开招标；（二）邀请招标；（三）竞争性谈判；（四）单一来源采购；（五）询价；（六）国务院政府采购监督管理部门认定的其他采购方式。公开招标应作为政府采购的主要采购方式。 2. 竞争主体：私营企业。	无	初级阶段、过渡阶段、成熟阶段

续　表

模式	属性	运行机制				适用阶段
		供求	价格	竞争	风险	
以社会企业为主:贸易基金/半营利化、私营运营基金	政府部门半商业化运作	1. 需求端:对地理、气象、测绘等具有增值空间的信息有需求的用户。 2. 供给端:英国将许多政府数据部门例如地震局、气象局等改为"半自立"的政府基金的基础上进行运作,比如测绘局专门成立了商业产业部,负责开发、生产、销售地理信息产品。一是通过提供地图、咨询等获得收入,二是运营基金,即通过向其他公共部门提供地理信息服务或对用户许可授权再利用来收取费用。	定价方式及定价原则:鼓励免费或以边际成本收取的原则去获取成本利用信息。营运基金部门的"创收"比例是由公共部门和财政部根据实际情况协商后共同制定的,因此也各不相同。例如、海道测量部的投资收益率高达9%,即在收回成本的基础上,还需要增加9%的创收比例。而陆地测量部规定的目标收益率为软低,为5.5%。当然也有一些营运基金部门如地质调查局不以营利为目的,没有规定"创收"比例,其信息产品的价格都是以回收成本为基础设定的。	1. 竞争方式:成立营运基金,半商化运作的政府部门,直接与私营机构竞争。 2. 竞争主体:贸易基金部门、私营企业。	无	过渡阶段、成熟阶段

续 表

| 模式 | 属性 | 运行机制 | | | | 适用阶段 |
		供求	价格	竞争	风险	
以社会企业为主：半私营化、私营化运作	**完全市场化、私营化** 私营部门商业化运作	1. 需求端：对气象服务领域公共数据有需求的用户。 2. 供给端：私营部门。美国气象服务市场实行完全私营化。今日美国的商业气象服务涉及新闻信息、交通运输、保险金融、农业生产、能源供应等重要经济领域，在国民经济发展中不可或缺。私营气象服务公司纷纷展业务，新公司不断诞生，气象信息资源利用达到最大化。	完全市场化定价	1. 竞争方式：公共数据私营化部门与其他私营企业直接竞争。 2. 竞争主体：私营企业。	无	过渡阶段、成熟阶段

标的实现，但在上述模式中，市场规则、市场价格和市场竞争等市场机制参与较少，因此属于公共数据市场化配置的初级阶段。

（一）公共数据开放许可制度

1. 概念明晰与发展现状

公共数据开放许可是规范公共数据开放后数据利用行为的制度设计，一般表现为公共数据提供者与使用者签订许可使用协议。多国建立起政府数据开放许可制度，使用开放数据许可协议来规范数据使用者的数据利用行为，如美国、澳大利亚、新西兰等借鉴使用了知识产权许可类型，英国、法国、加拿大等专门制定了开放政府许可。

目前，我国暂无中央层面的数据开放许可相关法律规定，但已有很多地方政府在数据分类分级基础上推行数据开放，颁布了数据分级分类指南等地方规范性文件，将数据分为无条件开放类、有条件开放类和非开放类三类，并规定了相应的获取方式。其中，上海市在《上海市公共数据开放暂行办法》中规定了"对涉及商业秘密、个人隐私，或者法律法规规定不得开放的公共数据，列入非开放类；对数据安全和处理能力要求较高、时效性较强或者需要持续获取的公共数据，列入有条件开放类；其他公共数据列入无条件开放类"。除了《上海市公共数据开放暂行办法》这一整体的法律保障之外，还颁布了《上海市公共数据开放分级分类指南（试行）》，提供公共数据分级分类开放的实操支撑。同时，上海公共数据开放平台也设置了平台条款或协议，对于已开放数据、依申请类开放数据等设定免费访问、增值利用和收费获取的权利。[1]

---

[1] 上海市公共数据开放平台发布的《上海市公共数据开放平台使用条款》规定："通过上海市公共数据开放平台成功注册并完成认证的用户，对现有已开放数据（依申请类除外）享有免费访问、获取、传播和增值利用的权利，依申请类开放数据依特定条件享有免费访问、获取和增值利用的权利，但我们保留对部分数据加工产品收费访问及收费获取的权利。"

公共数据开放许可协议的构建有利于提升数据质量、规范数据管理、维护数据安全、促进数据利用等，而目前上海市以及我国其他各地的数据分级分类指南还有数据开放平台的条款，都主要针对的是数据开放的类型与方式，缺乏数据使用以及收费的具体规则，不够精细化和规范化，难以对后续公共数据的开发利用进行指导。因此，上海市应该根据实际情况并参考英国、法国等地的经验和做法，建立统一的、多元化的、相互兼容的公共数据开放许可协议体系。

2. 法律属性

第一，公共数据开放许可不是行政许可。《中华人民共和国行政许可法》规定："本法所称行政许可，是指行政机关根据公民、法人或者其他组织的申请，经依法审查，准予其从事特定活动的行为。"首先，行政许可是依申请的行政行为，无申请则无许可，而公共数据开放许可一般只需要数据使用方遵循开放许可协议获取数据即可，只在有条件开放规定中有少量的需要依申请进行开放的数据。其次，行政许可以一般禁止为前提，以个别解禁为内容，即在国家一般禁止的前提下，对符合特定条件的行政相对方解除禁止使其享有特定的资格或权利，能够实施某项特定的行为。而获取公共数据并不是国家一般禁止的行为，与之相反，获取开放公共数据本就是公民的应有权利。最后，行政许可的对象是符合条件的特定的主体，而公共数据开放的对象则是不特定的社会公众。

第二，公共数据开放许可并不等同于知识产权共享许可。知识共享许可协议是知识共享（Creative Commons）组织发布的许可，适用内容包括受著作权保护的文本、照片、幻灯片、电影、音乐、数据集、数据库、其他形式资料等，其主要作用是为了保护私主体作品的版权。而公共数据开放许可所适用的范围既可能包括具有独创性的受版权保护的作品，也包括数据内容和数据库本身，并且后者是目前开放许可的主要适用对象。公共数据开放许可的主要目的在于对数据使用权的许可和公共利益的实现，而不在于对版权这一私权的保护。

3. 实现途径

在目前数据分级分类的基础上，专门制定公共数据开放许可协议。为了进一步明确数据类型，可以参照英国、法国等国家的开放许可协议，拓展开放许可的适用对象范围至数据、数据库及内容、软件源代码三种类型，针对三者做不同的许可规定。同时，对许可人和被许可人的权利和义务进行细化，并依据不同的许可内容设置相应的豁免条款。

以英国为例，其颁布的《英国政府许可框架》(UKGLF)[1]提供了公共部门信息使用和再利用的许可安排。该框架以开放政府许可证(OGL)为官方默认许可证，以免费使用和再利用为原则，规定其许可对象为受版权或数据库权利保护的信息（例如文学和艺术作品、内容、数据和源代码），允许以商业或非商业目的复制、发布、分发、传输、改编数据，并对以下数据设置相应的豁免条款：个人数据；未经数据提供者同意或未根据信息获取立法（包括《英国和苏格兰信息自由法》）以公布或披露方式访问的信息；部门或公共部门组织徽标、徽章和皇家武器（除非构成文档或数据集的组成部分）；军事徽章；信息提供者未获授权许可的第三方权利；其他知识产权；身份证明文件，如护照。除了开放政府许可证，英国政府还设立了开放最高法院许可、开发人员许可、非商业性政府许可、收费许可，以及软件许可。在被许可人权利和义务方面，英国政府许可框架按照使用目的（商业或非商业目的）、使用方式（复制、发布、分发、传输、改编等）、使用条件（免费或收费）等要素来设置。其中，关于收费许可的规定是：若对数据集的重复使用超出了2015年《公共部门信息再利用条例》（PSI）所规定的范围，根据《自由保护法案》，可以使用该许可对数据重复使用进行收费。根据信息再利用条例规定，任何重复使用费用必须限于复制、提供和传播文件所产生的边际成本，总费用不得超过：直接成本；应课税活动产生的间接和杂项费用的合理分摊；以及合理的投资回报。

（二）公共数据授权运营制度

1. 概念明晰与发展现状

公共数据授权运营是指政府通过合适的方式将公共数据授权给特定主体进行市场化运营。

贵州省是国内较早探索政府数据资产化运营的省份，早在2014年就成立云上贵州大数据产业发展有限公司，定位于政府数据运营。近几年来，我国其他各地也已开始就公共数据授权运营进行积极探索：2017年成都市就开始了政府数据市场化运营的探索，成都市大数据集团明确了"政府数据资产运营商"定位，2018年获得市政府政务数据集中运营授权。2018年12月20日，广州市人民政府发布了《广州市人民政府办公厅关于推进健康医疗大数据应用的实施意见》，探索建立数据授权运营管理机制，推动相关园区或龙头企业组织成立数据运营机构，建设以健康医疗大数据为核心资产的运营平台。2019年9月9日，贵州铜仁市人民政府发布《铜仁市政务数据安全管理实施细则》，提出政务部门或政务数据主管部门可以授权有资质的第三方进行数据运营、应用场景开发，并对数据安全做了详细的规定。2020年4月9日，北京市大数据工作推进小组办公室发布《关于推进北京市金融公共数据专区建设的意见》，规定了金融公共数据授权运营，由市经济和信息化部门授权具有公益性、公信力、技术能力和金融资源优势的市属国有企业对专区及金融公共数据进行运营。2020 年 10月，成都市发布《成都市公共数据运营服务管理办法》，在政策上继续对公共数据运营服务进行指导和约束，12 月公共数据运营服务平台正式上线运行，现已初步形成政府数据授权运营的"成都模式"。

2021 年 3 月 12 日，公共数据授权运营被纳入"十四五"规划中。中央人民政府发布的《中华人民共和国国民经济和社会发展第十四个五年规划和 2035 年远景目标纲要》中提到，要建立健全国家公共数据资源体系，推动公共数据开放共享，同时开展政府数据授权运营试点，鼓励第三方深化对公共数据的挖掘利用。随后，浙江省、山东省、上海市等都陆续将公共数据授权运营作为数字经济发展和城市数字化转型规划中的重要任务。2021 年 11月 25 日，《上海市数据条例》已由上海市第十五届人民代表大会常务委员会第三十七次会议通过，明确了要建立公共数据授权运营机制，规定了授权运营方式、开发利用规范、数据产品与服务定价等。

公共数据授权运营是在我国数据要素市场化改革浪潮中的一次探索和创新，是从公共数据开放共享迈向公共数据开发利用的新阶段，对于释放公共数据潜能、促进数字经济发展具有重要意义。

2. 法律属性

目前，学界对于公共数据授权运营的法律属性和定位存在不同的解释。张会平等（2021）认为，政府数据授权运营的基本特性是将数据作为国有资产进行的市场化运营。他将政府数据授权运营界定为地方政府将各部门数据的市场化运营权（"数据使用权"的交易权限）集中授予本地一家国资企业，由该国资企业通过市场化服务方式满足经济社会发展对政府数据的需要，同时实现政府数据资产的保值、增值。[1]袁强等（2021）认为，政府数据的授权运营与行政授权、行政委托、行政许可、用益物权或知识产权法上的许可使用不同，其本质是一种特许经营。罗培新（2021）则明确表示，鉴于数据非排他占有的属性，不像矿产等有限的资源，此种授权不是特许经营，可以采取非排他授权的方式。此种授权协议，应属于行政合同，相较于民事合同，具有行政优位权，授权方为了公共利益，可以随时撤回授权，也可以单方面调整合同内容。

3. 实现途径

以成都市政府数据授权运营模式为例，该模式涉及的主管部门包括市网络理政办、市新经济委以及其他政府部门和有关单位。（1）从数据的供求机制来看，政府指定部门面向社会企业收集政府数据需求，向数据运营单位推荐可能存在政府数据需求的企业，数据运营单位与企业进一步确认所需数据内容、使用方式和具体应用场景。政府部门以及有关单位（数据提供单位）确认数据运营需求之后，依法对所需数据、使用方式、应用场景、安全风险等进行评估，最后对是否授权运营进行确认。（2）从数据的定价机制来看，数据运营单位与数据使用单位通过多轮协商确定相应的数据服务价格，具体遵循三条原则：①围绕数据服务定价，而不是数据本身；②双方共同协商，特别是让数据使用单位充分表达意见，明确需求场景以增强服务的针对性；③尽可能降低数据使用单位的成本。（3）从竞争机制来看，成都市的做法是将政府数据集中授权给本地一家国有企业，即成都市大数据集团股份有限公司运营。未来，上海市可采用招投标等竞争方式确定被授权主体，用市场力量选出适

---

[1] 张会平、顾勤、徐忠波：《政府数据授权运营的实现机制与内在机理研究——以成都市为例》，载《电子政务》2021年第5期，第34—44页。

合的运营者，并且不限于一家运营单位，可以是多家运营单位同时运营，极大地发挥公共数据授权运营的效率。（4）从数据安全风险来看，政府各部门、数据提供单位以及数据使用单位需各自建立数据安全保障技术平台和管理机制。数据运营单位需建立并严格执行网络安全和政府数据安全的管理制度，明确主体安全责任、行为规范和管理要求；对数据资源进行分级分类管理并编制政府数据运营清单；建立数据备份制度，定期对平台中的数据进行备份；制定网络安全处置应急预案，定期组织应急演练，确保政府数据运营工作安全有序。

三、公共数据市场化配置过渡阶段的模式与实现路径

公共数据市场化配置的过渡阶段，是以"属性论"作为公共数据的主要界定标准。以"主体论"为主要界定标准的公共数据市场化配置初级阶段，是单向的公共数据开放，只涉及以政府为主体的公共部门向私人部门提供数据，而公共部门无法获取私人部门数据，没有形成有效的回流机制。这就导致公共数据的数量和质量存在一定的缺漏和偏差，不利于政府公共服务的提供，也会对数据的开发利用造成影响。政府获取私人部门数据，可以更有效地对私人部门进行监管，同时私人部门数据也是公共数据的一个有效补充，对于提升政府数据治理水平、保证经济平稳安全运行、提高公共服务质量有巨大的作用。在公共数据市场化配置的过渡阶段，除了不断完善初级阶段的开放许可制度和授权运营制度之外，还可利用社会数据的相关政府采购制度来推进该阶段目标的实现。在该模式中，政府作为市场主体与社会私人部门有着相对平等的市场地位，可以利用更多的市场机制来购买社会数据而非行政命令，因此属于由公共数据开放向公共数据市场化配置的过渡阶段。

（一）社会数据政府采购制度

1. 概念明晰与发展现状

在公共数据开放共享的初级阶段，我国各地政府针对公共数据的信息系统建设、数据处理、运行维护以及平台运营等信息技术服务，积极与当地的企业进行公私合作。而在过渡阶段，政府不仅要加强与社会企业在数据技术服务方面的合作，还需要向社会企业购买具有公共属性、涉及公共利益的数据资源，充分整合公共数据与社会数据并进行开发利用，从而更好地提升公共服务水平和数据治理能力。

在中央和地方的政策导向方面，早在 2015 年，国务院办公厅发布的《关于运用大数据加强对市场主体服务和监管的若干意见》就提到要"推动政府向社会力量购买大数据资源和技术服务……通过政府购买服务、协议约定、依法提供等方式，加强政府与企业合作……建立健全政府向社会力量购买信息产品和信息技术服务的机制，加强采购需求管理和绩效评价"。2018 年，北京市信息资源管理中心发布《关于北京市社会数据采购方案征集的通知》，向全社会征集社会数据采购解决方案，并提到北京市各部门对于社会数据的需求主要集中在电信运营商信令数据和互联网 LBS 数据两方面。2019 年 7 月 24 日，北京市经济和信息化局发布的《北京市互联网信息领域开放改革三年行动计划》也提到，"探索建立社会数据采购与双向使用机制，打造公共数据开放平台，优先在信用服务、医疗卫生、社保就业、公共安全、交通运输、教育文化、地理空间、气象环保等重点领域，实现社会数据、应用服务接入市级大数据平台，满足企业数据获取使用需求，实现大数据资源的社会化开发利用，促进新经济发展"。2020 年 12 月 24 日，浙江省经济和信息化厅发布的《浙江省数字经济促进条例》规定，"省人民政府或者其授权的单位可以根据需要，将云计算、大数据、人工智能等数字技术产品和服务列入全省集中采购目录。政府采购的采购人经依法批准，可以通过非公开招标方式，采购达到公开招标限额标准的首台（套）装备、首批次产品、首版次软件，支持数字技术产品和服务的应用推广"。2021年3月5日，上海市政府发布《2021年上海市公共数据治理与应用重点工作计划》，明确提出要"探索政府统一购买社会数据的模式，采购一批具有高频共性需求的社会数据，促进公共数据和社会数据融合治理、融合运用"。截至目前，全国已经有不少地方政府提出要探索建立政府购买社会数据机制，但基于社会数据采购的案例还较少，在法律法规上还处于缺漏与空白状态，需要不断填充与完善。

2. 法律属性

在公共数据开放的初期阶段，政府采购的主要内容是公共数据平台的搭建运营、公共数据的处理和维护等数据技术服务，与政府直接采购私人部门具有公共属性的数据有所不同。

《中华人民共和国政府采购法》（2014）第二条中规定了政府采购对象："本法所称货物，是指各种形态和种类的物品，包括原材料、燃料、设备、产品等。本法所称服务，是指除货物和工程以外的其他政府采购对象。"《中华人民共和国政府采购法实施条例》（2014）进一步对"服务"进行了明确："政府采购法第二条所称服务，包括政府自身需要的服务和政府向社会公众提供的公共服务。"另外，在财政部发布的《政府采购品目分类目录》（2013）中，单列了"货物"中的"无形资产"，以及"服务"中的"信息技术服务"。其中，"无形资产"包括金融资产和负债、非金融无形资产（知识产权、土地产权以及其他非金融无形财产）两项，"信息技术服务"包括软件开发、信息系统集成实施、数据处理、运行维护、运营和信息技术咨询等。因此笔者认为，根据相关法律法规，无论是对于公共数据平台的搭建运营，还是对于公共数据的处理和维护，都属于政府向社会公众提供公共服务的一种，即公共数据开放服务。而数据本身是一种无形资产，不属于"信息技术服务"范畴，政府直接向社会企业购买数据或数据库的行为，实际上是政府向私人部门购买"货物"（即其他非金融无形资产），而不是购买"服务"。

《中华人民共和国政府采购法》第四十三条规定："政府采购合同适用合同法。采购人和供应商之间的权利和义务，应当按照平等、自愿的原则以合同方式约定。"但对于政府采购合同究竟是行政合同还是民事合同存在一定的分歧，大部分学者持"双合同"性质观点。有学者认为，《政府采购法实施条例》将"服务"分为"政府自身所需要的服务"和"政府向社会公众提供的公共服务"，可知政府采购可以按照不同的采购目的进行分类，分为"自身需要"和"向社会公众提供"。该两种不同的采购目的，最终导致政府在市场中的身份和地位有所不同。当政府出于自身需要而进行采购时，其身份是市场交易的一方当事人，与交易相对方地位平等，交易行为局限于合同双方，此时的政府采购合同为民事合同。而当政府出于向社会公众提供公共服务或产品而进行采购时，政府具有双重的身份：政府既是市场交易的当事人，又是市场监管者，而且交易行为必然涉及社会公众利益，政府与市场经营者处于监管与被监管的不平等地位，此时的政府采购合同为行政合同。另有学者认为，采购对象分为普通商品和特别商品，普通商品多指日常办公用品，特别商品包括需要扶持的商品等，因此按照政府采购对象的不同区分为"商业性政府采购"和"政策性政府采购"，在合同性质上，前者可定性为民事合同，后者则应属于行政合同之列。

就公共数据开放的初期阶段和市场化的过渡阶段而言，无论政府采购数据技术服务还是数据资源本身，都是出于更好地进行数据开放、提高公共服务水平与质量的采购目的而与企业进行合作。政府既是交易当事人，又是交易监管者，并且交易对象都涉及社会公共利益，那么此时的社会数据政府采购应该定性为行政合同性质。

3. 实现途径

政府采购社会数据依然应该按照政府采购法以及实施条例所规定的基本流程。一是在采购当事人方面，采购人为依法进行政府采购的国家机关、事业单位、团体组织，供应商为提供采购对象的法人、其他组织或者自然人。另外，对于数据标准统一、采购人普遍使用的，或者一些采购人部门基于业务有特殊要求可以统一采购的数据，可以列为专门的数据集中采购项目，委托代理机构进行集中采购，而其他的数据则可以分散采购。二是在采购方式方面，法律规定了公开招标、邀请招标、竞争性谈判、单一来源采购、询价这五种基本方式。其中，以招投标为采购方式的数据定价可以参照目前市场上相同种类、相同质量数据的价格情况，其定价主导权和选择权在政府手中；以竞争性谈判、单一来源采购为采购方式的数据可采用协议定价法，与供应商就数据价格进行协商谈判；而询价的采购方式则要求供应商一次报出不得更改的价格，适用于标准统一、价格幅度变化小的数据。

四、公共数据市场化配置成熟阶段的模式与实现路径

在公共数据市场化配置的成熟阶段，公共数据的外延进一步拓展，界定标准由主体论转为属性论，并形成了成熟的公共数据交易市场，供求、价格、竞争等市场化机制参与度更高且更加完善。公共数据不再局限于公共部门的业务导向数据，而更偏向于社会公众的需求导向数据，并与社会数据形成了良好的融合机制和效果。在该阶段，可以借鉴域外经验和做法，探索半私营化、完全私营化运作的市场化模式，将一些具有高价值、高需求的公共数据进行完全的市场化运营，发挥出公共数据的最大价值。

（一）政府部门半商业化模式

1. 概念明晰和发展现状

以英国的贸易基金模式为代表，其将许多政府部门例如地震局、测绘局、气象局等改为"半自立"的政府基金部门，在半商业化的基础上进行运作。这些部门大都专业性突出，市场竞争能力较强。比如，测绘局专门成立了商业产业部，负责开发、生产、销售地理信息产品。一是通过提供地图、咨询等获得收入，二是运营基金，即通过向其他公共部门提供地理信息服务或对用户许可授权再利用来收取费用。其他贸易部门和地形测绘局一样，以自负盈亏的模式运营，取得了良好的成效。

此外，法国文化部也曾提出"Freemium 商业模式"，在"自由和免费"开放的基础上，利用"免费服务＋增值服务"实现公共部门的商业化运作，即"用免费服务吸引用户，然后通过增值服务，将部分免费用户转化为收费用户，实现网站的收入"。因此，公共部门可发展有特色的定制服务和产品，通过 B2B 或 B2C 的模式提供增值服务，并收取相关费用。

2. 实现途径

在供求机制方面，半商业化运作的政府部门通过对地理、气象等高增值空间数据有需求的企业提供公共数据来营利；在价格机制方面，不以营利为目的的部门如地质调查局以回收成本为基础进行收费，有创收要求的部门则根据公共部门和财政部协商的创收比例来定价，定价应该覆盖数据成本和少量的利润；在竞争机制方面，半商业化的政府部门与其他私营企业直接竞争。

（二）完全市场化／私营化模式

1. 概念明晰和发展现状

该模式以美国为代表，美国气象服务市场实行的是完全私营化。今日美国的商业气象服务涉及新闻信息、交通运输、保险金融、农业生产、能源供应等重要经济领域，在国民经济发展中不可或缺。私营气象服务公司纷纷扩展业务，新公司不断诞生，气象信息资源利用达到最大化。

2. 实现途径

政府及其他公共部门将某领域公共数据服务完全交给私营部门进行市场化运营。在供求机制方面，主要是针对对于气象服务领域公共数据有需求的用户；在价格机制方面，采用的是完全的市场定价，具体包括使用量定价法、协议定价法等；在竞争机制方面，该领域公共数据服务私营部门作为市场主体直接参与市场竞争。

第三章 公共数据的内容与分类
——来自上海的实证分析

第一节 《上海市公共数据开放分级
分类指南》的分类

根据《上海市公共数据开放分级分类指南（试行）》，公共数据开放分级是指在公共数据开放过程中，以公共数据安全要求、个人信息保护要求和应用要求等因素为标准，将公共数据分为不同级别的管理方式。公共数据开放分类是指在公共数据开放过程中，将公共数据分为无条件开放、有条件开放、非开放三种开放类别的管理方式。公共数据的开放级别按照公共数据描述的对象，从三个维度分别展开：个人、组织、客体。个人指自然人；组织指本市政府部门、企事业单位以及其他法人、非法人组织和团体；客体指本市非个人或组织的客观实体，如道路、建筑等。

一、个人维度开放级别

开放级别 A0，其数据特征为匿名非敏感数据，是通过任何技术手段均不能识别到具体自然人身份，并且不包含个人敏感性信息的数据，属于无条件开放类型。

开放级别 A1，其数据特征为非匿名非敏感数据，是可以通过一定技术手段识别到个人，但不包含个人敏感信息的数据，属于有条件开放类型。

开放级别 A2，其数据特征是匿名敏感数据，是不能识别到具体自然人身份，包含个人敏感信息的数据，属于有条件开放类型。

开放级别 A3，其数据特征是非匿名敏感数据，是可以通过一定技术手段识别到个人，且包含个人敏感信息的数据，属于非开放类型。

二、组织维度开放级别

开放级别 B0，其数据特征是可从公开途径获取或者法律法规授权公开的数据，属于无条件开放类型。

开放级别 B1，其数据特征是数据用于支撑组织运营管理和业务开展，或可反映出组织经营状况，在特定范围内对象知晓，属于有条件开放类型。

开放数据 B2，其数据特征是数据涉及组织核心利益，数据的泄露会对组织造成财务、声誉、技术等方面的影响，属于非开放类型。

三、客体维度开放级别

开放级别 C0，其数据特征是可从公开途径获取或者法律法规授权公开的数据，属于无条件开放类型。

开放级别 C1，其数据特征是数据开放风险低，对公共秩序、公共利益影响较小，属于有条件开放类型。

开放级别 C2，其数据特征是数据开放风险中等，数据非授权操作后会对个人、企业、其他组织或国家机关运作造成损害，属于有条件开放类型。

开放级别 C3，其数据特征是数据开放风险较高，数据非授权操作后会对个人、企业、其他组织或国家造成严重损害，属于非开放类型。

公共数据的开放级别应该综合考虑 ABC 三个维度，最终确定的数据级别应该以其中的最高级别维度为准。

第二节 基于公共数据来源的分类

一、公共数据开放的主要领域与部门

第一阶段的公共数据内容主要来自政府部门。上海市公共数据平台将公共数据的领域划分为十三个大类，三十五个市政府部门是这些公共数据的数据提供者。根据统计可知，着力于经济建设的政府部门是市发展改革委、市经济信息化委、市商务委、市财政局、市审计局、市地方金融监管局、市国资委、市统计局、市税务局、市政府交流合作办和市政府办公厅；着力于城市建设的政府部门是市规划资源局、市住房城乡建设管理委和市绿化市容局；着力于民生服务的政府部门是市民族宗教局、市民政局、市司法局和市农业农村委；着力于资源环境的政府部门是市生态环境局和市水务局；着力于公共安全的政府部门是市公安局、市应急管理局和市民防办；着力于卫生健康的政府部门是市卫生健康委和市医保局；着力于教育科技的政府部门是市教委和市科委；着力于文化休闲的政府部门是市文化旅游局、市体育局和市机管局；着力于道路交通的政府部门是市交通委；着力于社会发展的政府部门是市人力资源和社会保障局；机构团体一般为相关领域的注册单位与人员名单，很多政府部门均有所涉及。横向来看，市市场监管局作为监管市场经济最主要的部门，市信访局作为与群众联系最密切的部门，它们提供的公共数据的涵盖面较广，涉及较多的数据领域。具体的数据统计如图 3.1 所示。

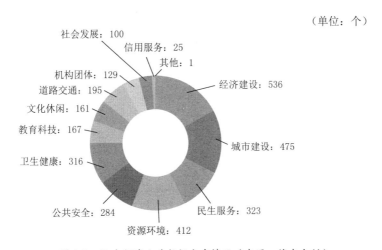

图 3.1　13 个领域公共数据分布情况（来源：笔者自制）

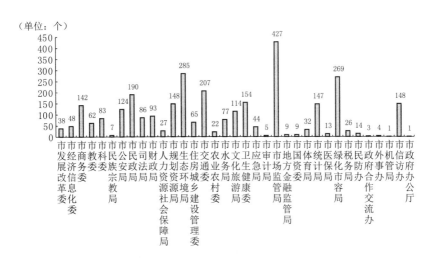

图 3.2　来自 13 个领域 35 个部门的数据分布（来源：作者自制）

表 3.1　上海市公共数据开放的分布现状

上海市公共数据开放平台占比统计

（单位：个）

	经济建设	城市建设	民生服务	资源环境	公共安全	卫生健康	教育科技	文化休闲	道路交通	机构团体	社会发展	信用服务	其他	合计
市发展改革委	0/26		3/8			0/1	0/1			0/1	0/1			3/38
市经济信息化委	0/35	0/3	0/3	0/2					0/1	0/4				0/48
市商务委	11/118		1/17	0/2					0/3	0/1	0/1			12/142
市教委						0/1	1/60					1/1		2/62
市科委	0/10						32/73							32/83
市民族宗教局		1/1	1/5				0/2							1/7
市公安局	0/1		0/15		46/76			0/2	0/24	0/6				47/124
市民政局			155/181		1/1	0/1				0/5	0/1			156/190
市司法局		0/1	14/37		2/5	0/1	1/1	1/1		10/13	3/20	3/7		34/86
市财政局	11/84	1/1			1/1					3/6		2/2		17/93
市人力资源社会保障局					2/2				4/5	0/3	5/23			6/27
市规划资源局	0/1	56/104		15/31						0/1		0/4		77/148

续表

上海市公共数据开放平台占比统计

	经济建设	城市建设	民生服务	资源环境	公共安全	卫生健康	教育科技	文化休闲	道路交通	机构团体	社会发展	信用服务	其他	合计
市生态环境局	0/2			75/269	13/13					0/1				88/285
市住房城乡建设管理委		1/50	0/6				0/3			0/4		0/2		1/65
市交通委		32/32	18/22		18/18				20/157					70/207
市农业农村委			18/22											18/22
市水务局	0/2	2/20	2/2	6/48	0/3				0/1			0/1		10/77
市文化旅游局								30/133		0/1				30/114
市卫生健康委						48/150				0/3		0/1		48/154
市应急局					32/44									32/44
市审计局	0/5													0/5
市市场监管局	15/87	0/3	8/10	0/1	103/103	18/122	1/6		1/1	48/76	6/10	2/7	1/1	203/427
市地方金融监管局	0/9													0/9
市国资委	0/9													0/9

续 表

上海市公共数据开放平台占比统计

	经济建设	城市建设	民生服务	资源环境	公共安全	卫生健康	教育科技	文化休闲	道路交通	机构团体	社会发展	信用服务	其他	合计
市体育局			2/2			2/2		6/26		0/2				10/32
市统计局	0/117	0/2	0/1	0/1						0/2	0/24			0/147
市医保局						5/13								5/13
市绿化市容局		86/254	2/7	5/6				2/2						95/269
市税务局	24/25		1/1											25/26
市民防办	0/1	1/3	0/2		0/8									1/14
市政府合作交流办	3/3													3/3
市外事办											0/4			0/4
市机管局								1/1						1/1
市信访办		1/1	4/4	52/52	10/10	25/25	21/21	16/16	3/3		16/16			148/148
市政府办公厅	1/1												1/1	1/1
合计	65/536	181/475	211/323	153/412	228/284	98/316	56/167	56/161	28/195	61/129	30/100	8/25	1/1	1176/3124

注：/前的数据类型为有条件开放，/后的数据类型包含有条件开放和无条件开放。

首先进行一个定义：有条件开放数据占比 0—33% 之间的敏感性数据少，33%—67% 之间的敏感性数据中等，67%—100% 敏感性数据多。

（一）横向：部门分析

表 3.2 部门敏感性

敏感性	部 门
少敏感性	市经济信息化委、市审计局、市地方金融监管局、市国资委、市统计局、市外事办（无敏感性数据部门） 市发展改革委、市商务委、市教委、市民族宗教局、市财政局、市人力资源社会保障局、市生态环境局、市住房城乡建设管理委、市水务局、市文化旅游局、市卫生健康委、市体育局、市民防办
中敏感性	市科委、市公安局、市司法局、市规划资源局、市交通委、市市场监管局、市医保局、市绿化市容局
多敏感性	市政府合作交流办、市机管局、市信访办、市政府办公厅（全敏感性数据部门） 市民政局、市农业农村委、市应急管理局、市税务局

（二）纵向：领域纵向分析

表 3.3 领域敏感性

敏感性	领 域
少敏感性	经济建设、卫生健康、道路交通、社会发展、信用服务
中敏感性	城市建设、民生服务、资源环境、教育科技、文化休闲、机构团体
多敏感性	公共安全、其他

而细看单元格，下述部门在以下领域的数据属于多敏感数据（本书认为总公共数据数量小于 5 的数据量过小，具有一定的偶然性，故不对其进行分析），包括以下部门的以下数据：1. 市民政局的民生服务数据；2. 市司法局的机构团体数据；3. 市生态环境局的公共安全数据；4. 市交通委的城市建设数据；5. 市交通委的公共安全数据；6. 市农业农村委的民生服务数据；7. 市应急管理局

的公共安全数据；8. 市市场监管局的民生服务数据；9. 市市场监管局的公共安全数据；10. 市绿化市容局的资源环境数据；11. 市税务局的经济建设数据；12. 市信访办的资源环境数据；13. 市信访办的公共安全数据；14. 市信访办的卫生健康数据；15. 市信访办的教育科技数据；16. 市信访办的文化休闲数据；17. 市信访办的社会发展数据。

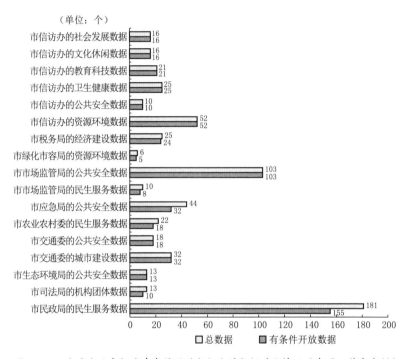

图 3.3　17 个重点业务板块有条件开放数据和总数据对比情况（来源：作者自制）

二、公共数据开放的业务板块明细

通过对前述 17 个分属不同政府部门的不同领域数据的数据产品和接口进行整理归纳，得到表 3.5：

通过统计发现，以上 17 个重点业务板块在为有条件开放数据的基础上，基本都是数据接口类型。

表 3.4 上海市公共数据开放平台有条件开放数据具体业务明细

（单位：个）

	经济建设	城市建设	民生服务	资源环境	公共安全	卫生健康	教育科技	文化休闲	道路交通	机构团体	社会发展	信用服务	其他	合计
市发展改革委			菜篮子指数、主副食品均价、超市晒价表											3/38
市经济信息化委														0/48
市商务委	企业信息（11）		食用农产品流通追溯查询											12/142
市教委							上海市民办教育机构查询应用					上海市未成年人保护工作先进集体名单		2/62
市科委							立项信息（20）、项目信息（6）、科技人员名单（3）、科技金融平台数据（2）、科技企业信息（1）							32/83

117

续 表

	经济建设	城市建设	民生服务	资源环境	公共安全	卫生健康	教育科技	文化休闲	道路交通	机构团体	社会发展	信用服务	其他	合计
市民族宗教局			宗教涉外人员信息											1/7
市公安局		施工许可api		轨道交通信息(14)、机动车信息(8)、公安人口管理信息(8)、驾照考试信息(3)、地图信息(3)、监测站情况信息(1)、卡口信息(2)、材料审批图片信息(1)、网上办事(7)										47/124
市民政局			社区(35)、养老(33)、福利(12)、残疾(4)、低保(2)、婚姻(8)、收养(10)、精神病(7)、救助(12)、社团(8)、志愿者(3)、举报(3)、其他(18)		纪检举报分组信息									156/190

续　表

	经济建设	城市建设	民生服务	资源环境	公共安全	卫生健康	教育科技	文化休闲	道路交通	机构团体	社会发展	信用服务	其他	合计
市司法局			法律人员信息（7）、案件信息（4）、法援信息（3）		医患纠纷人民调解信息、矫正局门户网站文章分类信息		考务安全基本信息	矫正局门户网站文章接口		法律人员信息（4）、法援信息（2）、法律机构信息、人民调解、司法鉴定数据、行政许可	律师人员信息（2）、律师资格考试人员信息	法律服务信用个人基本信息（3）		34/86
市财政局	会计人员信息（4）、采购信息（4）、票据信息、收费项目、财政局文件	政府采购项目支付信息								财政局网站用户访问信息（3）		采购预算信息（2）		17/93

续表

	经济建设	城市建设	民生服务	资源环境	公共安全	卫生健康	教育科技	文化休闲	道路交通	机构团体	社会发展	信用服务	其他	合计
市人力资源社会保障局					职业技能证书信息表						职业证书信息表、职业资格证书表、单位基本情况表、单位参保情况表、职工参保情况			6/27
市规划资源局		土地信息（43）、建设工程信息（5）、整治项目信息（3）、规划信息（4）、城建档案信息（1）		土地信息（6）、地下水信息（4）、地面沉降信息（3）、建设工程信息（1）、多目标地球化学数据（1）	地热能监测孔基本信息、市政交通类地名信息				天地图地图信息（4）					77/148
市生态环境局				管理信息系统（11）、管理信息（25）、地表水（12）、监测（11）、排污许可证（8）、企业信息（5）、水污染防治（3）	监测（6）、污染（2）、环评、废气、废水、日水质、日水污染数据									88/285

120

续　表

机构	经济建设	城市建设	民生服务	资源环境	公共安全	卫生健康	教育科技	文化休闲	道路交通	机构团体	社会发展	信用服务	其他	合计
市住房城乡建设管理委	新型建设工程材料信息													1/65
市交通委		车辆(6)、道路(11)、运输(8)、其他(7)			道路(7)、运输(4)、设施(3)、客流量(3)、行政审批(1)				道路(12)、桥梁(5)、其他(3)					70/207
市农业农村委			许可证(17)、申报书(1)											18/22
市水务局		泵站监测数据(2)	输水信息、制水信息	海域动态监管(4)、水务行政审批信息(2)										10/77
市文化旅游局								中华艺术宫(8)、非遗代表项目(5)、许可(9)、博物馆(2)、室多媒体系统(2)、其他(4)						30/114

续表

	经济建设	城市建设	民生服务	资源环境	公共安全	卫生健康	教育科技	文化休闲	道路交通	机构团体	社会发展	信用服务	其他	合计
市卫生健康委						华疗（10）、机构（7）、血液（7）、疫苗（3）、专家（7）、监督（9）、个人（1）、其他（4）								48/154
市应急局					经营许可证（26）、生产许可证（2）、安全评价机构（2）、应急管理法律法规（1）、应急管理行政处罚（1）									32/44
市审计局														0/5

续 表

	经济建设	城市建设	民生服务	资源环境	公共安全	卫生健康	教育科技	文化休闲	道路交通	机构团体	社会发展	信用服务	其他	合计
市市场监管局	查询接口(7)、办理状态信息(2)、研究院(2)、相关人信息(2)、企业信息(2)、行政处罚信息(1)		查询接口(6)、网站无障碍(2)、		检验信息(84)、不合格报告统计(8)、特种设备(10)、业务统计(1)	许可(7)、抽样(3)、监管(3)、投诉(2)、追溯(2)、制造(1)	专利文摘数据库(1)		社会机车安检机构(1)	主体信息(30)、人员信息(6)、产品信息(5)、检查信息(5)、管理信息(2)	计量标准考核产品信息、标准化试点单位信息、重要工业产品生产资信息、计量认证仪器设备名称、产品质量安全信息分析、廉政风险信息(2)	特种设备检验检测信息、工商行政处罚信息	组织机构代码信息数据	203/427
市地方金融监管局														0/9
市国资委														0/9

续　表

	经济建设	城市建设	民生服务	资源环境	公共安全	卫生健康	教育科技	文化休闲	道路交通	机构团体	社会发展	信用服务	其他	合计
市体育局			体育场馆应急避险点、社会指导员信息			市民体质监测信息（2）		高危险性体育项目开放信息（3）、健身气功站点信息、二级运动员认定信息、博物馆信息						10/32
市统计局														0/147
市医保局						沪惠保接口（5）								5/13
市绿化市容局		城市管理（1）、城市环境（6）、城市设施（12）、废油脂（5）、固体废弃物（6）、环城绿带（12）、建筑垃圾（21）、生活垃圾（4）、局项目（3）、科技创新（6）、信息管理平台（5）、其他（5）	公共场所数据（2）	公园基本信息、公园游客数据、河道基础信息、水域质量指数、水点信息				动物名录介绍、植物名录介绍						95/269

续　表

	经济建设	城市建设	民生服务	资源环境	公共安全	卫生健康	教育科技	文化休闲	道路交通	机构团体	社会发展	信用服务	其他	合计
市税务局	纳税人信息（15）、发票信息（4）、涉税事项办理信息（3）、行政信息（2）		个人住房房产税应税及已缴税情况查询											25/26
市民防办		民防专业网格化系统												1/14
市政府合作交流办	来沪投资数据（2）、上海对外投资数据													3/3
市外事办														0/4
市机管局									文物馆综合信息						1/1

续　表

	经济建设	城市建设	民生服务	资源环境	公共安全	卫生健康	教育科技	文化休闲	道路交通	机构团体	社会发展	信用服务	其他	合计
市信访办		无证夜间施工（1）	残联信息（4）	动植园林（5）、河道流域管理（7）、环境卫生（5）、绿地绿化（5）、市容（1）、排水排污管理（5）、禽类饲养（4）、市容市貌（2）、水务（1）、水资源管理（5）、污染（10）、夜间施工许可（2）	消防管理（6）、消防设备维护（4）	安全管理（6）、特定医疗机构（5）、卫生信息（4）、医疗服务（4）、医院监管（3）、禁控烟（1）	学校管理（7）、入学入托（7）、招生考试（5）、学生负担（2）、培训市场（1）、教育（1）	服务质量（6）、文化产业管理（5）、旅游（2）、纠纷（2）、文化遗产保护（2）、文广影视（1）	社会噪声（3）		工商监管（5）、劳动保护（4）、连坊经营（4）、城市管理（3）			148/148
市政府办公厅	普惠金融应用													1/1

126

表 3.5　17 个重点业务板块的业务详情表

（单位：个）

业务板块	数据内容
（1）市民政局的民生服务数据	社区（35）、养老（33）、福利（12）、残疾（4）、低保（2）、婚姻收养（8）、精神病（10）、救助（7）、丧葬（12）、社团（8）、志愿者（3）、举报（3）、其他（18）
（2）市司法局的机构团体数据	法律人员信息（4）、法援信息（2）、法律机构信息、人民调解、司法鉴定数据、行政许可
（3）市生态环境局的公共安全数据	监测（6）、污染（2）、环评、废气、废水、水质、日数据
（4）市交通委的城市建设数据	车辆（6）、道路（11）、运输（8）、其他（7）
（5）市交通委的公共安全数据	道路（7）、运输（3）、设施（4）、客流量（3）、行政审批（1）
（6）市农业农村委的民生服务数据	许可证（17）、申报书（1）
（7）市应急管理局的公共安全数据	经营许可证（26）、生产许可证（2）、安全评价机构（2）、应急管理法律法规（1）、应急管理行政处罚（1）
（8）市市场监管局的民生服务数据	查询接口（6）、网站无障碍（2）
（9）市市场监管局的公共安全数据	检验信息（84）、不合格报告统计（8）、特种设备（10）、业务统计（1）
（10）市绿化市容局的资源环境数据	公园基本信息、公园游客数据、河道基础信息、水域质量指数、样本点信息
（11）市税务局的经济建设数据	纳税人信息（15）、发票信息（4）、涉税事项办理信息（3）、行政信息（2）
（12）市信访办的资源环境数据	动植园林（5）、河道流域管理（7）、环境卫生（5）、绿地绿化（5）、绿化市容（1）、排水排污管理（5）、禽类饲养（4）、市容市貌（2）、水务（1）、水资源管理（5）、污染（10）、夜间施工许可（2）
（13）市信访办的公共安全数据	消防管理（6）、消防设备维护（4）
（14）市信访办的卫生健康数据	安全管理（6）、特定医疗机构（5）、卫生信息（4）、医疗服务（6）、医院监管（3）、禁烟控烟（1）

续　表

业务板块	数据内容
（15）市信访办的教育科技数据	学校管理（7）、入学入托（7）、招生考试（5）、学生负担（2）、培训市场（1）、教育（1）
（16）市信访办的文化休闲数据	服务质量（6）、文化产业管理（5）、旅游纠纷（2）、文化遗产保护（2）、文广影视（1）
（17）市信访办的社会发展数据	工商监管（5）、劳动保护（4）、违法经营（4）、城市管理（3）

表3.6　17个重点业务板块的数据类型表

（单位：个）

	数据接口	数据产品	总计
（1）市民政局的民生服务数据	151	4	155
（2）市司法局的机构团体数据	10	0	10
（3）市生态环境局的公共安全数据	12	1	13
（4）市交通委的城市建设数据	32	0	32
（5）市交通委的公共安全数据	18	0	18
（6）市农业农村委的民生服务数据	18	0	18
（7）市应急管理局的公共安全数据	31	1	32
（8）市市场监管局的民生服务数据	8	0	8
（9）市市场监管局的公共安全数据	103	0	103
（10）市绿化市容局的资源环境数据	5	0	5
（11）市税务局的经济建设数据	24	0	24
（12）市信访办的资源环境数据	52	0	52
（13）市信访办的公共安全数据	10	0	10
（14）市信访办的卫生健康数据	25	0	25
（15）市信访办的教育科技数据	21	0	21
（16）市信访办的文化休闲数据	16	0	16
（17）市信访办的社会发展数据	16	0	16

第三节 基于数据应用的分类

一、数据应用开放的主要构成

第二阶段公共数据开放的内容主要是数据应用，即 31 个单独部门提供且包含有条件开放数据的数据应用。当前，上海市公共数据平台共有 54 个典型应用，其中经济建设领域 22 个（其中各大银行普惠金融应用 19 个）、民生服务领域 10 个、资源环境 2 个、公共安全 1 个、卫生健康 5 个、科技教育 4 个、道路交通 4 个、社会发展 3 个、信用服务 3 个。

概括而言，表现为私人企业利用其掌握的社会数据和政府部门提供的公共数据（包括无条件开放和有条件开放数据），进行数据二次开放，形成 Web、移动应用等产品。同时，这些产品对政府实现其管理职能又能带来帮助。私人部门受政府资助获取公共数据，但是这些私人企业利用公共数据开发移动应用等产品获取的新数据，因为具有服务于公共领域、与公共领域密切相关的属性，应该被视为公共数据。这是公共数据开放过渡阶段的重要表现形式。

二、数据应用开放的分类矩阵

在上述 54 个应用中，数据集的提供部门仅为一个部门的应用有 41 个，由多部门联合提供数据的应用为 13 个。数据集中包含有条件开放数据的应用有 42 个，数据集均为无条件开放数据的应用 12 个。本书将横向坐标设为数据是否为多部门提供，纵向坐标设为数据是否为有条件开放数据，将上述 54 个应用分为 4 个象限 4 大类。

第一，由单部门提供且均为无条件开放数据的数据应用有 10

表 3.7 上海市公共数据开放平台典型应用

数据领域	典型应用	数据利用方	数据集名称	数据提供部门
经济建设（22个）	上海市普惠金融试点应用（注：各大银行共19个）	各大银行	普惠金融应用	市人民政府办公厅
	上海市浦东新区商圈客流监测服务	汇纳科技股份有限公司	1. 浦东新区今明天气预报；2. 浦东新区十天预报；3. 浦东新区空气质量监测（浦东）；4. 浦东新区空气质量监测——分区站点小时数据；	浦东新区人民政府
			5. 车辆停车场数据；6. （地下）公共停车场（库）备案证	市交通委
	国泰君安金融风控试点项目	国泰君安证券股份有限公司	1. 中小企业发展专项资金分配结果；2. 上海市中小企业服务机构名录；	市经济和信息化委
			3. 经营异常企业信息；	市市场监督管理局
			4. 企业纳税人信息查询	市税务局
	工商银行政采贷试点项目	中国工商银行上海市分行	1. 政府采购项目采购开标情况；2. 政府采购项目采购企业投标关联基本信息；3. 政府采购项目采购定制；4. 政府采购协议招标确认中标商结果；5. 政府采购行政处罚信息；6. 政府采购集采机构考核评审结果信息；7. 政府采购单一来源公示信息；8. 政府采购投标供应商信息；9. 政府采购项目采购包件信息；10. 政府采购评审专家信息。	市财政局

续　表

数据 领域	典型应用	数据利用方	数据集名称	数据提供部门
民生 服务 （10个）	黄浦区 5G 覆盖 重点场所查询	上海市民信箱信息 服务有限公司	黄浦区 5G 覆盖重点场所清单	黄浦区人民政府
	松江区一社区事务 受理服务中心信息	上海理想信息产业 （集团）有限公司	松江区各街（镇）社区事务受理服务中心信息	松江区人民政府
	松江区一社区助餐 服务点信息	上海理想信息产业 （集团）有限公司	松江区社区助餐服务点信息	松江区人民政府
	宝山区生活服务 机构导览	上海鲸邻信息科技 有限公司	1. 宝山区社区图书馆；2. 老年综合津贴发放；3. 宝山区居住证办理 分中心	宝山区人民政府
	智行浦东	上海数字产业发展 有限公司	1. 浦东新区养老院信息；2. 浦东新区今明天气预报	浦东新区人民政府
	WAYZ 生活通	上海图趣信息科技 有限公司	浦东新区停车场信息	浦东新区人民政府
	汇纳科技实体商业 服务试点项目	汇纳科技股份有限 公司	1. 全市地铁进出客流量；	市交通委
			2. 上海商业百强企业信息；	市商务委员会
			3. 工商行政处罚信息；4. 食品餐饮企业监督公示信息	市市场监督管理局
	宝贝去哪儿	灵犀仪点	1. 上海市食品安全溯源信息；	市市场监督管理局
			2. 市轨道交通客流情况；	市公安局
			3. 上海市 A 级旅游景区最大承载量；	市文化和旅游局
			4. 上海市废油脂申报收运信息	市绿化和市容管理局

131

续 表

数据领域	典型应用	数据利用方	数据集名称	数据提供部门
民生服务（10个）	上海水质监测平台	普智达可视分析小组	1. 监测-污染源综合一月报数据-水；2. 监测-污染源综合一测点信息表-水排口；3. 污染源在线监测日数据报表	市生态环境局
	上海消费维权大数据智能管理平台	数诀科技数说故事	投诉举报公众诉求	市市场监督管理局
	长三角绿色供应链平台	上海绿谷物联网科技发展有限公司	1. 上海市建设项目环评信息公开环评报告表公示；2. 上海市建设项目环评信息公开事中事后公示；3. 上海AQI数据	市生态环境局
资源环境（2个）	华润科技环境监测平台试点项目	上海华润环境科技发展有限公司	1. 监测-机动车污染预警-日均数据表；2. 监测-机动车污染预警-日预警数据；3. 监测-机动车污染预警-交通站点；4. 危废管理-运输单位名录；5. 危废管理-产生单位自行处置设备；6. 危废管理-运输单位；7. 危废管理-备案运输单位；8. 危废管理-产生单位基本信息表；9. 排污许可企业许可证信息；10. 排污许可企业自行监测信息；11. 排污许可企业固体废物排放信息；12. 排污许可企业任务信息；13. 排污许可企业噪声排放信息；14. 排污许可证污染物排放信息；15. 排污许可证污染物基本信息；16. 环境-建设项目-审批-环评结果信息；17. 环评单位；18. 环评项目；19. 实施清洁空气行动的改善效果跟踪评估系统；空气质量预报；	市生态环境局
公共安全（1个）	数据侦察兵	数据侦察兵	1. 上海废油脂管理产生单位信息；2. 上海市废油脂申报收运信息；	市绿化和市容管理局
			3. 上海市食品安全溯源信息。	市市场监督管理局

132

续　表

数据领域	典型应用	数据利用方	数据集名称	数据提供部门
卫生健康（5个）	松江区—市民就诊智能引导	上海理想信息产业（集团）有限公司	1. 松江医疗机构信息；2. 松江区设有发热门诊的医疗机构信息；3. 松江区新一轮医学科重点学科建设计划入选信息。	松江区人民政府
	宝山区运动健身场所导览	上海鲸邻信息科技有限公司	1. 宝山区百姓健身房；2. 宝山区百姓健身步道；3. 宝山区社区公共运动场	宝山区人民政府
	平安科技健康咨询试点项目	平安科技（上海）有限公司	1. 上海疫苗产品种类；2. 疫苗针次信息；3. 医疗机构执业登记信息；4. 上海市预防接种单位信息；5. 医疗机构设置审批（中外合资、合作医疗机构）；6. 医疗机构设置审批（内资医疗机构）	市卫生健康委员会
	评安食食客	吃货俱乐部	1. 上海市食品安全溯源信息；2. 上海市食品安全委员会投诉举报信息系统；	市市场监管管理局
			3. 上海市废油脂管理产生单位信息；4. 上海市食品安全信息追溯管理平台分类信息；	市绿化和市容管理局
	食品安全智能监控及舆论监测系统	图灵空间	1. 上海食用农产品流通安全信息追溯管理平台的新闻分类信息；2. 上海食用农产品流通安全信息追溯管理平台新闻；3. 上海食用农产品流通安全信息追溯管理平台产地；4. 上海食用农产品流通安全信息追溯系统市场类型；5. 上海标准化菜市场来市场产品流通追溯商品编码；6. 上海信息追溯系统的品牌代码信息；7. 上海猪肉流通安全信息追溯信息；8. 上海猪肉流通安全信息追溯系统的经营者基本信息	市商务委员会

续　表

数据领域	典型应用	数据利用方	数据集名称	数据提供部门
教育科技（4个）	普陀区"海校查"——校外培训机构信用监管智慧服务平台	上海海豚企业征信服务有限公司	1. 普陀区市级科普教育基地名单；2. 普陀区市级科普教育示范点；3. 2021年普陀区获得上海市社区家庭教育指导示范中心；4. 普陀区各教育单位基本信息一览表（高中完中）；5. 普陀区各教育单位基本信息一览表（小学）；6. 普陀区各教育单位基本信息一览表（初中）；7. 普陀区科普教育基地信息；8. 普陀区科普教育基地名单	普陀区人民政府
	黄浦区科技创新和产业发展政策导航	上海市民信箱信息服务有限公司	黄浦区科技创新和产业发展政策（2020版）	黄浦区人民政府
	松江区-科普教育基地总览	上海理想信息产业（集团）有限公司	松江区科普教育基地信息	松江区人民政府
	数据开放应用——PD学区查	上海昂创信息技术有限公司	1. 2020年浦东新区公办中招生地段公示；2. 2020年浦东新区公办小学招生地段公示	浦东新区人民政府
道路交通（4个）	上研智联自动驾驶试点项目	上海临港智能网联汽车研究中心有限公司	1. 地面交叉口5分钟流量信息；2. 收费站出站5分钟数据统计；3. 路段5分钟统计表；4. 5分钟算法调断面表；5. 5分钟算法交调及收费数据整合表；6. 对内交通客流；7. 城市基础设施（轨道交通里程）；8. 对外交通客流；9. 全市交通投资、建设、运营等数据；10. 全市地铁进出客流量；11. 快速路路段信息	市交通委
	美团地图生活服务试点项目	汉海信息技术有限公司	1. 城市基础设施（公路／城市道路里程）；2. 公路路线详细信息；3. 公路路段详细信息；4. 公路桥梁详细信息；5. 公路隧道详细信息；6. 快速路封路信息；7. 全市地铁进出客流量；8. 餐饮企业现场电子化监管信息；9. 餐饮企业现场电子化监管信息	市交通委 市市场监督管理局

续 表

数据领域	典型应用	数据利用方	数据集名称	数据提供部门
道路交通（4个）	优行地铁	数决科技	1. 市轨道交通综合系统用户情况；	市公安局
			2. 对内交通客流；	市交通委
	Light GO	SH Transportation	1. 市轨道交通客流情况；2. 市轨道交通综合系统提醒信息；3. 市机道交通综合系统应用服务器状态监控；	市公安局
			4. 城市基础设施（轨道交通里程）	市交通委员会
	宝山区政府服务机构导览	上海社区通信息科技有限公司	1. 宝山区住房保障和房屋管理局对外服务窗口一览表；2. 宝山公安分局派出所"综合窗口"受理点一览表；3. 宝山区经常性社会捐助接收站一览表	宝山区人民政府
社会发展（3个）	社会信用促进中心信用惠民惠企服务试点项目	上海市社会信用促进中心	1. 经营异常企业信息；	市市场监督管理局
			2. 上海市养老机构数据；3. 居家养老机构；4. 养老机构设置医疗机构；5. 养老管理系统居家养老业务的服务计划表；6. 上海市为老综合服务信息平台［上海市社区服务中心］-养老服务中心；7. 上海市社区服务信息平台［上海市社区服务中心］-社区养老服务组织；	市民政局
			8. 企业纳税人信息查询；	市税务局
			9. 普陀区科技创新型小巨人企业名单；10. 普陀区养老服务-养老机构基本信息；11. 普陀区养老服务-助餐点基本信息；12. 普陀区养老服务中心日间服务-一日间服务老服务基本信息；13. 普陀区桃浦镇内各宾馆统计表；14. 普陀区桃浦镇小餐饮备案汇总表	普陀区人民政府

续　表

数据 领域	典型应用	数据利用方	数据集名称	数据提供部门
社会 发展 （3个）	城市商业数据地图	天地人和	1. 上海市消费指数信息；2. 上海社会消费品零售情况；	市商务委员会
			3. 上海居民消费价格	市统计局
	牵翼网络沪检云 试点项目	上海牵翼网络科技 有限公司	1. 重要工业产品生产许可证生产资质信息；2. 二级注册计量师； 3. 法定计量检定机构证书；4. 计量C标志证书	市市场监督管理局
信用 服务 （3个）	亿微征信职业背调 试点项目	亿微征信服务有限 公司	1. 机动车驾驶证记分信息； 2. 健康证查询接口；3. 医师的基本信息；4. 护士执业注册申请； 5. 母婴保健机构服务人员资格注册信息；6. 母婴保健技术服务执业 许可信息事项	市公安局
				市卫生健康委员会
	新天民家政服务信 用平台试点项目	上海新天民信息科 技有限公司	1. 食品抽样信息；2. 餐饮企业现场电子化监管信息； 3. 上海市福利企业信息管理系统统一菜单栏目表；4. 上海市福利企业 信息管理系统信息发布信息表；5. 社会福利-居家养老服务 项目；6. 养老管理系统居家养老服务；7. 居家养老 机构数据；8. 上海市养老机构	市市场监督管理局
				市民政局

注：表中灰色为有条件开放数据。

136

个。观察发现，这10个数据应用均为区级的应用，服务为某个区域，并不能为上海市市级所共用。而且，这10个应用提供的服务基本上为相关信息的查询，基本上就是将政府部门提供的无条件开放数据进行汇总，提供更为便捷的查询渠道。本书认为，这部分应用应该仍然归属于公共数据开放的初级阶段。

第二，由多部门提供且均为无条件开放数据的数据应用有2个。与前述10个应用相比，其本质也是将政府部门无条件开放的数据进行汇总，无非是数据来自多个部门，汇总过程较之复杂些许。这部分数据也应该归纳到公共数据开放的初级阶段。

第三，当前公共数据应用最广泛的是单部门提供包含有条件开放数据的模式。这些应用主要集中于一个领域，所需的数据完全可以通过该领域的相关部门获取，这部分应用的切口是比较小的。这带来的一个问题就是这些应用的面向对象比较狭窄，比如水质检测仅由市生态环境局提供相关数据，这个应用的使用对象就基本上以水污染数据需求者为主。这个市场几乎是被圈定的，不管是当前的政府给企业提供数据进行应用开发，还是将来企业将二次开发产生的数据提供给政府，整个公共数据市场化的范围是有限的，并不能突破限制，而实现整体所有数据的市场化。这部分应用是公共数据开放过渡阶段的典型代表。

第四，由多部门提供且包含有条件开放数据的数据应用有11个。这些应用是将不同政府部门提供的多个领域的数据进行整合，应用服务也许是面向一个群体或是目标的，但是这个群体或目标所需要的数据是多方面的，他们通过使用这个应用产生的数据也是多方面的。比如，"宝贝去哪儿"应用希望解决上海亲子的周末出游问题，这其中有目的地难找、出行路线难定、周边活动难排、餐饮难信、环境难测的问题，因此需要政府各部门提供的包含交通、餐饮、环境等多方面的数据，为亲子周末出游提供推荐。家长通过

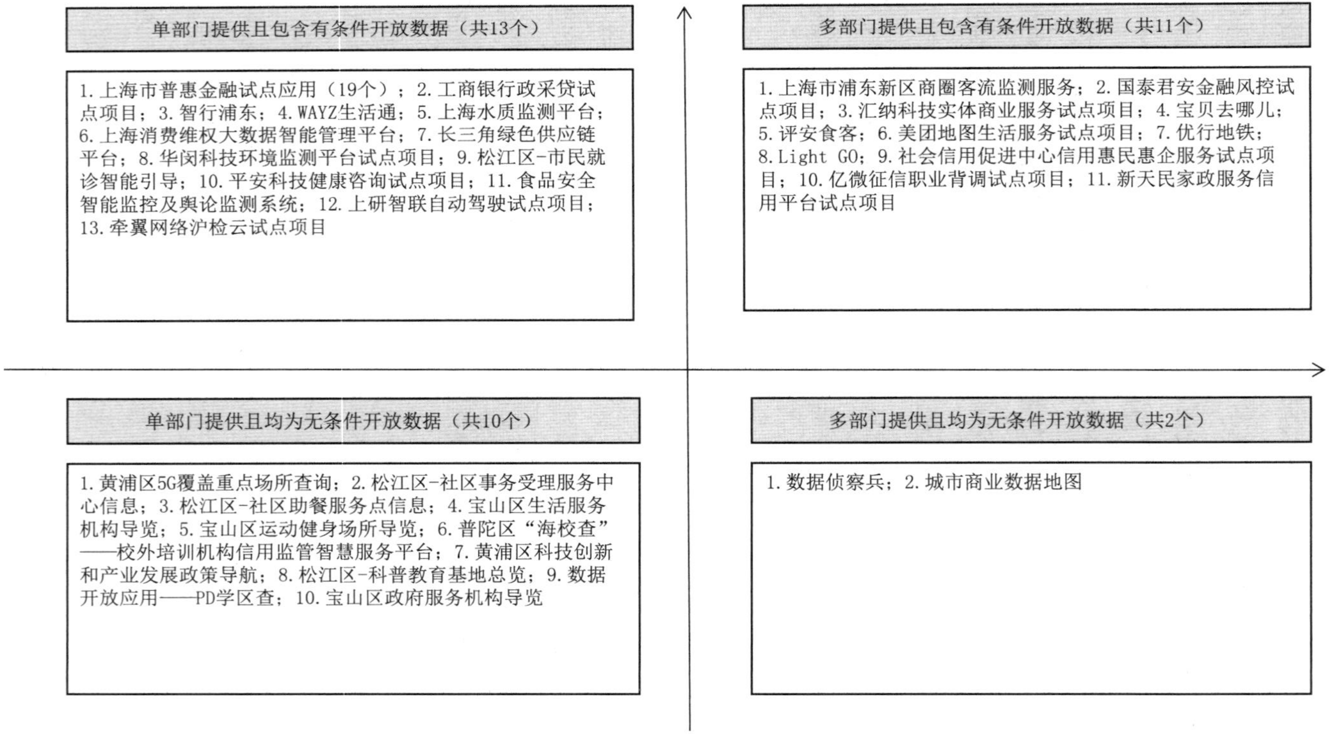
单部门提供且包含有条件开放数据（共13个）
1. 上海市普惠金融试点应用（19个）；2. 工商银行政采贷试点项目；3. 智行浦东；4. WAYZ生活通；5. 上海水质监测平台；6. 上海消费维权大数据智能管理平台；7. 长三角绿色供应链平台；8. 华闵科技环境监测平台试点项目；9. 松江区-市民就诊智能引导；10. 平安科技健康咨询试点项目；11. 食品安全智能监控及舆论监测系统；12. 上研智联自动驾驶试点项目；13. 牵翼网络沪检云试点项目
多部门提供且包含有条件开放数据（共11个）
1. 上海市浦东新区商圈客流监测服务；2. 国泰君安金融风控试点项目；3. 汇纳科技实体商业服务试点项目；4. 宝贝去哪儿；5. 评安食客；6. 美团地图生活服务试点项目；7. 优行地铁；8. Light GO；9. 社会信用促进中心信用惠民惠企服务试点项目；10. 亿微征信职业背调试点项目；11. 新天民家政服务信用平台试点项目
单部门提供且均为无条件开放数据（共10个）
1. 黄浦区5G覆盖重点场所查询；2. 松江区-社区事务受理服务中心信息；3. 松江区-社区助餐服务点信息；4. 宝山区生活服务机构导览；5. 宝山区运动健身场所导览；6. 普陀区“海校查”——校外培训机构信用监管智慧服务平台；7. 黄浦区科技创新和产业发展政策导航；8. 松江区-科普教育基地总览；9. 数据开放应用——PD学区查；10. 宝山区政府服务机构导览
多部门提供且均为无条件开放数据（共2个）
1. 数据侦察兵；2. 城市商业数据地图

图 3.4　数据应用分类矩阵（来源：作者自制）

使用这个 App 会产生上述不同部门政府数据二次开发的数据增值。在将来建立完善的数据交易模式的情境下，政府从企业那里获取这部分数据是在一个大市场的环境下，各个领域的数据都有，最终实现的是所有数据的市场化。这部分应用应处于过渡阶段到成熟阶段的过渡阶段。其数据内容已经是完整的，待政府部门获取私人部门中富有公共属性的数据的渠道畅通，这部分数据就正式归纳到公共数据开放的成熟阶段（见图 3.4）。

第四章 国外关于公共数据市场化配置的法律制度现状

第一节 英国

一、英国公共数据开放相关政策与法律法规

根据万维网基金会（World Wide Web Foundation）公布的四份"开放数据晴雨表"（Open Data Barometer）（2013—2016）[1]显示，英国连续四次跻身前两名，是世界上开放政府数据程度最高的国家之一。自2009年以来，英国一直大力推进政府数据和公共数据的开放共享，出台了一系列相关政策和法律法规，以提高政府运作的透明度，并促进公共数据的开发和利用，实现开放数据的经济和社会价值。

表 4.1　英国公共数据开放相关政策

时间	政府文件	相关内容
2009 年	《迈向第一线：更聪明的政府》	积极开放数据并提高透明度，发布有价值的公共数据集，使其面向公众免费重用。
2010 年	《英国政府许可框架》	提供开放许可证来开放政府以及更广泛的公共部门的信息，促进其使用和再利用。

---

[1] Open Data Barometer. https://opendatabarometer.org/, 2021 年 9 月 24 日访问。

时间	政府文件	相关内容
2012 年	《开放数据白皮书：释放潜能》	阐述了如何释放开放数据的潜力，将数据和透明度置于政府的核心，包括增强数据可访问性、严格保护公众隐私权、改善公共机构数据共享等。
2013 年	《G8 政府数据开放宪章：英国行动计划》	承诺发布关键和高价值数据集，确保所有数据集通过国家数据门户 data.gov.uk 发布，与民间社会组织和公众合作确定适合发布的数据集，建立国家政府数据信息基础设施等。
2013 年	《开放政府伙伴关系英国国家行动计划2013—2015》	从根本上开放政府数据，以增强问责制、改善公共服务和经济增长。政府承诺将继续开放并列出其所拥有数据集的清单。
2015 年	《国家信息基础设施》	是政府持有的最具战略意义的数据管理框架。由指导原则、数据清单、管理结构、质量标准、许可证制度等组成。
2016 年	《英国开放政府2016—2018 年国家行动计划》	承诺修订《信息自由法》以提高透明度，识别和发布核心数据，以及与数据用户和潜在用户积极合作，确保政府实现数据资产现代化管理等。
2020 年	《国家数据战略》	总结了公共数据"默认开放"政策的预期结果，包括问责制、效率以及经济成果。将继续推动数据的质量、可用性、可访问性提高，提升公职人员的能力、领导力、文化。
2020 年	《解决对公共部门数据使用的信任问题》	规定了数据开放的原则，适用于公共部门持有的个人信息，将公共部门掌握的个人数据纳入公共数据并分类，同时规定了开放方式和例外。

资料来源：www.gov.uk。

表 4.2　英国公共数据开放相关法律法规

时间	法律法规	相关内容
2000 年	《信息自由法》	规定了公共机构在向申请人发布其拥有版权的可供重复使用的数据集时，必须按照指定许可证条款发布，并有收费的权力。为个人获取公共部门信息提供了法律依据。

时间	法律法规	相关内容
2004 年	《环境信息条例》	是英国专门为公众获取环境信息而制定的法律，条例明确规定任何人均可依据该条例向英国公共机构申请获取环境信息，其中个人数据将免于披露。
2012 年	《自由保护法》	对《信息自由法》进行了部分修订：公共机构必须在合理可行范围内以能够重复使用的形式向申请人提供资料，并明确了数据集的定义。
2015 年	《公共部门信息再利用条例》	具体阐述了公共部门信息重复使用的收费条件。任何的重复使用费必须限于复制、提供和传播文件所产生的边际成本。

资料来源：www.legislation.gov.uk。

二、英国公共数据开发利用的组织机构

见图 4.1。

三、英国关于公共数据开发利用的认识与做法

（一）公共数据的内涵外延

1. 定义

英国政府在 2009 年《迈向第一线：更聪明的政府》(Putting the frontline first: smarter government) 中单独阐述了《公共数据原则》(Public Data Principles), 对公共数据作了如下定义："公共数据是在公共服务提供过程中收集或生成的政府持有的非个人数据。" 2013 年《开放数据白皮书：释放潜能》(Open Data White Paper: Unleashing the potential) 中, 进一步把公共数据界定为："运行和评估公共服务所依据的、政策决策所依据的、或在公共服务提供过程中收集或生成的匿名非核心参考数据。" 这里的"核心参考数据"(Core Reference Data) 与"核心主体数据"(Core Subject Data) 相对应, 指的是"将不同的数据集连接起来的数据。它提供了公共数

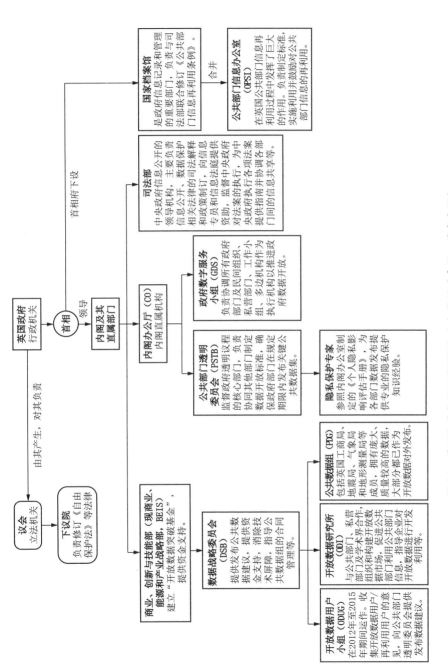

图 4.1　英国公共数据开放利用组织机构图（来源：作者自制）

据之间的互连点，例如时间和地理数据（地图或地理编码数据），以及定义和代码列表，包括词汇表"。而在《解决对公共部门数据使用的信任问题》中将公共数据定义为"公共部门掌握的个人数据／公共部门持有的个人信息"，把个人的信息和数据纳入公共部门数据使用的范畴，并规定了开放方式及例外。

2. 分类与内容

《开放数据白皮书》中区分了公开数据、公开政府数据、公共数据以及公共部门信息四个概念。这四个概念的界定分别为：①公开数据（open data）是指符合以下标准的数据：可以以不超过复制成本的价格获取（最好是通过互联网），不受基于用户身份或意图的限制；采用数字、机器可读的格式，以便与其他数据相互操作；以及在其许可条件中没有对使用或重新分配的限制。②公开政府数据（open government data）是指已作为开放数据提供给公众的公共部门信息。③公共数据（public data）是运行和评估公共服务所依据的、政策决策所依据的或在公共服务提供过程中收集或生成的匿名非核心参考数据。④公共部门信息（public sector information）是指受《2000年信息自由法》和《2005年公共部门信息再利用条例》约束的信息和数据；公共机构作为其公共任务的一部分而产生、收集或持有的数据和信息。

《G8政府数据开放宪章：英国行动计划》中承诺发布和增强14个关键和高价值数据集，包含公司、犯罪与司法、地球观测、教育、能源与环境、金融与合同、地理空间、全球发展、政府问责与民主、健康、科学与研究、统计、社会流动与福利、交通与基础设施领域。《解决对公共部门数据使用的信任问题》中将公共部门掌握的个人数据分为教育数据（包括教育程度和学生特征）、企业增值税数据、困难家庭评估、患者全科医疗记录、健康诊断结果。

3. 形式与载体

《公共数据原则》中明确强调，公共数据将以可重用、机器可读的形式发布，通过 www.data.gov.uk 网站，以开放标准格式（包括链接格式）提供。开放的数据格式包括 csv、html、xls、wms、pdf、xml、rdf、zip、ods 以及 json 等。

（二）公共数据开放途径与模式

1. 默认开放原则——免费为原则，收费为例外

从英国政府的一系列政策文件来看，英国一直以来都采用"默认开放"政策，规定原则上公共数据免费提供给公众使用，所有政府开放数据都可以通过 www.data.gov.uk 访问，并且公共数据以开放许可证的形式发布，该许可证允许免费重复使用，包括商业重复使用。但根据英国公共部门信息开放相关法律显示，公共部门有权就发布数据集以供重复使用进行收费，比如 2000 年的《信息自由法》就规定了收费权力的具体条件和内容，2015 年《公共部门信息再利用条例》也明确规定公共部门可对允许重复使用收取费用，任何重复使用费用必须限于复制、提供和传播文件所产生的边际成本，总费用不得超过直接成本、因课税活动产生的间接和杂项费用的合理分摊，以及合理的投资回报。

2. 公共信息再利用模式

除了许可收费模式外，英国还尝试了许多不同的公共部门信息再利用运营模式：

（1）贸易基金模式：英国将许多政府数据部门如地震局、测绘局、气象局等改为"半自立"的政府基金部门，在半商业化的基础上进行运作。这些部门大多专业性突出，市场竞争能力较强。比如测绘局专门成立了商业产业部，负责开发、生产、销售地理信息产品。一是通过提供地图、咨询等获得收入，二是运营基金，即通过向其他公共部门提供地理信息服务或对用户许可授权再利用来收取

费用。

（2）公、私竞争模式：公共部门不仅能够支持私营部门从事政府信息的市场化开发，而且可以与私营部门展开竞争。公共部门不仅可以从事公益性的非营利信息服务，而且能够开展营利性的商业信息服务。包括伙伴关系、民营化和合同外包。一是伙伴关系，为了吸引私营资本对政府信息服务的投入，相关部门采用优惠政策或者特许经营的形式给予私营部门某些便利，并赋予私营部门投资收益权来积极开发信息资源。二是民营化，是指政府将部分信息资源的性质进行转化，完全由私营部门采取市场化形式进行经营。三是合同外包，是指在确定了信息服务的项目和要求之后，将原本由部门自身垄断的服务以竞争招标的形式承包给最佳的私营部门来完成。

（三）公共数据的分级管理

英国对于公共数据的管理采用了分级分类授权协议的方式，目前使用的是国家档案馆 2016 年 1 月 20 日制定的《英国政府许可框架》，总共包含 6 种许可方式，与公共数据开放相关的主要有三种：一是开放政府许可（Open Government Licence，OGL），允许以商业或非商业目的，免费复制、发布、分发、传输以及改编数据。二是非商业使用政府许可证（Non-Commercial Government Licence），允许以非商业目的，免费复制、发布、分发、传输以及改编数据。三是收费许可证（Charged Licence），允许付费后以商业或非商业目的，复制、发布、分发、传输以及改编数据。

（四）公共数据开放主体与格局

政府数字服务组（Government Digital Service，GDS）作为领导机构，负责协调所有政府部门及民间组织、私营部门、工作小组、多边机构作为执行机构以推进政府数据开放。由内阁办公室牵头成立公共部门透明委员会（Public Sector Transparency Board，

PSTB）作为监督政府透明议程的核心部门，负责协同公共部门数据专员和数据专家制定公共部门数据开放的标准，确保所有政府部门在规定期限内发布关键公共数据集。同时在公共部门透明委员会中设立隐私保护专家，参照内阁办公室制定的《个人隐私影响评估手册》。政府数字服务组负责编制《公共数据原则》，要求各部门参照制定"开放数据战略"并发布数据集。众议院负责修订《自由保护法》，要求各部门必须以可机读方式发布数据，并对开放数据的版权许可、收费等方面进行规定。由内阁办公室建立"数据发布基金（Release of Data Fund，RDF）"，依据开放数据用户小组（Open Data User Group，ODUG）采集的数据开放和再利用用户的意见和诉求，资助希望改进数据发布的机构。商业、创新与技能部（Department for Business，Innovation & Skills，BIS）（现为商业、能源和工业战略部，BEIS）负责建立"开放数据突破基金（Open Data Breakthrough Fund，ODBF）"，帮助各级政府解决开放数据中面临的资金短缺问题。由商业、创新与技能部下的数据战略委员会（Data Strategy Board，DSB）负责组建开放数据研究所（Open Data Institute，ODI），为公共部门、学术机构和创业企业使用开放数据提供"孵化环境"。英国政府原先准备成立一个独立的数据实体，即"公共数据法人"，后来为区分数据提供者及客户的不同功能，在数据战略委员会下设了公共数据组。其他相关组织机构关系及主要职责见图4.1。

（五）公共数据开放的配套机制

英国在2020年《国家数据战略》中提到，要转变政府数据使用方式，提高效率、改善公共服务，就需要由中心首席数据官进行领导，与更广泛的公共部门进行互通互联，并且提升中央和地方政府的数据和数据科学能力，提高领导者与各级工作人员的技能。同时，要让政府接受更严格的审查和问责制度，在推动生产力提高、为人民服务的同时确保数据的安全。

（六）公共数据的权属

2000 年《信息自由法》将公共机构所发布的可供重复使用的数据集或数据集中的一部分信息作为版权作品来规制，即公共机构是该版权作品的唯一所有者。在申请人申请重复使用相关版权作品时，公共机构按照许可证的条款进行发布，并可通过法规规定收取费用。而从公民权利的角度来看，2009 年《迈向第一线：更聪明的政府》中提到，公共部门在运行和提供服务过程中会产生许多非个人的公共数据，在数据收集过程中，纳税人已经支付了费用，因此有权利免费获取这些信息，由此基本确立公共数据默认开放的原则。

（七）公共数据的安全

英国在大力开放公共信息和数据时，也注重个人、机密、商业敏感和第三方数据的保护，其所有相关政策文件和法律法规都包含了个人数据保护与数据安全的内容。如在 2015 年《公共部门信息再利用条例》中就规定，"本条例不适用于（a）根据信息访问立法排除或限制访问的文件，包括以保护个人数据、保护国家安全、国防或公共安全、统计机密或商业机密（包括商业、专业或公司机密）为由的文件：或（b）文档的任何部分——（i）根据信息获取立法可以访问；以及（ii）包含个人数据，其中的重复使用不符合有关保护个人处理个人数据的法律"。在《开放数据白皮书》第三章中也提到了政府正建立公众对所发布的数据的信任，任命一名个人隐私保护专家加入公共部门透明委员会，在尽可能开放更多公共数据的情况下保护个人隐私和数据，并通过隐私影响评估来应对披露风险。除了以上法律法规和政府文件外，《自由保护法》《环境信息条例》《英国政府许可框架》等都囊括了关于个人隐私保护和国家安全的规定。

（八）政务数据与社会数据的融合

英国政府认为各部门应积极鼓励开放其数据，包括与企业合作。涉及的部门有：1. 开放数据研究所：通过与公共部门、私营部门及学术界的合作来协同开放公共部门的信息，组织和构建开放数据市场，促进公共部门利用公共部门信息，指导企业更好地对所发布的数据进行开发利用，实现开放数据的社会和经济价值。2. 公共数据组：包括英国工商局、地震局、气象局和地形测量局等成员，这些机构各自拥有庞大的且质量较高的数据，且大部分都已作为开放数据对外发布。

（九）立法层级与方向

在立法方面，英国政府负责针对相关内容进行提案，议会审议并通过政府的提案后形成法律，立法层级包括法案 / 法令（Act）以及条例 / 规章（Regulation），各地也有自己的地方法规。同时，英国政府颁布大量的数据开放政策，基本上都以行动计划、战略计划、白皮书等政府文件为主，主要针对政府数据、公共数据的开放共享，将透明度作为政府议程的核心，提升公共服务质量，并且进一步推动公共数据的开发利用，释放公共数据潜能，实现开放数据的经济和社会价值。

第二节　法国

一、法国公共数据开放相关政策与法律法规

2017 年 5 月，在万维网基金会发布的第四版《开放数据晴雨表》中，法国位列世界第三。一直以来法国都持续推动开放政府和公共数据的开放，2011 年，法国实施了免费发布开放数据政策，建立了开放数据门户网站 www.data.gouv.fr。2013 年，法国和其他

七国共同签订了《开放数据宪章》，同时发布了《G8 开放公共数据宪章：法国行动计划》，逐步实现默认的公共数据开放。随后法国还发布了《开放数据手册》以及一系列的国家行动计划，在开放政府伙伴关系同盟（OGP）中发挥了重要作用。除了完备的政策体系之外，法国针对获取行政文件与重复利用公共信息、开放数据访问等方面进行了一系列立法，拥有坚实的法律法规保障基础，这些促使其成为全球开放数据领域的领先标杆之一。

表 4.3　法国公共数据开放相关政策

时间	政府文件	相关内容
2013 年	《G8 开放公共数据宪章：法国行动计划》	逐步实现默认的公共数据开放，规定所有公民有权免费重复使用公共数据，或严格监督使用公共数据的费用。公布了开放的高潜力数据、公共数据开放共享路线图、开放公共数据的商业模式报告以及开放政策指南。
2018 年	《促进透明和协作的公共行动：2018—2020 年法国国家行动计划》	越来越多地主动开放公共数据。公布了路线图的细节，如指定部门数据管理员、出版开放公共数据的使用指南、评估公共数据开放影响等，使得公共数据的开放更加有效。
2019 年	《开放数据：专门介绍文化公共数据的实用指南》	法国文化部关于开放文化公共数据的指南文件。规定了开放数据的基本原理和公共数据再利用的法律制度（《公众与行政部门关系守则》）。

资料来源：www.gouvernement.fr。

表 4.4　法国公共数据开放相关法律法规

时间	法律法规	相关内容
2005 年	第 2005-650 号法令《关于自由查阅行政文件和重用公共信息》	规定政府可以考虑收取收集和制作信息的费用，并在评估费用的基础上，为其投资提供合理的报酬。在支付费用的情况下，重用公共信息会产生许可证的发放。
2011 年	第 2011-194 号法令《设立"Etalab"特派团》	设立"Etalab"特派团，收集和免费提供国家、其公共行政机构的所有公共信息，并协调其他公共行政机构的工作。

时间	法律法规	相关内容
2016 年	第 2016-1321 号法律《数字共和国》	扩大行政部门数据的开放数量和范围，使得用户访问更具便捷性，同时提出了"普遍关心的数据"，这些数据可能来自公共机构、私人企业、公共服务团体，这些机构的活动接受了国家补贴，条件是能够允许从这些私有数据库中抽取一些信息便于作公共统计，或者有一些强制性的统计调查。
2021 年	《公众与行政部门关系守则》	规定了再利用公共信息的范围，并设立免费重用的许可证，包括"开放许可证"和"开放数据库许可证"，还规定了公共信息再利用原则上免费，但也可收取费用，其不得超过与收集、制作、向公众提供或传播其公共信息有关的费用总额。

资料来源：www.legifrance.gouv.fr。

二、法国公共数据开发利用的组织机构

（见图 4.2）

三、法国关于公共数据开发利用的认识与做法

（一）公共数据的内涵外延

1. 定义

2013 年《G8 开放公共数据宪章：法国行动计划》中"开放公共数据的法律框架"明确了"公共数据"的定义，"……行政机关在执行公共服务任务过程中制作或收到的、由行政机关公布的或可向任何请求者传播的信息或数据"。2019 年的《开放数据：专门介绍文化公共数据的实用指南》以及其他相关文件进一步细化了该定义："国家、地方当局和任何受委托承担公共服务任务的法人在其公共服务范围内制作或收到的行政文件所包含的信息，无论其日期、储存地点、形式或媒介。"

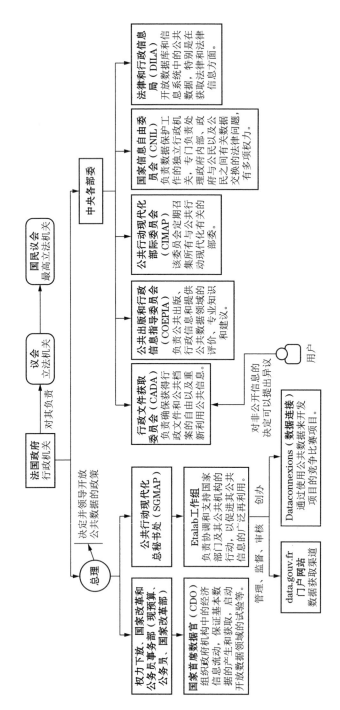

图 4.2 法国公共数据开放相关组织机构图（来源：作者自制）

2. 分类与内容

《G8 开放公共数据宪章：法国行动计划》的附件 1 中罗列了"高潜力数据工作领域"：犯罪与司法、文化、国际发展、教育、环境、财务和采购、流动性、社会保护和就业、地球观测、问责制、透明度、民主、健康、科学与研究、运输和基础设施。

3. 形式与载体

公共数据将以可自由获取、可重用、机器可读的形式发布，可通过 www.data.gouv.fr 网站获取，提供 csv、json、shp、zip、xls、html、pdf 等 20 种下载格式。

（二）**公共数据开放途径与模式**

1. 默认开放原则

2013 年之前，法国中央政府的 13 个部门开放的 96 类数据都需付费，且收费模式各不相同，导致公众数据获取成本太大。2012 年年底和 2013 年年初，总理规定将免费提供公共数据作为默认原则，严格监督重新使用公共数据的费用，并且考虑运营商商业模式的变化。《公众与行政部门关系守则》规定自由再利用为原则、收费为例外，2019 年文化部《开放数据指南》重申这一原则，并规定只有在两种情况下可以被授权收费：一是当行政部门被要求支付有关的大部分费用履行其公共服务使命（至少 25%）；二是当再使用涉及从数字化中产生的信息，即对包括大学图书馆、博物馆和档案馆在内的图书馆的藏品和收藏进行数字化，并酌情对与之相关的信息进行数字化。如果可以收费，其定价由法律规定：收费总额不超过收集、制作、提供或传播、保存和获取的总成本。

2. 公共数据开放许可

公共数据根据开放许可证提供，允许对数据进行复制、再分配、改编和商业利用，与国外的开放数据许可证标准兼容，特别是英国政府的许可和其他国际标准。

3. 公共信息再利用模式

在公共信息商业化方面，Etalab 和 SGMAP 将支持那些将公共信息商业化的行政部门发展其商业模式。事实上，尊重公民免费获取可重复使用的公共数据的原则并不妨碍设计高附加值服务的货币化战略或创建平台。另外，法国文化部曾提出多种政府开放数据项目的运作模式，如公私合作制、众筹、赞助等。还有一种开放数据再利用市场化运作的模式——"Freemium 商业模式"，即"用免费服务吸引用户，然后通过增值服务，将部分免费用户转化为收费用户，实现网站的收入"。

4. 特许权

2016 年《数字共和国》还规定了特许权制度：特许方以电子形式以开放标准向特许权人提供与公共服务运作有关收集或制作的数据和数据库，特许权人可以自由提取、利用这些数据，特别是免费或收费地提供这些数据和数据库。

(三) 公共数据的分级管理

法国也采用分级分类授权协议方式对数据进行分级管理。2016 年《数字共和国》中规定要创建一个确定的授权协议清单，清单既包括适用于公共信息（数据、文档等）的授权许可，还包括适用于政府主管部门软件源代码的授权许可。公共信息采用的是开放许可和开放数据许可（ODC），其中，开放许可的许可对象是《公众与行政部门关系法》所规定的行政部门提供或公布的任何公共数据以及根据本许可证提供的任何数据，允许以商业或非商业目的，非排他性地免费复制、修改、提取、转换、传播、分发数据以及创建派生数据；开放数据库许可的许可对象是受版权保护的数据库，允许以商业或非商业目的，任何手段、形式非排他性地免费分发、传播、展示、提供、演示数据库或创建派生数据库。

（四）公共数据开放主体与格局

数据生产发布者包括国家行政机关（总理府、内阁、部委等），地方行政机构和公共团体，公共设施法人（法国电力集团、法国国家铁路公司等国有企业，及卢浮宫、蓬皮杜艺术中心等机构），委托承担公共服务的私人团体（公司、协会、银行等）。其他相关组织机构关系以及主要职责见图4.2。

（五）公共数据开放的配套机制

1. 首席数据官、数据管理员

2015年法国设立首席数据官，是最早设立国家首席数据官制度的国家之一。同时，法国还积极推进数据管理员制度，在每个部指定一名部级数据管理员，与总秘书处一起指导其部内与数据政策有关的行动，如绘制现有的和已利用的数据清单，确定该部范围内的参考数据、数据的流通（API战略、参与开放公共数据的国家政策、保护个人数据、数据匿名化或假名化项目），为该部门的需要利用数据（尤其是通过使用数据科学和人工智能）。总数据管理员将负责领导部级数据管理员网络，以促进经验的分享和部际资源的汇集（建立API、数据共享平台、匿名化等），还负责支持实施默认开放数据的原则，帮助行政部门履行《数字共和国法》规定的义务（包括默认开放数据的原则），与部级数据管理员网络一起、与再使用者一起，制作一套资源（实用指南、代理人培训）。

2. 开放数据影响评价

除此之外，还建立了开放公共数据影响评价机制，包括组织学习日了解开放公共数据的影响，开发工具（指标、数据科学等）来衡量开放的公共数据对经济、民主生活的影响，并建立国际工作组交流其他国家的经验。

（六）公共数据的安全

法国在大力开放公共信息和数据时，也明确规定公开的信息和数据不涉及提名信息、个人信息和受法律机密保护的信息（如国防机密、商业秘密），除非法律或法规另有规定。如在 2016 年《数字共和国》中规定，"除非立法另有规定，或者有关人员已表示同意，如果 L.312-1 或 L.312-1-1 条中提及的文件和数据包含个人数据，只有在处理完毕后才能公开这些资料"。2019 年《开放数据指南》也提到："以下数据被排除在公开范围之外：包含在第三方拥有知识产权的文件中；含有个人数据（某些例外）；可能影响公民的隐私。可能损害国家主权活动、普遍利益或受法律保护的秘密，特别是商业和工业秘密的秘密，除非该秘密所涵盖的信息被压制。"

（七）政务数据与社会数据的融合

法国政府倡导与公民和社会协商，共同构建开放数据政策。为了鼓励开放战略性和高质量的数据，Etalab 工作组曾多次组织专题和公开辩论，以确定和发布关于多个主题的新数据集。2016 年《数字共和国》提出"普遍关心的数据"概念，这些数据可能来自公共机构，也可能来自私人企业、公共服务团体，这些机构的活动接受了国家补贴，条件是能够允许从这些私有数据库中抽取一些信息便于做公共统计，或者有一些强制性的统计调查。

（八）立法层级与方向

在立法方面，法律草案的创议权属于总理和议会议员。总理有权代表政府提出法律草案，议会议员也有提案权，草案先通过有关部门征求意见后在部长会议上讨论通过形成法案，最后交由议会备案。公共信息和数据开放的立法层级包括法律、行政法规性规范（法令、总统令或总理令、中央政府部委条例等）。在政策方面，法国政府主要针对改善政府民主性，不仅要求政府数据透明化，而且还强调与民众的对话和互动，政府应更乐于接受新观点；增强政府行为效率，提高政府现代化程度；为社会和经济创新提供新的资源，共享数据的用户在这种新的服务模式中获得更高的经济和社会价值。

第三节　德国与日本

一、德国公共数据利用的相关法案

与日本相比，德国作为法制较为完善的国家之一，在《德国基本法》第 5 条第 1 款和第 17 条中阐述了公民的言论、信息自由权和请愿权，明确了政府义务和公民权利，也从根本上构成了德国政府信息公开制度的基本宪法依据。早在 2000 年，德国就发布了《2005 年联邦政府在线计划》，要求联邦政府到 2005 年将所有可在网上提供的服务在线提供给公众。2003 年 6 月，德国推出了整合电子政务的"德国在线"计划，加强基础数据库和地方数据库建设力度，整合集成大量分散的信息资源，以公众需求为导向，为公众提供更便捷的数据服务。在 2003 年颁布的《电子政府法》中，强调行政机关必须提供机器可读的政府数据，并鼓励民间使用。接下来，于 2004 年、2006 年陆续颁布了《环境信息法》和《信息自由法》，在法律上落实了公民从联邦政府、行政机关获取环境信息以及其他公务信息的权利。

德国为了落实欧盟 2013 年指令和履行 2013 年加入的 G8《开放数据宪章》的承诺，于 2014 年公布了"数字行政 2020"计划并制定了《德国执行 G8 开放数据宪章的国家行动计划》。从德国立法和学界的讨论看，该国数据开放分为两步：一是落实联邦《信息自由法》的规定，继续消除公民获取国家信息时的法律障碍，二是落实如何再利用从公权力机关处获取的数据。德国需要根据欧盟 2013 年指令修改 2006 年颁布的《信息再利用法》(IWG)。

为了进一步推进开放数据的进程，2017 年联邦政府首次通过

《电子政务法》（EGovG）第 12a 条，规定了直接联邦行政当局提供开放数据的义务，以建立统一的法律框架以开放数据。自 2018 年 7 月 13 日起，这些行政当局必须通过国家元数据门户网站 GovData 向所有人免费提供未经处理的机器可读数据。第二项开放数据法案将这一义务扩展到间接联邦政府的所有当局。在德国，直接联邦行政机构包括联邦各部、联邦办公室等最高联邦当局、航运当局等联邦机构和主要海关等地方当局，间接联邦行政是由公法下的法人实体，特别是公法下的公司、基金会和机构，这一法案扩大了数据开放的主体。

2021 年 1 月 27 日，联邦政府还发布了《联邦政府数据战略》，明确接下来的使德国成为欧洲创新使用数据和数据共享的先驱的战略目标，指明接下来将从使数据基础设施有效和可持续、加强对数据的创新和负责任的使用、发展数据能力和建立数据文化，以及让国家成为开拓者四个行动领域开展具体措施。另外，在政府数据战略的关键基础之上，《联邦开放数据战略》在基础设施、数据利用和能力三个领域进一步落实了使国家成为开放数据开拓者的一揽子具体措施，明确了将开放数据视为德国创新背后的关键驱动力的目标。

二、日本公共数据利用的相关法案

日本关于开放数据的发展相对于欧美国家来说比较缓慢，早在 2011 年之前就有《行政机关信息公开法》和《法人行政机关等持有的信息公开法》来规范行政机关、法人行政机关公开行政文件的行为，对公开范围作出了豁免的限制和公开费用的要求，但公开范围仅限于政府行政数据，且受到政府行政程序和费用的制约。此后，政府也在推动在各部委和机构的网站上提供电子信息。2011 年的东日本大地震促进了其数据开放的进程，在海外积极推动数据开放的国际大环境下以及灾后重建对数据系统的迫切需要和国内技术环境成熟、对数据利用的内需推动下，日本政府开始重视数据开放并采取行动。

2012 年 7 月，高度信息通信技术社会发展战略本部（简称"IT 战略综合本部"）颁布《电子政务开放数据战略》，指出公共数据是公众共享的财产，希望促进公共数据利用来改善人们生活、振兴企业活动以促进日本经济整体发展。该战略作为促进数据开放的基础战略，还描述了开放数据的基本原则，以及政府在推动并推广到法人行政机构、地方公共组织、公益公司等方面要作出的努力，拉开了构建开放数据体系的序幕。

2013 年 6 月，IT 战略综合办公室颁布了《关于成为世界上最先进的 IT 国家的宣言》，将开放数据作为创造新业务、新服务和创新的手段，并指出数据的公开发布应是总原则。此后制定了《推进电子政务开放数据路线图》，综合整理了要处理的内容，将白皮书、防灾 / 减灾信息、地理空间信息、人员流动信息、预算 / 结算 / 采购信息作为优先考虑公开的领域。在签订《开放数据宪章》之后，制定了相应的《宪章计划》，对数据开放工作作出了六个承诺。针对地方政府的数据开放工作先后颁布了《推进地方政府数据开放指引》和《日本政府标准使用条款》来作出具体指引并标准化各部门主页使用规则和许可规范。

2015 年 6 月日本颁布的《走向新的数据开放》指出，在利用数据的前提下，将开放数据的利用嵌入解决问题之中，使得日本数据开放进入新的阶段，从以数据公开为中心，到以利用数据解决问题为导向。

2016 年 12 月《推动公私部门数据利用基本法》将数据开放的主体扩大到私人部门，从法律层面规定和指导公共部门、地方团体和私人企业通过数据开放使国民对其所拥有的公私部门数据加以

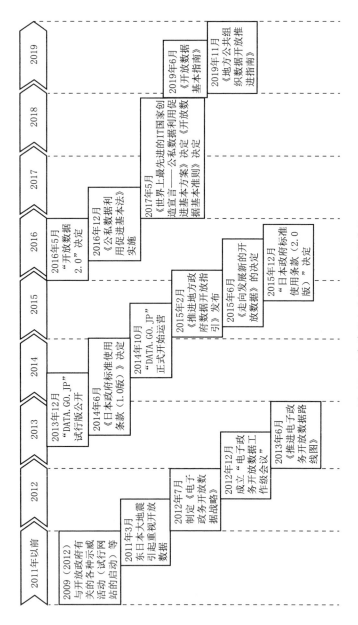

图 4.3 日本关于公共数据利用的进程

充分利用。2017 年 5 月《开放数据指南》总结了开放数据的定义、开放原则、平台、数据形式等，指出了国家政府、地方政府和企业未来开展公共数据公开和利用工作的基本指导方针。

此后，2017 年 5 月颁布的《世界上最先进的 IT 国家创造宣言——公私数据利用促进基本方案》明确了到 2020 年地方政府数据开放主动率 100% 的目标。2019 年 12 月，日本内阁会议决定通过了《数字政府实施计划》，提出到 2025 年建立一个使国民能够充分享受信息技术便利的数字化社会，并将开放数据作为其中的重要一环加以强调。

三、日德关于公共数据利用的做法对比

从具体的开放数据界定上来看，数据开放的进程都是从日本和德国的政府主体出发，从政府公开行政文件到通过立法对公民获取政府行政文件、数据的权利加以确认。日本将开放数据定义为中央政府、地方自治体和企业持有的公私数据中，以①不分商业或非商业目的，适用可二次使用规则的；②适合机器阅读；③可免费使用的形式发布的数据，以便任何人都可以通过互联网等轻松使用（处理、编辑、重新分发等）的数据。相比之下，德国《G8 宪章行动计划》将开放数据仅限于开放政府数据，虽然范围加以限制，但定义更加模糊，认为"开放（政府）数据"一词是指现有的数据集合，通常以原始数据的形式公开发布，以供重复使用和进一步分发。开放数据不包括受保护或与安全相关的数据。这一定义在《联邦开放数据战略》中作出了战略意义上的进一步规定：①当局自行收集数据或由第三方收集数据；②通过公共网络免费访问；③机器可读；④非个人；⑤可自由使用；⑥没有与安全相关的信息。

从数据开放原则看，日德两国对都开放的数据进行了豁免的例外规定，避免数据的开放会侵害个人权益、国家利益、公共安全

等。在具体豁免范围上，德国规定的更加具体，认为当信息的披露可能对国际关系、经济政策、司法公正、刑案调查、审议机密、资源保护产生不利影响，可能侵害国家安全、公共利益、个人隐私以及知识产权时，不应予以公开。日本则概括性地规定了公开的数据不得侵害国家和公共安全、个人隐私以及公司和个人权益。

表 4.5 日德对比

数据公开豁免范围	国家安全	国际关系	司法平等	个人隐私	刑案调查	经济政策	资源保护	商业秘密	知识产权	公共利益	审议机密
日本	√	√		√				√	√	√	√
德国	√	√	√	√	√	√	√	√	√	√	√

而在公开的规则上，日本规定的更加详细，包括：①政府数据公开原则：政府数据原则上将作为公开数据公开，但个人信息、国家和公共安全信息以及可能损害公司和个人权益的信息则例外。②公共数据二次使用规则规定：各省、厅网站上公布的数据，原则上适用日本政府标准使用条款，除因特殊原因不允许二次使用的数据外，可二次使用公共数据。③有限公开原则：原则上各部厅持有的所有数据均作为公开数据公开，但也有部分信息因某种原因难以立即公开。如果将目前未公开的数据作为开放数据公开，存在妨碍维护公民生命安全的风险，则需要公开前权衡影响和风险。从逐步将此类数据转化为开放数据的角度出发，将限制数据的使用目的、范围和去向。

从数据公开的费用上来看，日德两国原则上开放数据供公民免费使用，但日本《开放数据指南》中关于数据披露有偿原则规定，为了使有偿公开的数据也能够像开放数据一样尽可能多地得到利用，对于必须收费来维持运转的机构及其他有偿提供的机构来说，建议从利用廉价且安全的最新技术、增加利用、在利用者负担中提供是否适合社会经济的再探讨三方面降低成本费用。德国《信息自由法》则规定费用和开支可以根据所提供的公共服务类型，在适当考虑所涉及的行政开支的情况下计算费用以保证数据的获取，且联邦内政部有权评估确定相应费用的事实和情况，并通过法定文书确定个人可归属公共服务的收费标准。

第四节　欧盟

2020 年 11 月，欧盟通过并颁布了《数据治理法案》(Data Governance Act)(以下简称《法案》)，旨在促进由公共部门控制且受他人权力约束的数据流转。《法案》是对欧盟在 2019 年颁布的《公开数据与公共部门信息再使用指令》(Open Data and Re-use of Public Sector Information)(以下简称《指令》) 的补充，是欧盟实施《数据战略》的新一重要举措。本书认为伴随全球政务数字化的深入发展，公共部门因执行公共事务而持有大量高价值的数据，如何促进这些数据的再使用，对促进数字经济建设具有重要的意义，因此对欧盟《法案》的立法背景、主要内容进行解析，对我国相关政策的制定具有积极的启示意义。

一、欧盟关于推动公共数据利用的立法背景

（一）公共部门持有的数据具有巨大经济价值

当下，数字技术对社会经济带来了巨大转变，而数据是这一转变的核心。欧盟认为各成员国将不断颁布与数据相关的法律，这些法律可能存在不协同性，会加强欧盟单一数字市场的碎片化，有必要在欧盟层面实施举措，破除数据驱动型经济存在的障碍，建立覆盖全欧盟的数据治理框架，协同促进不同部门之间的数据流转。针对此目标，欧盟近五年密集推出促进数据流转的相关政策法规，包括企业间的数据共享、非个人数据的共享，以及开放

数据与公共部门信息的共享。此次颁布的《法案》，旨在通过提高数据中介的可信度、加强欧盟数据共享机制以进一步促进公共部门持有数据的再使用。欧盟充分意识到公共部门持有数据对数字经济建设的重要性，在推出激励企业间数据共享的政策之后，相继颁布了《指令》。欧盟认为基于公共预算而产生的数据应服务于社会公共利益，而公共部门应促使其在开展工作中所收集到的数据可以更容易地流转。

（二）公共部门持有的数据未得到充分利用

公共部门在开展工作中收集到特定种类的数据，包括含商业秘密的数据、受统计保密性约束的数据、受第三方知识产权保护的数据，以及受 GDPR 保护的个人数据等。鉴于该类型数据的敏感性，在促进其流转时应确保他人对数据原有权利得到尊重，这需要技术和法律的支持，但提供技术和法律支撑需要投入大量的时间和知识，导致该类数据的价值未能得到充分利用。据了解，这类数据甚至很少在应用研究或创新活动中。欧盟在 2019 年颁布的《指令》所规范的数据种类不包括该类数据，虽然欧盟某些成员国已经开始考虑立法来促进该类数据的再使用，但在欧盟层面还没有相关的举措。欧盟试图在不授予、修改或移除数据准入和数据使用的实质权利基础上进一步促进该类敏感数据的再使用。

由于《法案》涉及不同类型的数据中间商以及对个人和非个人数据的处理，因此该《法案》与其他关于数据保护的法案之间存在竞合，与其他数据相关的法律具有逻辑性上的一致性。欧盟试图通过《法案》，协同 GDPR 以及电子隐私指令，为个人数据保护与数据流转提供夯实且可信的法律框架，也为世界提供参考。

二、欧盟《数据治理法案》的主要内容

《法案》共八章、三十五条，主要包括基本条款、公共部门持

有的特定种类数据的再使用、数据共享服务、数据公益性使用、成立欧盟数据创新委员会等。具体内容如下：

（一）促进公共部门持有特定种类数据的再使用

本《法案》中的公共部门是指国家、地区或地方政府机构，受公法管辖的机构、由一个或多个政府机构成立的协会等。其中受公法管辖的机构具有如下特征：第一，机构的设立是为了满足大众利益的特定需求且不存在工业或商业性质；第二，具有法人资格；第三，由国家、地区或地方政府财政资助；或受国家、地区或地方政府机构管辖；或行政、管理、监管部门的一半成员以上由国家、地区或地方政府任命；或受公法管制的其他机构。本法案中的数据是指公共部门持有但同时受商业秘密保护、统计保密性约束、第三方知识产权以及个人信息保护的数据。本《法案》所指的数据不包括事业单位持有的数据，文化和教育机构持有的数据，受国家安全、国防以及公共安全等原因不能公开的数据，公共服务广播和下属单位所持有的数据，以及法律规定的公共部门在提供非公共服务时所获得的数据。

本《法案》针对该类数据再使用规定如下：

1. 禁止签署排他性协议

《法案》规定应禁止公共部门机构与合作方签署数据再使用的独占性协议或限制第三方再使用数据的协议，除非排他性协议的签署是出于公共利益的需求或欧盟和成员国法律规定的特定服务提供的特许协议。非以上情况，公共部门持有数据再使用应秉承透明、公平和非歧视原则。如必须签署数据再使用排他性合同，期限不应超过三年。协议缔结的期限应与独占期一致。签署排他性协议的原因应透明、公开。如不满足签署排他性协议的要求，但排他性协议在《法案》生效前已缔结，应在协议实施期结束时终止数据排他性使用。但在任何情况下，协议在《法案》生效以后三年内必须终止。

2. 数据再使用的条件必须遵循非歧视、成比例、目的合理、不应损害竞争等原则

公共部门机构有权核实数据再利用者对数据的处理结果，有权禁止数据使用者使用危害第三方权益的数据处理结果。公共部门应支持数据再使用者获得数据主体的同意或其他权利受影响的法人的同意。数据再使用不应与数据本身的知识产权冲突。

3. 数据再使用费用的收取

公共部门可以向数据再使用者收取一定的费用。费用的收取应秉承非歧视、成比例、目的合理以及不限制竞争等原则。应确保费用可以线上支付，无论支付服务提供商的企业地址、支付设备的经销地址以及支付账户地址位于欧盟境内何地，均应平等对待。公共部门还应激励数据的非商业使用以及中小企业对数据的再使用。公共部门应公布数据再使用成本的主要类型以及分配规则。

4. 成立主管机构

成员国应指定一个或多个主管机构支持公共部门授权数据再使用。主管机构应提供支持，包括提供技术支持保证授权数据再使用是在安全的环境中处理的，提供技术支持确保数据再使用时数据主体隐私可以得到充分保护等。

5. 成立单个信息联络处

会员国应确保可通过一个信息联络处获得符合数据再使用条件和费用的所有相关信息。单个信息联络处在收到本《法案》规定的数据种类的重复使用请求之后，应转交给相关公共部门主管机构，单个信息联络处应通过电子方式注册数据来源，包括描述数据性质的相关信息。公共部门主管机构应在 2 个月内对请求做出批准或拒绝重复使用。任何受公共部门机构或主管机构决定影响的自然人或法人，应有权寻求有效的司法救济措施。

（二）促进数据共享服务的提供

数据共享服务提供是指为数据持有人和潜在数据使用者之间提供中介服务，包括提供技术或其他手段、创建平台促成数据共享或双边及多边数据交换，或提供特定基础设施连接数据持有者和数据使用者。数据共享服务提供还包括为数据主体与潜在数据使用者之间提供中介服务，提供数据合作社服务等。数据共享服务提供商应向主管机构提交以下信息：数据共享服务商的名称、法律身份和注册号、主要营业地和分支机构地址、网站及网站上载明的服务商及相关活动信息、联系人和联系方式、服务类型、服务提供的预期日期及成员国等。主管部门应在一周之内确认服务商已提交规定的信息，并应立即通过电子方式将每份通知转发给成员国的国家主管当局。另外，提供数据共享服务应符合以下条件：①服务商不得将数据用于其他目的，从提供数据共享服务中收集的元数据只能用于该服务的开发；②服务商应确保公平对待数据持有人和数据使用者；③按照欧盟、国际或欧洲标准转换数据格式进行数据传输；④应确保数据存储和传输的安全性，维护市场竞争规则。

（三）促进数据的公益性使用

第一，主管部门应对已经认可的数据公益组织进行登记。数据公益组织是以非营利为基础的独立法人。数据公益组织应包含：名称、法律身份和注册号、章程（如适用）、主要收入来源、欧盟境内主营机构和分支机构地址、网站、联系人和联系方式、数据收集的目的。

第二，加入数据公益组织的实体均应保留完整和准确的记录，包括：所有可能处理该实体持有数据的自然人或法人、数据处理日期或持续时间、处理数据的目的以及应支付的费用。

第三，加入数据公益组织的实体应撰写年报，并转交给国家主管部门。年报应包括以下内容：有关实体活动的信息、数据处理的目的和方式、使用数据的所有自然人和法人清单，实体收入来源，特别是数据使用的开支信息。

第四，需要确保数据主体和法人对数据的权利得到保障。加入数据公益组织的实体应以简单易懂的方式通知数据持有人，数据使用是出于公共利益。

第五，成立注册主管部门。每个成员国应指定一个或多个主管部门，负责登记认可的数据公益组织，监管合规情况。成员国应通知欧盟委员会本国所指定的机构。主管部门负责监管加入数据公益组织的实体是否合规，有权要求实体提供合规审查需要的相关信息。如发现存在问题，应及时通知实体并给予实体在一定期限内陈述自己观点的机会。主管机构在发现违法时有权要求立即停止或在有限时间内停止，并采取适当且成比例的措施确保合规。主管部门应与数据保护部门合作执行任务。

（四）建立救济措施

自然人和法人有权向相关国家主管部门提出投诉，主管部门应将处理的进展情况和作出的决定通知申诉人，并告知申诉人如果对决策不满，有权寻求有效司法补救。如果主管部门对投诉未作处理，申诉人可以直接寻求司法救济。

（五）建立欧盟数据创新委员会

以专家组的形式成立欧盟数据创新委员会，由所有成员国主管当局的代表、欧洲数据保护委员会、欧盟委员会、相关数据空间以及特定领域的主管部门代表组成，委员会应邀请利益相关者和相关第三方参加委员会会议及其工作。

三、对我国的若干启示

为进一步推进欧盟数据战略，赋能数字经济建设，欧盟近年来密集推出针对不同种类数据的共享政策，不断扩大数据共享的主体，将数据共享主体从企业扩大到政府，数据类型从非个人数据扩展到受第三方权利约束的数据。欧盟充分意识到自己在消费者数据市场发展落后于中美，并试图在数据治理的规则制定层面获得制高点，为全球数据治理政策制定提供指引。近年来，随着我国公共部门政务电子化程度不断提高，在服务工作开展中收集和产生了大量的数据，虽然我国也制定了相关法律和政策促进公共数据开放，但在精细化和实操性方面还与欧盟还存在一定的差距。这导致我国公共部门数据的价值未得到充分利用，对我国未来数字经济的可持续发展将形成制度上的制约。欧盟作为电子政务和数据共享开放的先行者，在相关制度设计、管理体系、安全技术等方面遭遇的问题、困难及优秀应对经验，对我国相关政策制定具有积极的参考价值。

第一，建立公共部门数据市场化配置机制，有效规制数据垄断。纵观全球，数据驱动型平台企业出现了高度垄断形态，为了进一步巩固和加强市场支配地位，垄断企业会实施限制竞争行为，这些行为的本质实际上是通过封锁数据来实现市场支配地位的巩固或加强。在高度垄断的数据市场环境下，中小微企业和市场新进入者很难准入数据，破坏了数据生态系统，损害了个人和竞争者的合法利益，甚至对国家安全构成威胁。因此，构建数据治理体系，促进数据准入是规制垄断平台的有力措施。这一方面需要强制垄断者开放数据，另一方面还需思考如何整合和开放其他闲置数据，其中包括公共数据。我国公共部门在提供服务时持有大量高经济价值和社会价值的数据，随着数字化进程的推进，在未来还将持有更多的高价值数据。对公共数据进行市场化配置可以构建"多主体""多流向"的数据共享机制，协同政府、企业和社会资源，避免有限资源的重复浪费。另外，公共数据市场化配置还可以促进中小企业能够以较低的成本准入数据，提供服务与数据垄断者展开有效竞争，达到规制数据垄断的目标。

第二，建立公共数据分类分级管理机制，有效促进数据安全保护。在我国数字经济建设和数字政府建设过程中，公共数据进行大规模的整合，涉及公民、企业、政府部门、社会组织等领域的个人敏感信息和重要数据，甚至涉及国家战略数据，在整个国民经济和国家安全战略体系种的地位日益凸显。公共数据作为重要资产，在成为发展新变量的同时，也面临严峻的安全挑战。因此，要高度警惕公共数据在市场化配置过程中的安全风险问题。这类公共数据一旦泄露，可能致使个人隐私曝光、企业商业秘密外泄，甚至国家安全受到威胁，这意味着数据主管部门和数据提供者、使用者将承担更大的责任。欧盟作为公共数据开放的先行者，一方面通过制定欧盟数据战略和 GDPR 建立数据开放信任机制，另一方面依托《网络安全法案》(CSA)、《公开数据与公共部门信息再使用指令》和《数据治理法案》等立法，强化数据开放共享安全，致力于在欧盟内部建立安全、高效的公共数据开放体系。我国在对公共数据市场化配置时，公共数据的安全域会发生变化，数据会跨越不同组织、机构、层级的安全域使用。因此，应充分意识到数据安全风险，加强公共数据安全保护，建立分类分级管理机制。

基于公共数据开放程度的视角，应将公共数据至少分为三大类：一是可以开放且不受其他权利约束的数据。二是可以开放但受其他权利约束的数据。例如包含了企业商业秘密的数据、受《个人信息保护法》约束的个人数据、受知识产权法规制的数据、受《数据安全法》约束的数据等。三是不可公开的数据。例如，受国家安全、国防以及公共安全等原因不能公开的数据以及法律规定的公共部门在提供非公共服务时所获得的数据。针对不同类别的数据，应结合数据用途、用户需求、数据成本和数据安全风险等因素，对不同级别的数据采取差异化安全管控措施。对不能开放的数据不应进行市场化配置。对可开放但是受其他权利约束的数据，应不影响其他权利主体的合法权益，在不授予、修改或移除数据准入和数据使用的实质权利基础上，进行市场化配置。

第三，建立健全数据公平交易机制，规制基于公共数据的行政垄断行为。对公共数据进行市场化配置时，公共数据的业务流程和应用场景不断扩展，使用和获取公共数据的群体也不断扩大，致使公共数据交易市场环境会变得越来越复杂。其中，数据主体和数据权属也在发生变化。公共部门将从传统的公共服务者变成市场交易主体，需要警惕公共部门利用行政权利和在公共数据市场的支配地位妨碍公平竞争秩序，实施行政垄断行为。因此，应建立公平的公共数据市场交易机制，包括公共数据的定价机制、数据质量评价机制、数据使用评估机制和利益共享机制，以促进公共数据可持续开放。其一，禁止签署排他性协议。应禁止公共部门与交易对象签署数据独占性协议或限制第三方使用数据的协议，除非排他性协议的签署是出于公共利益的需求或我国法律规定的特定服务提供的特许协议，且应公开排他性协议签署的原因。非以上情况，公共部门应秉承透明、公平和非歧视原则参与数据市场交易。如必须签署数据再使用排他性合同，应设定一定的期限，协议期限应与独占期一致。其二，公共数据交易必须遵循非歧视、成比例、目的合理、不应损害竞争等原则。公共部门机构有权核实数据交易对象对数据的处理结果，有权禁止交易对象使用危害第三方权益的数据处理结果。公共部门应支持交易对象获得数据主体的同意或其他权利受影响的法人的同意。其三，建立利益共享机制。公共部门应公布公共数据成本的主要类型、分配规则、交易所得以及收益再分配规则。如果交易的数据涉及受其他权利约束的数据，还应与其他利益主体共享收益。

第四，建立数据公益组织，促进公共数据的公益性使用。虽然公共部门在进行数据交易时应平等对待不同的交易主体，但是由于公共数据的公共属性和企业数据不同，公共数据市场化配置的核心目标是服务经济和社会发展。因此，应基于社会不同主体的特殊性，有针对性地对特殊群体免费使用或收取较低费用使用公共数据。可以考虑建立数据公益组织，采取会员制，对请求加入数据公益组织的企业或其他实体进行审核，如企业或实体对公共部门数据的使用是出于公益目的，应同意准入和使用公共数据。另外，出于对特定产业发展的需求，还应激励中小企业对数据的使用，对中小企业给予一定优惠，例如收费仅限于数据开发的成本。

综上所述，在数据驱动型平台高度垄断的背景下，随着我国数字经济发展和数字化进程的推进，公共数据市场化配置有利于社会数据资源整合，消除"数据孤岛"，对平台数据垄断产生积极的规制作用。但是，鉴于公共数据的公共属性和重要性，公共数据开放将面临较大的数据安全风险挑战，应建立分级分类管理机制，加强数据安全保护。同时，随着公共数据主体角色的变化，还应建立相应的公平交易机制，遵循非歧视、成比例、目的合理、不应损害竞争等原则，警惕基于公共数据的行政垄断行为的产生。最后，出于对特定产业发展的需要，还应激励非商业使用和中小企业对数据的使用。

第五节　美国

一、美国公共数据开发利用与立法现状

美国是"开放政府数据运动"（Open Government Data Movement）的积极倡导者和推动者，其政府数据开放开展得较早，水平居于世界前列。美国非常重视政府门户网站建设，为公众搭建良好的政府

数据开放平台。早在 1996 年，建立的网站 Census.gov 就向用户在线提供国民经济和人口方面的数据。1998 年，美国建成第一个开放政府数据重大项目——OpenSecrets.org，就有关竞选的财政数据向公众回应和开放。2004 年，软件设计、开发人员筹建了 GovTrack.us 网站，民众可以通过 API 接口搜索、访问国会的立法数据、财务信息及选区的数字地图等。这些与政府数据开放相关的网站的建立为社会公众查询、利用其所需要的政府信息提供了便利。由于是分割建设，不可避免存在"数据孤岛"现象，用户获取政府信息依然有障碍。为了解决这些现实问题，经过几年的努力，美国集成开放政府数据门户网站——Data.gov 于 2009 年 5 月正式上线运行。与以往政府网站不同的是，Data.gov 力图整合各政府组织提供的数据集，形成一个总的政府数据目录供商业公司和民众查询、使用和进行二次开发等。Data.gov 提供政府数据开放服务的原理和方式为：对于各政府机构的开放数据资源不直接进行物理存储，而是采用统一的元数据标准整合各数据集，统一集中至数据目录，并提供数据集的获取、下载链接；依据各数据集的元数据信息，保持数据目录的及时更新。美国 Data.gov 涉及的政府数据开放元数据标准主要分为数据集格式描述标准和数据集内容描述元数据标准。

美国强调公民的"信息自由权"和政府数据的开放获取和利用，并通过制定一系列的法律法规、政策来予以保障；经历了从"政府信息公开"到"政府数据开放"的立法演进。早期通过了诸多有关确保公众信息自由和政府信息公开的法律，如《信息自由法》、《阳光下的政府法》、《强化政府出版署电子信息获取法》、《电子政府法案》、《政府信息安全改革法》等。信息技术和数据科学的发展、大数据和"互联网+"时代的到来促使美国的政府信息法律规制有了新的拓展，即从政府信息公开扩大到政府数据开放，美国联邦政府更加重视政府数据开放方面的法律。2009 年，奥巴马政府发布《透明和开放政府备忘录》和《开放政府指令》，确定开放政府数据的三原则：透明、参与、合作，规定联邦政府在内的各机构要在线发布、公开政府部门的具体信息。2010 年和 2011 年，美国联邦政府先后发布 13556 号、13563 号总统令，并签署《开放数据声明》，强调政府机构应该为公众创建开放的信息获取和交流环境，并寻求国际开放合作。2013 年，通过三部行政法规：《政府信息默认为开放和机器可读的行政命令》、《开放数据政策：将信息作为资产管理的备忘录》和《开放政府合作伙伴——美国第二次开放政府国家行动方案》，进一步突出美国联邦政府要全面开放数据，强调信息的资产价值，明确提出要让公众更加方便地获取政府数据，扩大开放政府合作伙伴等。2015 年，为了保护政府数据开放中的公民隐私权，美国颁布了《电子通信隐私法修正案（2015）》。2016 年，发布《开放政府数据法案》，对美国政府数据开放经验进行总结，并对未来发展趋势进行预测；为《开放政府数据法》的制定打下基础。2019 年 1 月，美国《开放政府数据法》获得通过，7 月正式实行。《开放政府数据法》做出了新的开放性规定，如确定政府开放数据的审查、质量监管、首席数据官及委员会、报告及评估等制度；要求公开联邦政府数据目录、开发在线存储库等。2019 年底，美国发布《联邦数据战略和 2020 年行动计划》，主要是为了响应国际上人工智能的发展，将人工智能列入开放数据计划，提出要进一步完善开放政府数据清单。

二、联邦数据战略行动计划（FDS）

（一）美国公共数据利用与开放的目标

2019 年 6 月 4 日，美国行政和预算管理局（OMB）发布了联邦数据战略行动计划（Federal Data Strategy），其中描绘了一个为期十年的宏伟蓝图，旨在加快联邦政府利用数据完成使命、服务公众、管理资源的步伐，同时确保安全、隐私和保密性得到妥善保护。该战略将通过使命宣言、十大操作原则和一系列最佳实践，指导各机构充分发掘联邦和联邦资助数据的价值。所有行政部门机构将通过制定每年的政府范围内的行动计划来落实这一战略。这些行动计划将明确并优先安排与实践相关的具体步骤，逐年累积成果，推动联邦数据管理工作不断向前发展。

（二）美国公共数据利用与开放的原则和实施细则

1. 原则

（1）伦理治理

①坚守道德：密切监控并深入评估联邦数据实践对公众的影响，设计合理的制衡机制，以保护并服务于公众利益。②承担责任：实施高效的数据管理和治理措施，确保数据安全实践得当，保障个人隐私，维护承诺的保密性，并保障适当的数据访问和使用权限。③提高透明度：明确阐述联邦数据的用途和目的，以建立公众信任。全面记录过程和成果，为数据提供者和使用者提供充分的信息。

（2）有意识的设计

①确保相关性：严格保障数据的质量和完整性，验证数据的准确性、客观性、可访问性、有用性、可理解性和及时性，确保数据符合实际需求。②利用现有数据：明确数据需求，以指导优先研究和政策制定；在可能的情况下重用现有数据，并在必要时获取额外的数据资源。③预测未来用途：在创建数据时深思熟虑，考虑其他用户的适用性；从一开始就规划数据重用，并构建互操作性。④展示响应性：通过持续收集用户和利益相关者的反馈，不断改进数据收集、分析和传播工作。反馈过程需循环进行，建立基准，争取支持，加强协作，并持续进行优化。

（3）学习的文化

①投资学习：持续投资于数据基础设施和人力资源，促进持续

且协作的数据学习文化的发展。②培养数据领导者：通过培训和发展，提升联邦工作队伍在数据方面的领导力，强调数据在使命、服务和公共利益中的价值。③实施问责制。明确责任分工，定期审计数据实践，记录并学习实践结果，并根据需要做出必要的调整和改进。

2. 实施细则

美国在上述原则基础上，又制定了一系列的数据实施准则。美国数据战略的实施旨在定期为各机构提供行动指导，确保其持续相关，并且足够通用，从而能够广泛应用于所有联邦机构及各项任务中。这些实践代表着具有远大志向的目标，一旦完全实现，将不断激励和指导各机构、从业者及政策制定者，以改进政府对数据的管理方式，并充分发挥数据的价值创造作用。

（1）塑造珍视数据和倡导公众使用的文化氛围

■ 确定关键数据需求：通过学习议程流程，识别和优先处理机构的核心问题，并确定回答这些问题所需的关键数据。

■ 平衡各方利益相关者的需求：在数据生命周期的每个阶段，识别并吸引相关利益方参与，充分理解他们的需求，并将这些反馈融入政府的优先事项中，以推动创业、创新、科学发现、经济增长和公共利益的最大化。

■ 倡导数据利用：领导者应树立榜样，将数据纳入决策流程，并合理分配资源，确保数据的价值在决策、问责和公共福祉等方面得到充分发挥。

■ 以数据指导决策制定：有效、定期、透明、恰当地在政策、规划和运营中利用数据，为决策制定提供指导；同时分享决策背后的数据和分析结果。

■ 作好分享准备：评估并主动应对在联邦机构内部、跨机构间以及与外部合作伙伴分享数据时遇到的程序性、监管性、法律和文化障碍。

■ 传达数据洞见：利用多种沟通工具和技术，将数据的洞见以易于理解的方式传达给广大受众。

■ 提升数据问责制：将运营和监管数据输入与绩效指标和其他产出相结合，帮助公众理解联邦投资的效果，并支持明智的决策和规则制定。

■ 关注并回应公众认知：定期评估并应对公众对联邦数据价值、准确性、客观性和隐私保护的看法，制定战略改进措施，推进机构使命并优化公众对联邦数据计划和潜在用途的认知。

■ 跨机构整合数据功能：为各机构共有的数据功能（如数据管理、访问、分析、信息学和用户支持）建立实践共同体，以促进效率提升、加强协作与协调。

■ 明确投入资源以发挥数据资产价值：确保提供足够的人力和财力资源，以支持基于数据的机构决策、问责机制，并推动商业化、创新和公众对数据的有效利用。

（2）治理、管理和保护数据

■ 优先推进数据治理：确保拥有充分的权威、角色分配、组织架构、政策支持和资源保障，以透明高效的方式管理、维护和使用战略数据资产。

■ 依法管理数据，保护机密性与隐私：建立健全的数据管理机制，确保对机密数据的访问权限得当，维护公众信任，并严格保护个人隐私。

■ 强化数据完整性保障：在信息技术安全实践中，将最先进的数据安全技术应用于每个系统，包括更新、设计和替换过程，以应对当前和潜在的安全威胁；同时鼓励创新，利用新技术不断提升数据保护水平。

- 确保数据真实性可验证：在传播数据集时，确保用户能够轻松验证其真实性，并与开放数据实践保持一致；同时鼓励用户在使用数据时给予适当的署名。

- 评估数据能力成熟度：全面评估机构在数据能力各方面的成熟度，为战略资源投资提供有力依据，确保资源投入合理有效。

- 编制完善的数据资产清单：建立详尽、准确且包含丰富元数据的数据资产清单，方便发现与协作，支持解决关键机构问题和满足利益相关者需求。

- 认可数据资产价值：根据成熟度评估、关键机构问题、利益相关者反馈以及相关法律法规，为数据资产赋予相应价值，以便合理确定资源投入的优先级并进行记录。

- 长远规划数据管理：将数据投资纳入年度资本规划流程和相关指导中，确保资金的高效利用，将数据作为具有战略价值的长期资产加以管理和利用。

- 维护数据文档：在易于访问的存储库中，持续更新并保留详尽的数据文档，以便于使用并记录数据的质量、效用和来源，从而解答关键机构问题，满足利益相关者的需求。

- 充分利用数据标准：在相关利益群体中采纳、调整或按需创建数据标准，并积极实施，以优化数据质量，促进数据的便捷使用、访问、共享和互操作性。

- 协调协议与数据管理需求：制定符合数据管理要求的合同、资助、合作协议等条款，涵盖数据处理、存储、访问、传输和处置等各个环节，确保协议与数据管理要求相契合。

- 发掘克服资源障碍的途径：与利益相关者紧密合作，探索成本回收、共享服务或合作伙伴关系等可行方案，以节约资源、保障数据访问，满足用户需求。

- 允许公众修正数据：建立透明清晰的流程，允许公众在符合法律法规的前提下，访问并修正涉及自身的联邦数据，保护个人隐私，减少数据不准确带来的风险，提升透明度。

- 强化数据保存措施：依据相关法律、法规和政策要求，结合任务需求，妥善保存联邦数据，确保数据的完整性和可用性。

- 协调联邦数据资产管理：加强联邦机构间的数据资产协调与共享，共同推进共享目标和相似任务的进展，满足更广泛的联邦信息需求，减轻数据收集负担，提升数据利用效率。

- 加强州、地方政府与联邦机构间的数据共享：在相关且适宜的场合，积极推动州、地方和部落政府与联邦政府之间的数据共享，并确保采取适当的数据保护措施。特别针对那些由联邦资助、地方管理的项目，通过数据共享以进行更深入的分析，为决策提供更丰富的信息，从而做出更加明智的选择。

（3）促进有效和适当的数据使用

- 增强数据管理与分析能力：通过加强培训、提供工具、建设社区以及创造其他机会，教育和培养联邦工作人员，以提升他们在数据分析与评价、数据管理以及隐私保护等关键数据活动方面的能力。

- 确保数据质量与用途相匹配：那些可能对公共政策或私营部门决策产生重大影响的数据，必须保证具有相应的实用性、完整性和客观性。

- 设计可重复使用的数据：在设计新的数据收集时，应充分考虑数据的最终用途和用户，确保数据既必要又具备足够的高质量，以满足机构和利益相关者当前及未来的需求，实现数据的可持续利用。

- 沟通数据的规划和潜在使用：审查数据收集程序，更新和改进关于数据利用计划和未来用途的沟通方式，通过提升透明度来增进公众信任。

- 明确传达数据的合法使用方式：定期使用描述性元数据，以清晰界定联邦数据的访问和使用限制。同时，明确承认并保护相关的知识产权，按需传达数据归属信息，并优化对利益相关者的潜在价值，从而最大化合法使用的效益。

- 利用安全的数据关联：测试、审查和部署采用安全且保护隐私技术的数据关联和分析工具，以解答关键机构问题并满足利益相关者的需求，同时保护个人隐私。

- 推动广泛获取：以开放、机器可读的形式和通过包括联邦及非联邦提供者的多重机制来促进公平且恰当的数据获取，以满足利益相关方的需求，同时确保隐私、保密和专有权益得到充分保护。

- 丰富数据访问方式：投资于多层级数据访问的创建和利用性，从而提高数据的可访问性，同时尽可能降低隐私风险并保护信息的机密性。

- 严格审查数据发布以降低披露风险：对向公众发布的联邦数据进行仔细审查，依据相关法律法规和政策，评估和降低数据重新识别的风险，并公开审查结果，以增强透明度和公众信任。

- 加强合作伙伴关系建设：积极与商业、学术及其他合作伙伴建立并维持稳固的合作关系，共同推动创新，助力机构使命的实现，同时最大化经济机遇、智力价值和公共利益。

- 发挥购买力优势：密切关注需求，充分利用购买力优势，采购私营部门的数据资产、服务和基础设施，以提升效率并降低联邦政府的开支。

- 利用协作计算平台：定期审查和优化现代协作计算平台的使用，以降低成本、提高性能并增加使用率。
- 支持联邦利益相关者：与相关机构紧密合作，共享数据资产的专业知识，推动其更广泛应用，同时优化数据使用体验和质量，以实现机构使命目标。
- 支持非联邦利益相关者：积极与工业界、学术界等非联邦数据用户合作，分享数据资产的专业知识，扩大数据应用范围，提升数据可用性和质量，推动创新进程和商业化应用。

三、美国《开放政府数据法案》(OGDA)

美国于 2019 年 7 月正式生效实施《开放政府数据法》[the Open, Public, Electronic, and Necessary (OPEN) Government Data Act, 简称 OGDA]，为美国的政府数据开放做出了创新性规范，提供了更有力的法律保障。该法案旨在通过创建一种愿景，以默认的方式，尽可能地开放数据。美国《开放政府数据法案》在界定公共数据时，没有锁定昔日的技术，建立了联邦政府数据开放的最低标准，要求联邦政府使用开放数据来改善决策，通过定期检查来确保问责，在联邦机构建立首席数据官，首席数据官将对数据治理和实施负有责任。

《开放政府数据法》的主要内容

1. 对政府数据开放常见术语予以新的界定

美国《开放政府数据法》是在面临新的数字经济环境和数据战略背景下产生的，一些术语的内涵和外延发生了一定的变化。因此，法案第一部分的主要内容便是对政府数据开放的重要术语进行新的界定，如数据（Data）、元数据（Metadata）、数据资产（Data Asset）、公共数据资产（Public Data Asset）、开放政府数据资产（Open Government Data Asset）、机器可读（Machine-readable）、综合数据清单（Comprehensive Data Inventory）、开放许可（Open License）等。

2. 建立政府数据开放例行审查制度和公共利益数据优先制度

《开放政府数据法》规定，联邦政府机构要对政府数据开放开展例行审查，大多数情况下做到将政府数据全面开放，同时与社会公众互动合作，听取其关于政府开放数据的合理建议和质量要求；对涉及国家安全、知识产权风险、个人信息泄露、商业机密等数据，可不向公众开放。另外，法律还规定，对涉及公众公共利益的政府数据，要标注为优先级政府数据资产，优先开放。

3. 建立首席数据官（Chief Data Officer，简称 CDO）及委员会制度，负责政府数据开放

法律规定，联邦各机构需推荐（指定）一名具有丰富数据管理、开发利用和网络维护经验的工作人员担当首席数据官（CDO），负责政府数据开放整个周期的数据管理。此外，由首席数据官、首席信息官（Chief Information Officer，简称 CIO）以及电子政府办公室负责人等组成首席数据官委员会，协同负责政府数据的开放、传播、利用与维护等，并与数据使用用户沟通、交流，评估改进数据利用的新信息技术方案，维护其合法权益。

4. 设立政府数据开放报告与评估制度

以往的政府数据开放缺少评估反馈机制，《开放政府数据法》设立了政府数据开放报告与评估制度。规定首席数据官及委员会每隔一定时限（一年或两年）要将"政府数据开放是否扩展到公共领域、政府数据开放的可利用价值"等情况向美国国土安全委员会、参议院政务部、众议院监督委员会提交正式报告说明；四年内，联邦审计长应将"首席数据官及委员会是否履行其职责，是否改善联邦政府数据开放工作"予以检查评估，并向美国国会提交正式报告。

5. 公开联邦政府数据目录，开发与维护数据清单

《开放政府数据法》规定应公开联邦数据目录，建立在线开放

数据存储库，准确、全面地反映政府数据资产，并及时更新；开发与维护政府开放数据清单，在联邦政府数据目录上公布公共数据资产的介绍和链接。

表 4.6 《开放政府数据法》的主要内容

法案	公共数据开放
《开放政府数据法》	**（一）数据种类** 1. "公共数据资产"（public data asset）是指由联邦政府持有—— （1）可以向公众发布；（2）已经以开放格式向公众发布，并可通过搜索 Data.gov 或 Data.gov 的任何后续版本查找发现；（3）属于全球公共领域的一部分，在必要时以开放许可的方式发布。 2. "开放政府数据资产"（open government data asset）是指联邦政府持有—— （1）机器可读；（2）以开放格式提供；（3）没有妨碍使用或者再使用的限制；（4）基于标准组织机构制定的基础开放标准。 3. "非公共的数据资产"（nonpublic data asset）——（非公开）（没有提联邦政府维护的数据资产） （1）是指因隐私、安全、保密、监管或者法律规定的其他原因不得向公众提供的数据资产；（2）包括承包人提供的受合同、许可、专利、商标、版权、保密、监管或者其他限制保护的数据。 **（二）开放方式** 1. 开放许可：对公众免费，不限制复制、出版、发行、传播、引用或改编 2. 开放政府数据：机构应以机器可读的发布，开放许可的方式开放 3. 政府持有的公共数据和非公共数据：默认开放，法律没有禁止的，且其实可行的，应默认开放；可以通过开放格式进行开放，也可通过开放许可进行开放；不能以开放许可方式开放的，应视为全球公共领域的一部分进行开放 4. 数据开放主体都可以与非政府组织、公民、非营利组织、学院和大学、私营和公营公司以及其他机构合作，开发利用机构的公共数据资产的机会，并根据法律和规章为公共和私营部门的创新提供新的机会 5. 数据开放主体进行数据资产盘点，建立数据库存清单，包括：（1）本部门创建、收集、控制或持有的数据资产情况；（2）项目间共享的数据；（3）部门间共享的数据；（4）明确可以开放的数据；（5）明确是否决定开放个人数据资产，是否已经开放个人数据资产；（6）非公共数据资产；（7）开放政府数据资产；最后通过 Data.Gov 平台开放 **（三）数据开放原则** 1. 默认开放原则 2. 开放时要考虑个人数据资产的保密性 3. 在考虑安全问题时，不但要考虑单个个人数据的安全问题，还要考虑个人数据与其他数据整合后是否会有安全问题 4. 免费开放

附表 关于公共数据开发利用政策的综合比较

一、开放原则

表 4.7 开放原则比较

美国 《开放政府数据法案》	欧盟 《开放数据与公共部门信息再利用指令》	英国 《解决对公共部门数据使用的信任问题》
1. 默认开放原则 2. 开放时要考虑个人数据资产的保密性 3. 在考虑安全问题时，不但要考虑单个个人数据的安全问题，还要考虑个人数据与其他数据整合后是否会有安全问题 4. 免费	"专门公开和默认公开"的原则	1. 数据共享应该是负责任的、有可靠和可理解的决策过程、有足够的公众参与和投入 2. 项目应该透明，公开关于谁、什么和为什么的详细信息，以便进行审查，并让人能反对决策 3. 个人需要有访问权和控制权，这样他们就可以看到关于他们的数据，这些数据是如何影响决策的，并且对如何使用这些数据拥有尽可能多的发言权

二、适用性

表 4.8　适用性比较

美国 《开放政府数据法案》	欧盟 《公开数据与公共部门信息再使用指令》	英国 《解决对公共部门数据使用的信任问题》
任何机构数据存量清单应包括： 1. 由应用程序、仪器、网络、设施、设备生成的用于信息系统（包括计划管理、统计和财务活动）的数据资产，按源类型分类； 2. 跨机构的项目和跨部门共享或维护的数据资产； 3. 由多个机构共享或者由一个以上的机构创建的数据资产； 4. 根据第 5 编第 552 节（通常称为《信息自由法》）可以公开提供的所有数据资产的明确指示。	适用： 1. 成员国公共部门机构持有的现存文件。 2. 在以下领域从事公共事业单位持有的现存文件： （1）第 2014/25/EU 号指令规定的领域；（2）根据欧洲共同体第 1370/2007 号法规第 2 条担任公共服务运营商；（3）根据欧洲共同体第 1008/2008 号条例第 16 条履行公共服务义务的航空承运人；（4）根据欧洲经济共同体第 3577/92 号法规第 4 条履行公共服务义务的欧共体船东； 3. 根据第 10 条规定情况提供的研究数据。 其中，"公共部门机构"的定义基于欧洲议会和欧盟理事会 2014/24/EU 号指令第二条第 1 项的定义。该指令中规定的"受公法管辖的机构"定义和令第 2014/25/EU 号指令第 [1] 中规定的"公共事业单位"定义应适用于本指令。 第 2014/25/EU 号指令第二条第一款第 1 项的定义。该指令中规定的"公共事业单位"定义应适用于本指令。 不适用于：	公共部门持有的个人信息

[1] 欧洲议会和欧盟理事会 2014 年 2 月 26 日关于公共采购和废除第 2004/18/EC 号指令的第 2014/24/EU 号指令（欧洲联盟公报，L 辑 94 号，2014 年 3 月 28 日，第 65 页）。

美国《开放政府数据法案》	欧盟《公开数据与公共部门信息再使用指令》	英国《解决对公共部门数据使用的信任问题》
5. 关于机构是否已确定个人数据资产可以公开以及数据资产是否可以向公众提供的说明 6. 非公共的数据资产 7. 开放政府的数据资产	1. 信息的提供不属于成员国法律其他约束性规则规定的相关公共部门机构的公共事业范围，或在没有法律法规规定的情况下，根据相关成员国的一般行政惯例规定的公共事业范围，前提是对公共事业的范围是透明的，并接受审查； 2. 以下公共事业单位持有的文件： （1）在成员国法律或其他有约束力的规则所规定的公益服务范围之外的； （2）与直接面临竞争的活动有关，因此根据第2014/25/EU号指令第34条，不受采购规则的约束； 3. 第三方拥有知识产权的文件； 4. 由于成员国的访问制度而不被允许访问的文件，如敏感数据，包括以下理由：（1）保护国民安全（即国家安全）、国防安全或公共安全；（2）统计机密；（3）商业机密（包括商业、行业或公司机密）； 5. 根据第2008/114/EC号指令第2条（d）款的规定，以保护涉及关键基础设施保护的敏感信息为由，排除或限制访问的文件； 6. 由于成员国的访问制度而限制访问的信息，包括公民或法人必须证明其拥有特定利益才能访问信息的情况； 7. 标志、饰章和徽章。	公共部门持有的个人信息

续 表

美国 《开放政府数据法案》	欧盟 《公开数据保护与公共部门信息再使用指令》	英国 《解决对公共部门数据使用的信任问题》
	8. 基于个人数据保护被访问制度排除或限制访问的文件，这些允许访问的部分文件，以及包含个人数据的再利用已被利用个人数据或破坏隐私保护法定义为不符合个人数据保护的行为，特别是根据有关个人数据保护的欧盟法或国家法，和个人名誉的文件； 9. 公共服务广播机构及其子公司，以及为履行公共服务广播职责的其他机构或其子公司所持有的文件； 10. 图书馆（包括高校图书馆、博物馆和档案馆）以外的文化机构持有的文件； 11. 中学及以下教育机构持有的文件，以及所有其他教育机构而言，除第1款c项所述文件以外的文件； 12. 研究执行机构和研究资助机构（包括为转移研究成果而设立的机构）持有的，除第1款c项所述文件以外的其他文件。	公共部门持有的个人信息

三、公共数据的定义

表 4.9 关于公共数据的定义

	美国《开放政府数据法案》	欧盟《公开数据与公共部门信息再使用指令》	英国《解决对公共部门数据使用的信任问题》
定义	数据的定义是被记录的信息，而无论这些信息记录的媒介是什么。	数据是指：(1) 任何内容，无论其载体（纸质、电子形式、声音、视频或视听记录）；或(2) 该内容的任何部分。	公共部门掌握的个人数据
分类	1. "公共数据资产"（public data asset）是指由联邦政府持有——(1) 可以向公众发布；(2) 已经以开放格式向公众发布，并可通过搜索 Data.gov 或 Data.gov 的任何后续版本查找发现；(3) 属于全球公共领域的一部分，在必要时以开放许可的方式发布。 2. "开放政府数据资产"（open government data asset）是指联邦政府持有：(1) 机器可读；(2) 以开放格式提供；(3) 没有妨碍使用或者再使用的限制；(4) 基于标准组织机构制定的基础开放标准； 3. "非公共的数据资产"（nonpublic data asset）——（非公开）（没有提供联邦政府维护的数据资产）：(1) 是指因隐私、安全、保密、监管者法律规定的其他原因不得向公众提供的数据资产；(2) 包括承包人提供的受合同、许可、专利、商标、保密、版权、监管或者其他限制保护的数据。	"动态数据" 是指数字形式的文件，需要频繁或实时更新，特别是由于其波动性或快速过时性；传感器生成的数据通常被视为动态数据。 "研究数据" 是指在科学研究活动过程中收集或制作的，在研究过程中用作研究根据的数字形式的文件，而非科学出版物，或在研究界普遍受的，用于验证研究结果所需的文件。 "高价值数据集" 是指其再利用对社会、环境和经济有重要益处的文件，特别是因为其适合创新增值服务和应用程序的工作，以及创造新的高质量的数据集，以及基于这些数据集的潜在受益者人数。	1. 教育数据，包括教育程度与学生特征 2. 企业增值税数据 3. 困难家庭数据 4. 患者全科医疗记录 5. 健康诊断结果

四、开放方式与例外

表 4.10 开放方式与例外比较

美国《开放政府数据法案》	欧盟《公开数据与公共部门信息再使用指令》	英国《解决对公共部门数据使用的信任问题》
Data.Gov 平台合作为政府对外公开数据的唯一在线端口 1. 开放许可：对公众免费，不限制复制、发行、传播、引用或改编 2. 开放政府数据：机构应以机器可读的发布，开放许可的方式开放 3. 政府持有的公共数据利非公共数据：可以通过开放格式进行开放的，且其实实可行的，应默认开放；不能以开放许可方式开放的，应视为全球公共领域的一部分进行开放 4. 数据开放主体都可以与非政府组织、公民、非营利组织、学院和大学、私营和公营公司以及其他利用机构的公共数据资产为公共和私营部门的机会，并根据法律和规章制度为公共和私营部门的创新提供新的机会 5. 数据开放主体进行数据资产盘点，建立数据库存清单：包括（1）本部门创建、收集、控制或持有的数据资产情况；（2）项目间共享数据的机会；（3）部门间可以开放的数据；（4）明确可以开放的数据资产，是否已经开放个人数据资产；（5）明确是否决定开放个人数据资产；（6）非公共数据资产；（7）开放政府数据资产	"专门公开和默认公开"的原则。 但是，由于复制、提供和传播文件、匿名个人数据以及为保护商业机密信息而产生的边际成本可以允许收回。 "合理投资回报"是指除收回成本本身外，总费用的百分比不超过欧洲央行固定利率5个百分点；总收入，不得超过文件的收集、制作、复制、传播和数据存储成本以及合理的投资回报，因个人数据的匿名化以及为保护商业机密信息而采取措施而产生费用。指定授权一个或多个适当的机构，而不是公共部门机构，现定收费标准。三种情况例外：（1）公共部门需要创收来开展公共事务的；（2）图书馆，包括大学图书馆、博物馆和档案馆；（3）公共事业单位。	1. 教育数据的共享要求小学生和家长在入学前签署隐私通知书 2. 企业在增值税登记时已知晓其增值税数据会被使用 3. 困难家庭评估数据限制公众参与，地方当局网站和布告栏上显示的隐私公告 4. 患者全科医疗记录，Royal Free 向回应常见问题的患者提供信息传单和通知 5. 健康诊断结果数据的公众参与因全科医生的不同而不同。

五、收费标准

表 4.11 收费标准比较

美国《开放政府数据法案》	欧盟《公开数据与公共部门信息再使用指令》	英国《解决对公共部门数据使用的信任问题》
免费为原则并且不限制复制、出版、发行、传播、引用或者改编	文件的再利用是免费的。但是，可允许收回由于复制、提供和传播文件、匿名个人数据以及为保护商业机密信息而产生的边际成本。 作为例外，不适用于下列机构： （1）需要付费创造收入，以支付与执行公共事业有关的大部分费用的公共部门机构；（2）图书馆，包括高校图书馆，博物馆和档案馆；（3）公共事业单位。 成员国应在网上公布第 2 款 a 项所述公共部门机构的名单。在第 2 款第（1）项和第（3）项所述情况下，总费用应按照客观、透明和可核查的标准计算。此类标准应由成员国制定。在合理会计期间内，提供和允许再利用文件的投资回报，以及因因个人数据的匿名化以及为保护商业机密信息而采取措施产生的费用，费用应按照会计原则计算。 如果第 2 款第（2）项所指的公共部门机构收取费用，则在合理会计期间提供和允许许可再利用文件所允许的费用。以及如果有的话，因个人数据的匿名化和为保护商业机密信息而采取措施产生的投资回报。收费应按照第 2 款第（2）项所指的匿名化的匿名数据适用于所涉公共部门机构的会计原则计算。 用户应免费再利用以下数据：根据第 14 条第 3 款、第 4 款第 5 款、于该条第 1 款列出的高价值数据集；第 1 条第 1 款第（3）项所指的研究数据。	未提及

六、排他性协议

表4.12　排他性协议对比

美国《开放政府数据法案》	欧盟《公开数据与公共部门信息再使用指令》	英国《解决对公共部门数据使用中的信任问题》
如果法律不禁止，在实际可行的范围内，由机构发布或成为机构发布的开放政府数据应以公开许可的方式提供，或者如果未以公开许可的形式提供并以适当方式发布，则应视为作为全球公共领域的一部分发布。 每个机构都可以与政府组织、公民、非营利组织、学院和大学、私营和公营公司以及其他机构合作，开发利用机构的公共数据资产的机会，并根据法律和规章为公共和私营部门的创新提供新的机会。	文件的再利用应当向市场上所有潜在的参与者开放。即使一个或多个市场参与者已经利用了基于这些文件的增值产品。持有文件的公共部门机构或公共事业单位与第三方之间的合同或其他协议不得授予排他性权利。 但是，为公共利益提供服务需要授予排他性权利的，给予该排他性权利的理由应当定期审查，2019年7月16日及之后创制的排他性协议应当在生效前至少两个月在网上公开，并应在网上公开。本款不适用于文化资源的数字化。此协议的最后条款应透明，并应在网上公开。 尽管有第一款的规定，如果排他性权利涉及文化资源的数字化，则排他性权利的期限一般不超过十年。如果期限超过十年，此后每七年进行审查。第一款所称准予排他性权利的协议应当透明并公开。如属第一项所提述的排他性权利，作为协议的一部分，有关公共部门机构应当免费获取一份数字化资源的副本。该副本应当在独占期结束时可供再利用。 在未明确授予排他性权利的情况下，旨在或可合理预期限制参与协议的第三方以外的实体对文件的再利用的可用性的法律的实践安排，应在生效前至少两个月在网上公开。应定期审查此类法律或实践安排对可供再利用的数据的影响，并且无论如何应每三年审查一次。此类协议的审查或实践安排应透明，并在网上公开。	无

191

第五章　我国关于公共数据市场化配置的法律制度现状

第一节　政策历程

我国数据资源的开发利用是伴随着国民经济信息化起步而发展起来的，至今已有三十余年的历史，依据不同政策侧重点可划分出我国数据资源开发利用的四个阶段，不同阶段关于数据资源开发利用的目标也在动态中变化：从最开始的"建设中国'信息高速国道'"到"发挥信息资源开发利用在信息化建设中的重要作用"，再到"全面推广大数据应用"，到如今的"加快培育数据要素市场"。

一、1993—2003：政府信息化基础设施铺设阶段

1993 年，以国家"三金"工程（金桥、金卡、金关）为标志，我国国民经济信息化建设正式起步，1999 年国家"政府上网工程"正式启动，2003 年我国电子政务建设工作重点建设"两网一站四库十二金"工程，其中"四库"——人口、法人、空间地理和自然资源、宏观经济四个基础数据库建设，标志着各省市政务信息资源产生和采集阶段的建设全面铺开。十年间，三个重磅

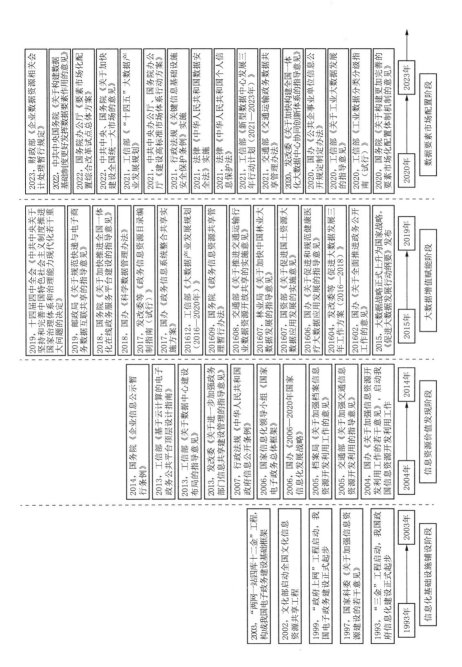

图 5.1　国家层面关于数据资源开发利用的政策发展历程（来源：作者自制）

工程的实施为政府信息化网络奠定了基础，构建了政务信息化的基础框架，实现了重要部门的政府信息上网，为后续数据资源开发利用铺设了相对完善的基础设施，打通了最初政府数据的汇聚渠道。

二、2004—2014：政务信息资源价值发现阶段

2004 年，中共中央办公厅、国务院办公厅发布《关于加强信息资源开发利用工作的若干意见》，启动了我国信息资源开发利用工作，提出"加强政务信息资源的开发利用、鼓励信息资源的公益性开发利用和服务"。这也构成了我国最早公共数据开发利用的雏形架构。此后，国务院各部门，诸如工信部、交通部、档案局、水利局等纷纷出台部门相关信息资源的开发利用指导意见。在此阶段，国家信息公开条例和企业信息公示条例也同步出台，对应2004 年国办文件的指导精神。

三、2015—2019：大数据赋能行业应用阶段

2015 年，大数据战略正式上升为我国国家战略，国务院发布《促进大数据发展行动纲要》，其中指出大数据成为推动经济转型发展的新动力，其中也提到了两方面数据：一是大力推动政府部门数据共享，二是推动推动公共数据资源开放。此后，国家一方面大力推动政务公开工作，并在 2018 年提出加快建设全国一体化在线政务服务平台，形成全国政务服务"一张网"；另一方面中央各部门纷纷发布大数据应用的指导意见，指导相关部门数据资源开放共享。在该阶段，从上到下、自内向外地实现数据资源的汇聚集中。

四、2020 年至今：数据要素市场化配置阶段

2020 年，中共中央、国务院发布《关于构建更加完善的要素市场化配置体制机制的意见》，将数据正式列为五大生产要素之一，数据要素市场化框架初步形成。《意见》提出"推进政府数据开放共享，公共数据开放和数据资源有效流动，提升社会数据资源价值"，并着重强调了在培育数据要素市场中对于数据安全的保护。此后，《个人信息保护法》公布、《数据安全法》实施，各类信息基础设施的建设也在有序推动中。在数据资源的开发利用过程中，开始渐渐重视对于数据安全的保护，并强调开发利用方式的多样性。

我国数据资源开发利用历程呈现"鸣枪晚、赛道广、后劲足"的态势，此外还有几个显著特点：①数据资源的价值越来越被重视；②数据资源开发利用的方式越来越多样，从汇聚上网，到开放共享，到分级分类编目，再到授权运营、交易流通；③数据资源开发利用的范围越来越广，从政府信息公开到公共数据开放共享，再到挖掘社会数据资源价值；④从法律层级和法律内容上来看，越来越强调对于数据安全的保护。

第二节　专门立法

一、国家层面

我国数据开发利用历程呈现"鸣枪晚、赛道广、后劲足"的态势。从以往的政府信息公开，到公共数据开放共享，再到挖掘社会数据要素价值。2020 年以来，我国出台了很多数据开发利用方面的法律及政策，逐渐重视对数据要素的开发，并强调利用方式的多样性。详见表 5.1。

表 5.1　2020—2023 年国家层面数据法律及政策

发布时间	部　门	法律及政策名称
2020 年 3 月	工业和信息化部	《工业数据分类分级指南（试行）》
2020 年 4 月	中共中央、国务院	《关于构建更加完善的要素市场化配置体制机制的意见》
2020 年 5 月	工业和信息化部	《关于工业大数据发展的指导意见》
2020 年 5 月	中共中央、国务院	《关于新时代加快完善社会主义市场经济体制的意见》
2020 年 12 月	国务院	《公共企事业单位信息公开规定制定办法》
2020 年 12 月	发展改革委等 5 部门	《关于加快构建全国一体化大数据中心协同创新体系的指导意见》
2021 年 3 月	全国人大	《国民经济和社会发展第十四个五年规划和 2035 年远景目标纲要》
2021 年 4 月	交通运输部	《交通运输政务数据共享管理办法》
2021 年 6 月	全国人大常委会	《中华人民共和国数据安全法》
2021 年 7 月	工业和信息化部	《新型数据中心发展三年行动计划（2021—2023 年）》
2022 年 7 月	网信办	《数据出境安全评估办法》
2021 年 8 月	全国人大常委会	《中华人民共和国个人信息保护法》
2021 年 8 月	国务院	《关键信息基础设施安全保护条例》
2022 年 7 月	网信办	《数据出境安全评估办法》
2022 年 12 月	工业和信息化部	《工业和信息化领域数据安全管理办法（试行）》
2022 年 12 月	财政部	《企业数据资源相关会计处理暂行规定（征求意见稿）》
2022 年 12 月	中共中央、国务院	《关于构建数据基础制度更好发挥数据要素作用的意见》
2023 年 1 月	工信部等 16 部门	《关于促进数据安全产业发展的指导意见》
2023 年 2 月	中共中央、国务院	《数字中国建设整体布局规划》
2023 年 2 月	网信办	《个人信息出境标准合同办法》
2023 年 2 月	证监会	《证券期货业网络和信息安全管理办法》
2023 年 8 月	财政部	《企业数据资源相关会计处理暂行规定》

二、地方层面

我国的法律层级上，地方性法规高于地方政府规章，地方政府规章高于规范性文件。在地方性法规制定中，全国已有21份省级地方性法规和3份意见征求稿，但是这些地方性法规多为数据条例，仅有浙江省发布了专门的公共数据条例。公共数据的管理政策更多是基于地方政府规章和规范性文件，以管理办法和实施方案的形式存在。总体而言，地方在立法上对公共数据进行了尝试，但主要也还是基于法律层级较低的探索，仍需进一步加强立法的顶层设计。具体的法律法规制定情况见表5.2、表5.3、表5.4。[1]

表5.2　省级地区地方性法规制定情况

	省区市	文件名称	发布机构	发布日期
1	贵州省	《贵州省大数据发展应用促进条例》	贵州人大常委会	2016年1月15日
2	天津市	《天津市促进大数据发展应用条例》	天津人大常委会	2018年12月14日
3	海南省	《海南省大数据开发应用条例》	海南人大常委会	2019年9月27日
4	山西省	《山西省大数据发展应用促进条例》	山西人大常委会	2020年5月15日
5	吉林省	《吉林省促进大数据发展应用条例》	吉林人大常委会	2020年11月27日
6	浙江省	《浙江省数字经济促进条例》	浙江人大常委会	2020年12月24日
7	安徽省	《安徽省大数据发展条例》	安徽人大常委会	2021年3月29日
8	深圳市	《深圳经济特区数据条例》	深圳人大常委会	2021年6月29日

[1] 地方政府规章和规范性文件数量多，表中列举不全。

	省区市	文件名称	发布机构	发布日期
9	广东省	《广东省数字经济促进条例》	广东人大常委会	2021 年 7 月 30 日
10	山东省	《山东省大数据发展促进条例》	山东人大常委会	2021 年 9 月 30 日
11	上海市	《上海市数据条例》	上海人大常委会	2021 年 11 月 25 日
12	福建省	《福建省大数据发展条例》	福建人大常委会	2021 年 12 月 15 日
13	浙江省	《浙江省公共数据条例》	浙江人大	2022 年 1 月 21 日
14	重庆市	《重庆市数据条例》	重庆人大常委会	2022 年 3 月 30 日
15	黑龙江省	《黑龙江省促进大数据发展应用条例》	黑龙江人大常委会	2022 年 5 月 13 日
16	河北省	《河北省数字经济促进条例》	河北人大常委会	2022 年 5 月 27 日
17	辽宁省	《辽宁省大数据发展条例》	辽宁人大常委会	2022 年 5 月 31 日
18	江苏省	《江苏省数字经济促进条例》	江苏人大常委会	2022 年 5 月 31 日
19	陕西省	《陕西省大数据条例》	陕西人大常委会	2022 年 9 月 29 日
20	北京市	《北京市数字经济促进条例》	北京人大常委会	2022 年 11 月 25 日
21	广西壮族自治区	《广西壮族自治区大数据发展条例》	广西人大常委会	2022 年 11 月 25 日
22	四川省	《四川省数据条例》	四川人大常委会	2022 年 12 月 2 日
23	河南省	《河南省数据条例（草案）》		
24	江西省	《江西省数据应用条例（草案）》	意见征求稿	
25	宁夏回族自治区	《宁夏回族自治区大数据产业发展促进条例（草案）》		

表 5.3　部分省市公共数据专门政府规章制定情况

序号	标　题	效力位阶	制定机关	公布日期
1	《浙江省公共数据和电子政务管理办法》	地方政府规章	浙江省人民政府	2017 年 3 月 16 日
2	《成都市公共数据管理应用规定》	地方政府规章	成都市人民政府	2018 年 6 月 6 日
3	《上海市公共数据和一网通办管理办法》	地方政府规章	上海市人民政府	2018 年 9 月 30 日
4	《上海市公共数据开放暂行办法》	地方政府规章	上海市人民政府	2019 年 8 月 29 日
5	《无锡市公共数据管理办法》	地方政府规章	无锡市人民政府	2020 年 2 月 26 日
6	《浙江省公共数据开放与安全管理暂行办法》	地方政府规章	浙江省人民政府	2020 年 6 月 12 日
7	《宁波市公共数据安全管理暂行规定》	地方政府规章	宁波市人民政府	2020 年 9 月 25 日
8	《济南市公共数据管理办法》	地方政府规章	济南市人民政府	2020 年 9 月 30 日
9	《武汉市公共数据资源管理办法》	地方政府规章	武汉市人民政府	2021 年 9 月 27 日
10	《广东省公共数据管理办法》	地方政府规章	广东省人民政府	2021 年 10 月 18 日
11	《江苏省公共数据管理办法》	地方政府规章	江苏省人民政府	2021 年 12 月 18 日
12	《江西省公共数据管理办法》	地方政府规章	江西省人民政府	2022 年 1 月 12 日
13	《山东省公共数据开放办法》	地方政府规章	山东省人民政府	2022 年 1 月 31 日
14	《滨州市公共数据管理办法》	地方政府规章	滨州市人民政府	2023 年 1 月 18 日
15	《江门市公共数据共享和开放利用管理办法》	地方政府规章	江门市人民政府	2023 年 7 月 6 日

表 5.4　部分省市公共数据专门地方性规范文件制定情况

序号	标　题	效力位阶	制定机关	公布日期	所属省份
1	《马鞍山市公共数据开放管理暂行办法》	地方规范性文件	马鞍山市人民政府	2022 年 12 月 9 日	安徽省
2	《公共数据资源管理暂行办法》	地方规范性文件	滁州市人民政府	2022 年 12 月 29 日	
3	《关于通过公共数据开放促进人工智能产业展的工作方案》	地方规范性文件	北京市大数据工作推进小组办公室	2019 年 10 月 15 日	北京市
4	《关于推进北京市金融公共数据专区建设的意见》	地方规范性文件	北京市大数据工作推进小组办公室	2020 年 4 月 9 日	
5	《北京市公共数据管理办法》	地方规范性文件	北京市大数据工作推进小组办公室	2021 年 1 月 28 日	
6	《福州市公共数据开放管理暂行办法》	地方规范性文件	福州市人民政府	2019 年 11 月 15 日	福建省
7	《三明市公共数据管理办法（试行）》	地方规范性文件	三明市人民政府	2022 年 4 月 21 日	
8	《福建省公共数据资源开放管理办法（试行）》	地方规范性文件	福建省数字福建建设领导小组	2022 年 7 月 20 日	
9	《广西公共数据开放管理办法》	地方规范性文件	广西壮族自治区大数据发展局	2020 年 8 月 19 日	广东省
10	《广东省公共数据开放暂行办法》	地方规范性文件	广东省政务服务数据管理局	2022 年 11 月 30 日	
11	《东莞市公共数据管理办法》	地方规范性文件	东莞市人民政府	2023 年 1 月 16 日	
12	《广州市公共数据开放管理办法》	地方规范性文件	广州市政务服务数据管理局	2023 年 4 月 11 日	
13	《南宁市公共数据开放管理办法》	地方规范性文件	南宁市大数据发展局	2020 年 12 月 23 日	广西省
14	《安顺市公共数据资源授权开利用试点实施方案》	地方规范性文件	安顺市人民政府	2021 年 11 月 27 日	贵州省
15	《哈尔滨市公共数据开放管理暂行办法》	地方规范性文件	哈尔滨市人民政府	2020 年 8 月 31 日	黑龙江省

序号	标　题	效力位阶	制定机关	公布日期	所属省份
16	《哈尔滨市公共数据开放管理办法》	地方规范性文件	哈尔滨市人民政府	2022 年12 月 15 日	黑龙江省
17	《常德市公共数据管理办法》	地方规范性文件	常德市人民政府	2022 年8 月 24 日	湖南省
18	《吉林省公共数据和一网通办管理办法（试行）》	地方规范性文件	吉林省人民政府	2019 年1 月 4 日	吉林省
19	《长春市公共数据授权运营管理办法》	地方规范性文件	长春市人民政府	2023 年8 月 28 日	
20	《连云港市公共数据开放与开利用管理暂行办法》	地方规范性文件	连云港市人民政府	2019 年11 月 8 日	江苏省
21	《无锡市公共数据共享工作规范》	地方规范性文件	无锡市大数据管理局	2020 年10 月 29 日	
22	《扬州市公共数据管理办法》	地方规范性文件	扬州市人民政府	2021 年9 月 30 日	
23	《盐城市公共数据管理办法》	地方规范性文件	盐城市人民政府	2022 年10 月 18 日	
24	《苏州市公共数据开放实施细则》	地方规范性文件	苏州市人民政府	2023 年9 月 13 日	
25	《鞍山市公共数据管理办法（试行）》	地方规范性文件	鞍山市人民政府	2022 年8 月 25 日	辽宁省
26	《包头市公共数据运营管理试点暂行办法》	地方规范性文件	包头市人民政府	2023 年7 月 19 日	内蒙古自治区
27	《包头市公共数据管理暂行办法》	地方规范性文件	包头市人民政府	2023 年7 月 19 日	
28	《青岛市公共数据开放管理办法》	地方规范性文件	青岛市人民政府	2020 年9 月 1 日	山东省
29	《日照市公共数据管理办法》	地方规范性文件	日照市人民政府	2022 年9 月 30 日	
30	《青岛市公共数据运营试点管理暂行办法》	地方规范性文件	青岛市大数据发展管理局	2023 年4 月 25 日	
31	《长宁区公共数据管理办法》	地方规范性文件	上海市长宁区人民政府	2019 年2 月 27 日	上海市
32	《普陀区公共数据管理办法》	地方规范性文件	上海市普陀区人民政府	2020 年8 月 7 日	
33	《闵行区公共数据管理办法》	地方规范性文件	上海市闵行区人民政府	2020 年9 月 23 日	

序号	标　题	效力位阶	制定机关	公布日期	所属省份
34	《闵行区公共数据安全管理办法》	地方规范性文件	上海市闵行区人民政府	2021年2月7日	上海市
35	《青浦区公共数据运营服务管理办法（试行）》	地方规范性文件	上海市青浦区政务服务办公室	2021年6月3日	
36	《中国（上海）自由贸易试验区临港新片区公共数据管理办法（试行）》	地方规范性文件	中国（上海）自由贸易试验区临港新片区管理委员会	2022年6月2日	
37	《长宁区公共数据异议核实与处理管理办法（试行）》	地方规范性文件	上海市长宁区人民政府	2022年12月2日	
38	《上海市公共数据开放实施细则》	地方规范性文件	上海市互联网信息办公室	2022年12月31日	
39	《成都市公共数据运营服务管理办法》	地方规范性文件	成都市人民政府	2020年10月26日	四川省
40	《德阳市公共数据开放管理暂行办法》	地方规范性文件	德阳市人民政府	2021年7月19日	
41	《新疆维吾尔自治区公共数据管理办法（试行）》	地方规范性文件	新疆维吾尔自治区人民政府	2023年2月17日	新疆自治区
42	《丽水市公共数据资源管理办法》	地方规范性文件	丽水市人民政府	2020年1月19日	云南省
43	《台州市公共数据和电子政务管理办法》	地方规范性文件	台州市人民政府	2018年2月2日	浙江省
44	《湖州市公共数据管理办法》	地方规范性文件	湖州市人民政府	2018年11月23日	
45	《宁波市公共数据管理办法》	地方规范性文件	宁波市人民政府	2019年11月29日	
46	《温州市公共数据共享开放管理暂行办法》	地方规范性文件	温州市人民政府	2020年9月29日	
47	《宁波市民政领域公共数据管理办法》	地方规范性文件	宁波市民政局	2022年5月18日	
48	《浙江省公共数据授权运营管理办法（试行）》	地方规范性文件	浙江省人民政府	2023年8月1日	
49	《杭州市公共数据授权运营实施方案（试行）》	地方规范性文件	杭州市人民政府	2023年9月1日	

第三节　地方性法规

截至 2023 年 9 月底，全国已有 26 份数据相关地方性法规，由相关地市的人大或人大常委会颁布。其中，2016 年 1 月，《贵州省大数据发展应用促进条例》正式发布，作为中国首部大数据地方法规，涉及数据共享开放、数据权属、数据交易和数据安全等多方面内容，但是当时我国数据交易尚处于探索阶段，制定交易行为规范的条件还不成熟，该条例针对数据交易仅作了一些原则性规定。

表 5.5　全国数据条例制定情况

序号	标　题	效力位阶	制定机关	公布日期	所属省份
1	《安徽省大数据发展条例》	省级地方性法规	安徽省人大（含常委会）	2021 年 3 月 29 日	安徽省
2	《抚顺市政务数据资源共享开放条例》	设区的市地方性法规	抚顺市人大（含常委会）	2022 年 12 月 7 日	
3	《重庆市数据条例》	省级地方性法规	重庆市人大（含常委会）	2022 年 3 月 30 日	重庆市
4	《福建省大数据发展条例》	省级地方性法规	福建省人大（含常委会）	2021 年 12 月 15 日	福建省
5	《厦门经济特区数据条例》	经济特区法规	厦门市人大（含常委会）	2022 年 12 月 27 日	
6	《广西壮族自治区大数据发展条例》	省级地方性法规	广西壮族自治区人大（含常委会）	2022 年 11 月 25 日	广西省
7	《贵阳市健康医疗大数据应用发展条例（2021 修正）》	设区的市地方性法规	贵阳市人大（含常委会）	2021 年 6 月 7 日	贵州省
8	《贵阳市大数据安全管理条例（2021 修正）》	设区的市地方性法规	贵阳市人大（含常委会）	2021 年 6 月 7 日	

序号	标　题	效力位阶	制定机关	公布日期	所属省份
9	《贵阳市政府数据共享开放条例（2021 修正）》	设区的市地方性法规	贵阳市人大（含常委会）	2021 年6 月 7 日	贵州省
10	《贵州省大数据发展应用促进条例》	省级地方性法规	贵州省人大（含常委会）	2016 年1 月 15 日	
11	《贵州省大数据安全保障条例》	省级地方性法规	贵州省人大（含常委会）	2019 年8 月 1 日	
12	《贵州省政府数据共享开放条例》	省级地方性法规	贵州省人大（含常委会）	2020 年9 月 25 日	
13	《海南省大数据开发应用条例》	省级地方性法规	海南省人大（含常委会）	2019 年9 月 27 日	海南省
14	《黑龙江省促进大数据发展应用条例》	省级地方性法规	黑龙江省人大（含常委会）	2022 年5 月 13 日	黑龙江省
15	《吉林省促进大数据发展应用条例》	省级地方性法规	吉林省人大（含常委会）	2020 年11 月 27 日	吉林省
16	《苏州市数据条例》	设区的市地方性法规	苏州市人大（含常委会）	2022 年12 月 6 日	江苏省
17	《辽宁省大数据发展条例》	省级地方性法规	辽宁省人大（含常委会）	2022 年5 月 31 日	辽宁省
18	《沈阳市政务数据资源共享开放条例》	设区的市地方性法规	沈阳市人大（含常委会）	2020 年8 月 14 日	
19	《山东省大数据发展促进条例》	省级地方性法规	山东省人大（含常委会）	2021 年9 月 30 日	山东省
20	《山西省大数据发展应用促进条例》	省级地方性法规	山西省人大（含常委会）	2020 年5 月 15 日	山西省
21	《陕西省大数据条例》	省级地方性法规	陕西省人大（含常委会）	2022 年9 月 29 日	陕西省
22	《上海市数据条例》	省级地方性法规	上海市人大（含常委会）	2021 年11 月 25 日	上海市

序号	标　题	效力位阶	制定机关	公布日期	所属省份
23	《深圳经济特区数据条例》	经济特区法规	深圳市人大（含常委会）	2021年7月6日	深圳市
24	《四川省数据条例》	省级地方性法规	四川省人大（含常委会）	2022年12月2日	四川省
25	《天津市促进大数据发展应用条例》	省级地方性法规	天津市人大（含常委会）	2018年12月14日	天津市
26	《浙江省公共数据条例》	省级地方性法规	浙江省人大（含常委会）	2022年1月21日	浙江省

第四节　关于公共数据交易

从以上省市已公布的数据条例全文来看，对于数据交易均作出了明确、积极的表态：支持培育数据要素交易市场，鼓励和引导数据交易，支持数据交易平台建设，规范交易行为。但是数据条例之间，针对交易范围、交易主体、交易中介、交易原则、交易规则、交易安全六大方面内容有不同侧重点，相关方面的规定详略程度也有所不同：

一是关于交易范围：根据各数据条例，数据来源的合法性是数据交易的最低要求，在此基础上，针对个人数据，要求经过处理需要达到无法识别特定个人且不能复原的要求。重庆、深圳采取负面清单的方式，规定禁止进入交易的数据。

二是关于交易主体：以上条例中基本未提交数据双方的资格及条件，大部分仅仅提到鼓励和引导数据交易当事人、数据主体在依法设立的大数据交易服务机构进行数据交易。此外，山西、安徽两地提出支持数据中心等单位，参与电力数据直接交易。

三是关于交易中介：数据交易服务机构可由政府部门统筹，也可鼓励所有制企业参与，同时也或繁或简地指出数据交易服务机构的职责范围、管理部门、建设单位。

四是关于交易方式：由于全国范围内尚无统一或通行的交易方式，各地对于数据交易方式的规定尚较为模糊，只简单提出范本合同、分级交易、产权交易等模式，具体的交易规则由具体实施的交易平台来制定。目前只有江苏提出推动发展数据资产评估、登记结算、交易撮合、争议仲裁等市场运营体系；安徽提出形成权属界定、价格评估、流转交易、担保、保险等业务的综合服务体系。

五是关于交易原则：一般来讲，数据交易也往往需要遵循自愿、不违背公序良俗、不损害国家及他人利益三大通行原则。此外，深圳市独创性地提出了公平竞争原则，提出市场主体不得利用数据分析，对交易条件相同的交易相对人实施差别待遇。

六是关于交易规则：数据交易的规则往往由数据交易平台来制定。

七是关于交易安全：《中华人民共和国数据安全法》已于2021年6月10日第十三届全国人民代表大会常务委员会第二十九次会议通过，并于2021年9月1日正式施行。国家层面将建立数据分类分级保护制度、建立集中统一、高效权威的数据安全风险评估、报告、信息共享、监测预警机制、建立数据安全应急处置机制、建立数据安全审查制度、建立健全数据交易管理制度。各省级条例大部分也规定了数据安全责任制度、防护制度等。

表 5.6　12 部数据条例中涉及数据交易相关内容

	规定内容	条例名称
交易范围	依法获取的各类数据经过处理无法识别特定个人且不能复原的，或者经过特定数据提供者明确授权的，可以交易、交换或者以其他方式开发利用。	《安徽省大数据发展条例》《海南省大数据开发应用条例》《山西省大数据发展应用促进条例》

	规定内容	条例名称
交易范围	依法获取的各类数据经处理无法识别特定数据提供者且不能复原的，可以交易、交换或者以其他方式开发利用。	《天津市促进大数据发展应用条例》
	基于合法获取的数据资源开发的数据产品和服务可以交易，其财产权益依法受保护。	《山东省大数据发展促进条例》
	鼓励政务数据和社会数据在数据流转交易平台上进行流转交易。	《陕西省大数据发展应用条例（征求意见稿）》
	有下列情形之一的数据，不得交易： （一）涉及国家安全、公共安全、个人隐私的数据； （二）未经合法权利人授权同意，涉及其商业秘密的数据； （三）未经本人或其监护人明示同意交易的个人数据； （四）以欺诈、诱骗、误导等方式或从非法、违规渠道获取的数据； （五）其他法律、法规或合法约定明确禁止交易的数据。	《重庆市大数据发展管理条例（征求意见稿）》
	市场主体合法处理数据形成的数据产品和服务，可以依法交易，但是具有下列情形之一的除外： （一）交易的数据产品和服务包含个人数据而未经相关权利人同意的； （二）交易危害国家安全、公共利益的； （三）法律、法规规定禁止交易的其他情形。	《深圳经济特区数据条例》
交易主体	鼓励和引导数据交易当事人／主体在依法设立的大数据交易服务机构进行数据交易。	《安徽省大数据发展条例》《贵州省大数据发展应用促进条例》《山东省大数据发展促进条例（草案）》《山西省大数据发展应用促进条例》《天津市促进大数据发展应用条例》《重庆市大数据发展管理条例（征求意见稿）》

	规定内容	条例名称
交易主体	支持大数据中心、云计算中心、超算中心、灾备中心等单位和大数据企业参与电力直接交易，降低用电成本。	《安徽省大数据发展条例》
	支持数据中心全电量优先参加电力直接交易，鼓励开展风力、光伏等新能源电力交易，降低用电成本。	《山西省大数据发展应用促进条例》
	数据供方应确保交易数据获取渠道合法、权利清晰无争议，能够向数据交易服务机构提供拥有交易数据完整相关权益、数据真实性的承诺声明及交易数据收集渠道、个人数据保护政策、用户授权等证明材料。 数据需方应当对通过交易获得的数据进行安全保护，并按照与数据供方约定访问、查询、复制、使用数据。未经数据供方同意，数据需方无权将通过交易获得的数据转让给第三方。数据需方以依法交易获得的数据为基础开发的数据产品，其财产权益受法律、法规保护。	《重庆市大数据发展管理条例（征求意见稿）》
交易中介	省人民政府数据资源主管部门应当会同有关部门统筹大数据交易服务机构的设立，搭建数据要素交易平台，建立数据产权交易机制。	《安徽省大数据发展条例》
	支持各类所有制企业参与数据交易平台建设，规范数据交易平台治理，建立健全数据交易信息披露制度。	《陕西省大数据发展应用条例（征求意见稿）》
	数据流转交易平台以公共服务与营利职能为共同目标和原则，是实现全省政务数据和社会数据流转、交易、监管等全过程管理的综合信息化基础设施，提供数据的目录管理、流转交易、电子认证等服务，促进数据的统筹管理和开发应用。	《陕西省大数据发展应用条例（征求意见稿）》
	数据交易服务机构应当组织并监督数据交易、结算和交付，审核数据来源合法性。负责数据交易服务平台的建设管理，并采取必要技术手段确保数据交易安全。负责监测数据违规使用行为，制定并执行交易违规处罚规则，受理解决有关数据交易的投诉等。	《重庆市大数据发展管理条例（征求意见稿）》
交易方式	数据交易应当依法订立合同，明确数据质量、交易价格、提交方式、数据用途等内容。推行数据交易合同示范文本。	《贵州省大数据发展应用促进条例》《海南省大数据开发应用条例》

	规定内容	条例名称
交易方式	数据的流转交易采用分类分级的方式进行。鼓励并支持无条件开放共享的政务数据在数据交易平台上进行流转交易。对于有条件开放共享和不予开放共享的政务数据、社会数据，经脱敏、去标识化处理后，可以在数据交易平台上流转交易。	《陕西省大数据发展应用条例（征求意见稿）》
	建立健全数据流通、产权交易和行业自律机制。公共数据主管部门应当推动发展数据资产评估、登记结算、交易撮合、争议仲裁等市场运营体系。公共数据运行管理机构应当推动建立公共数据运营模式。	《江苏省公共数据管理办法》
	鼓励数据要素交易平台与各类金融机构、中介机构合作，形成包括权属界定、价格评估、流转交易、担保、保险等业务的综合服务体系。	《安徽省大数据发展条例》
	支持数据价值评估、数据交易技术研发和数据交易模式创新，拓宽数据交易渠道，促进数据资源高效流通。	《深圳经济特区数据条例》
交易原则	数据交易应当遵循自愿、公平、诚信原则。	《安徽省大数据发展条例》
	数据的流转交易应当遵守法律法规规定和社会公德，不得损害国家利益、社会公共利益和个人信息等合法权益。	《陕西省大数据发展应用条例（征求意见稿）》
	数据资源交易应当遵循自愿、公平和诚实信用原则，遵守法律法规，尊重社会公德，不得损害国家利益、社会公共利益和他人合法权益。	《贵州省大数据发展应用促进条例》《海南省大数据开发应用条例》《山西省大数据发展应用促进条例》
	数据要素市场主体应当遵循自愿、平等、公平和诚实守信原则开展数据交易活动，遵守法律法规和商业道德，履行数据安全保护、个人数据保护、知识产权保护等方面义务，不得损害国家利益、社会公共利益或者他人合法权益。	《重庆市大数据发展管理条例（征求意见稿）》

	规定内容	条例名称
交易原则	市场主体应当遵守公平竞争原则。 市场主体不得利用数据分析，对交易条件相同的交易相对人实施差别待遇，但是有下列情形之一的除外： （一）根据交易相对人的实际需求，且符合正当的交易习惯和行业惯例，实行不同交易条件； （二）针对新用户在合理期限内开展优惠活动； （三）基于公平、合理、无歧视的规则实施随机性交易； （四）法律、法规规定的其他情形。	《深圳经济特区数据条例（征求意见稿）》
交易规则	大数据交易平台建设单位应当制定和完善数据交易规则、信息披露规则、数据交易备案登记等管理制度。	《海南省大数据开发应用条例》
交易规则	数据交易平台应当建立安全可信、管理可控、可追溯的数据交易环境，制定数据交易、信息披露、自律监管等规则，并采取有效措施保护个人隐私、商业秘密和重要数据。	《山东省大数据发展促进条例》《深圳经济特区数据条例（征求意见稿）》
	省大数据主管部门负责指导、监督数据流转交易具体规则的制定和实施。数据流转交易的具体规则由流转交易平台根据法律法规自行制定，报省大数据主管部门备案。	《陕西省大数据发展应用条例（征求意见稿）》
交易安全	国家建立健全数据交易管理制度，规范数据交易行为，培育数据交易市场。从事数据交易中介服务的机构提供服务，应当要求数据提供方说明数据来源，审核交易双方的身份，并留存审核、交易记录。	《中华人民共和国数据安全法》
	实行数据安全责任制，保障数据全生命周期安全。数据安全责任，按照谁所有谁负责、谁持有谁负责、谁管理谁负责、谁使用谁负责、谁采集谁负责的原则确定。数据基于复制、流通、交换等同时存在多个安全责任人的，分别承担各自安全责任。	《安徽省大数据发展条例》
交易安全	数据采集、存储、清洗、开发、应用、交易、发布、服务单位应当建立数据安全防护管理制度，制定数据安全应急预案。	《天津市促进大数据发展应用条例》
	实施"数据铁笼"，规范权力行使，对公共权力、公共资源交易、公共资金等实行全过程监督。	《贵州省大数据发展应用促进条例》
	按照本条例规定开展公共数据汇聚、共享、开放、利用、交易等活动，不得通过项目建设、服务采购、招商合作等形式，变相开放和交易数据。	《重庆市大数据发展管理条例（征求意见稿）》

第五节　关于公共数据的管理部门

2023 年 3 月，中共中央、国务院印发《党和国家机构改革方案》，提出组建国家数据局，将负责协调推进数据基础制度建设，统筹数据资源整合共享和开发利用，统筹推进数字中国、数字经济、数字社会规划和建设等。作为国家最高权限的数据资源数据资源统筹利用部门，国家数据局的成立将打通数据链路，更好地实现数据整合。

地区层面，目前，在全国 31 个省、自治区、直辖市中，各地陆续新建、整合关于公共数据资源的汇集、共享、管理的职能部门，通过梳理，公共数据的管理单位 / 部门按管理级别可以分为四大类：

第一，新成立正厅级单位 11 个：由省级政府直接领导，其中，正厅级政府直属机构 5 个，正厅级政府直属事业单位 3 个，牌子加挂在现有正厅级政府部门 3 个。

第二，新成立副厅级单位 10 个：由正厅级政府部门管理，其中，副厅级部门管理机构 5 个，副厅级部门管理事业单位 5 个。

第三，新成立法定机构 1 个：海南省大数据管理局，不列入行政序列，由省政府直接管理，接受省工信厅、网信办的业务指导和监督。

第四，新建 / 整合部门处室 9 个：将公共数据管理职能纳入现有正厅级部门的相关业务处室，有的处室为新组建，有的对现有处室进行职责整合。

除此之外，全国五个计划单列市：大连、厦门、深圳、宁波、青岛，也全部新成立了大数据管理局，作为政府职能部门，由市政府直接领导，具体如下：

表5.7 31个省级地区公共数据管理部门级别分类

形式	级别	性质	主管	省级地区
新建部门	正厅级	直属机构	省级政府	山东、安徽、重庆、吉林、广西
		事业单位	省级政府	贵州、四川、内蒙古
		政府部门（加挂）	省级政府	北京、陕西、辽宁
	副厅级	事业单位	厅级部门	上海、江西、黑龙江、江苏、天津
		部管机构	厅级部门	广东、河南、浙江、云南、福建
	无	法定机构	省级政府	海南
职责整合	处室	厅级部门处室		山西、西藏、湖北、青海、河北、湖南、甘肃、宁夏、新疆

表5.8 5个计划单列市公共数据管理部门级别分类

计划单列市	大数据局	领导部门	备注
大连	大连市大数据管理局	市政府	市发改委加挂
厦门	厦门市大数据管理局	市政府	市工信局加挂
深圳	深圳市政务服务数据管理局	市政府	
宁波	宁波市大数据发展管理局	市政府	
青岛	青岛市大数据发展管理局	市政府	

第六节 关于大数据领导小组

领导小组，作为具有中国特色的议事协调机构，具有在某一时期内，针对某事项跨部门协调的领导能力。公共数据涉及区域范围内各相关职能部门、公共事业单位的数据资源整合，需建立统一的领导小组，打破数据壁垒，架起共享机制。大部分省市，伴随着信息技术的迭代发展和应用，领导小组往往会处于更替、职能转变的过程，因此存在关于公共数据管理，涉及多个领导小组的情况，比如政务公开领导小组、信息化领导小组、数字城市领导小组、大数据领导小组等等，不同领导小组关于业务指导有不同的侧重点。因此，此处领导小组按照大数据、数字城市、数字经济、政务公开的顺序进行收集。

目前，全国 31 个省、自治区、直辖市中，已有 5 个省级政府成立专门的大数据领导小组，16 个省级政府成立数字城市 / 数字政府建设相关领导小组，4 个省级政府成立数字经济领导小组，6 个省级政府沿用政务公开 / 政府信息化领导小组。

表 5.9　31 个省级地区公共数据业务领导小组

领导小组	省、自治区、直辖市	
大数据领导小组	贵州、北京、陕西、黑龙江、山西	5
数字城市 / 数字政府建设领导小组	山东、安徽、吉林、广西、重庆、内蒙古、辽宁、上海、广东、云南、福建、湖北、湖南、甘肃、宁夏、新疆	16
数字经济领导小组	浙江、青海、河北、四川	4
政务公开 / 政府信息化领导小组	河南、江西、江苏、天津、海南、西藏	6

关于领导小组的组长：

1. 福建、山西、上海、安徽 4 个地方的领导小组组长由省（市）委书记担任；

2. 北京、山东等 15 个地方领导小组的组长由省（市）长担任；

3. 其余 12 个地方的领导小组组长均由副省（市）长担任。

其中上海市实行市委书记 / 市长双组长制。

表 5.10　全国 31 个省、自治区、直辖市公共数据管理部门及领导小组总览表

	省份	管理部门	级别	行政上级	领导小组	备注
1	山东	山东省大数据局	正厅级政府直属机构	省政府	数字山东建设专项小组	省长任组长

	省份	管理部门	级别	行政上级	领导小组	备注
2	安徽	安徽省数据资源管理局	正厅级政府直属机构	省政府	"数字江淮"工作领导小组	省委书记任组长
3	重庆	重庆市大数据应用发展管理局	正厅级政府直属机构	市政府	重庆市新型智慧城市建设领导小组和市"云长制"工作协调领导小组	市长任组长
4	吉林	吉林省政务服务和数字化建设管理局	正厅级政府直属机构	省政府	"数字吉林"建设领导小组	省长任组长
5	广西	广西壮族自治区大数据发展局	正厅级政府直属机构	省政府	数字广西建设领导小组	自治区主席任组长
6	贵州	贵州省大数据发展管理局	正厅级直属事业单位	省政府	贵州省大数据发展领导小组	省长任组长
7	四川	四川省大数据中心	正厅级直属事业单位	省政府	四川省推进数字经济发展领导小组	副省长任组长
8	内蒙古	内蒙古自治区大数据发展管理局	正厅级直属事业单位	省政府	内蒙古自治区大数据发展领导小组	自治区主席任组长
9	北京	北京市大数据管理局	正厅级政府部门（经信局加挂）	省政府	北京市大数据工作推进小组	市长任组长
10	陕西	陕西省政务数据服务局	正厅级政府部门（工信厅加挂）	省政府	陕西省大数据与云计算产业发展领导小组	副省长任组长
11	辽宁	辽宁省大数据管理局	正厅级政府部门（营商局加挂）	省政府	数字辽宁建设工作领导小组	副省长任组长
12	上海	上海市大数据中心	副厅级事业单位	市政府办公厅	上海市城市数字化转型工作领导小组	市委书记、市长双组长

	省份	管理部门	级别	行政上级	领导小组	备注
13	广东	广东省政务服务数据管理局	副厅级部管机构	省政府办公厅	广东省"数字政府"改革建设工作领导小组	省长任组长
14	河南	河南省大数据管理局	副厅级部管机构	省政府办公厅	河南省政务公开与政务服务领导小组	常务副省长任组长
15	浙江	浙江省大数据发展管理局	副厅级部管机构	省政府办公厅	浙江省数字经济发展领导小组	省长任组长
16	云南	云南省数字经济局	副厅级部管机构	省发改委	建设"数字云南"领导小组	省长任组长
17	福建	福建省大数据管理局	副厅级部管机构	省发改委	数字福建建设领导小组	省委书记任组长
18	江西	江西省大数据中心	副厅级事业单位	省发改委	江西省推进政务数据共享工作领导小组	常务副省长任组长
19	黑龙江	黑龙江省政务大数据中心	副厅级事业单位	省营商环境建设监督局	黑龙江省大数据产业领导小组	省长任组长
20	江苏	江苏省大数据管理中心	副厅级事业单位	省政务服务管理办公室	江苏省信息化工作领导小组	省长任组长
21	天津	天津市大数据管理中心	副厅级事业单位	市委网信办	天津市一体化在线政务服务平台建设和管理协调小组	常务副市长任组长
22	海南	海南省大数据管理局	法定机构	省政府省工信厅、网信办进行业务指导和监督	海南省一体化在线政务服务平台建设管理协调工作领导小组	常务副省长任组长
23	山西	省大数据产业办公室	处室	山西省工业和信息化厅	山西省大数据发展领导小组	省委书记任组长

	省份	管理部门	级别	行政上级	领导小组	备注
24	西藏	数字经济发展处（政务数据服务处）	处室	西藏自治区经济和信息化厅	西藏自治区政府信息公开工作领导小组	自治区副主席任组长
25	湖北	大数据管理处（省大数据管理局）	处室	湖北省政务管理办公室	湖北省数字政府建设领导小组	省长任组长
26	青海	数字经济发展局	处室	青海省工业和信息化厅	青海省数字经济协调推进领导小组	副省长任组长
27	河北	政务数据处	处室	河北省政务服务管理办公室	河北省数字经济发展协调小组	常务副省长任组长
28	湖南	信息资源部	处室	湖南省人民政府发展研究中心	湖南省数字湖南建设领导小组	省长任组长
29	甘肃	甘肃省电子政务办公室	处室	甘肃省人民政府办公厅	甘肃省数字政府建设统筹推进领导小组	省长任组长
30	宁夏	电子政务处	处室	宁夏自治区人民政府办公厅	宁夏推进"数字政府"建设领导小组	自治区常务副主席任组长
31	新疆	信息化推进处	处室	新疆自治区工业和信息化厅	新疆自治区政务公开领导小组	自治区常务副主席任组长

第七节　我国数据交易中心（所）的建设实践

我国数据交易市场的基础框架，是伴随着数据资源开发利用工作的稳步推进而逐渐成形的。2014 年之前，我国国家信息资源开发利用工作已进行整整十年，信息资源的价值已经得到初步的重视和挖掘。2015 年，随着大数据战略正式上升为国家战略，我国正式确立了以数据为核心内容的开发利用路径，数据价值得到更为广泛的共识，数据的行业赋能效应逐渐显著。2017 年，"数字经济"首次出现在政府工作报告当中，数据进一步成为推动经济转型发展的新动力。2020 年，数据正式被列为五大生产要素之一，培育数据要素市场已经成为国家高度的全面共识，市场化配置成为数据流通领域的重点方向。数据交易是国家信息化发展战略、大数据战略、经济新常态发展等战略方向的落地支撑，是我国数字经济健康发展的重要节点性探索，也是释放数据要素新动能的关键环节。

一、发展阶段

2014 年开始，我国数据交易市场踏上行政化、规范化运营的道路。自此至今，我国数据交易中心 / 所的发展已经历三个阶段的发展：

第一阶段，井喷期（2014—2016 年）。2014 年一年，共有三家具有代表性的数据交易平台成立起来，分别是由中关村管委会主导的"中关村数海大数据交易平台"、北京市经信局主导的"北京大数据交易服务平台"、香港长城共同基金主导的"香港大数据交易所"，分别代表了行业方、政府方、资本方三方力量的共同聚焦，拉开了我国数据交易市场全面发展的序幕。在此之后，全国各地数据交易中心 / 所的筹建进城提档加速，2015、2016 两年间共宣告成立数据交易中心 / 所 16 家，呈现井喷态势。

第二阶段，冷静期（2017—2019 年）。2017 年开始，全国数据

交易中心 / 所的设立数量锐减，实际仅成立一家数据交易中心（青岛大数据交易中心），政府部门基本不再主动牵头设立数据交易平台，前一阶段设立的数据交易场所运行成效并不乐观，例如首批设立的贵阳数据交易所自 2018 年开始就不再公布交易额。究其原因，有如下三点：其一，《中华人民共和国网络安全法》于 2017 年正式开始实施，明确规定不得非法获取、提供、出售个人信息，数据的合法来源限制了数据交易的无序扩张。其二，无先行经验。学术上数据交易理论尚处于探索阶段，没有成熟的理论体系可供依赖；管理上围绕数据交易的各方面制度尚不完善，没有统一的制度体系可供支撑；实践中尚无成功的数据交易中心经验，各自为战，无法形成标杆效应。其三，进行加工清洗、分析计算、隐私保护的数据服务市场还未成型，数据质量尚无法得到保障，尚无法形成权威、安全、高质量的数据供应渠道。

第三阶段，重启期（2020 年至今）。2020 年初，中共中央、国务院发布《关于构建更加完善的要素市场化配置体制机制的意见》，其中明确提出"引导培育大数据交易市场，依法合规开展数据交易"。以此为旗号，全国各地开启了新一轮的数据交易市场的探索和建设。虽然仍未形成统一的市场规则，但在该阶段各地纷纷加快探索的步伐，涌现出更多更为成熟的数据交易模式和探索成果。山西数据交易平台主打 AI 采集标注交易一体化交易模式、北京开启开展金融公共数据授权运营专区、山东的数据交易平台采取先登记前置的交易模式，并为数据产品颁发数据产品证书、深圳开启数据要素统计核算试点，此外，湖北、湖南、天津、深圳等地都积极提出数据交易中心的建设规划。

二、市场划分

从平台性质以及主导因素两个方面考虑，可以将我国现有数据

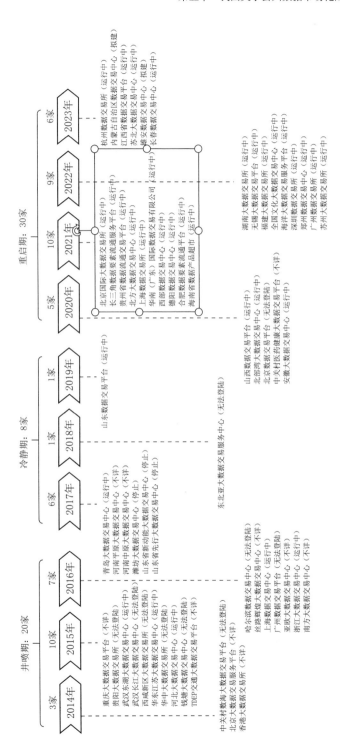

图 5.2　我国数据交易市场的发展阶段（来源：作者自制，截至 2023 年 8 月）

*数据统计截至2023年8月，出现在各类数字资产交易中心）（不含各类数字资产产交易中心）。

据不完全统计，自2014年以来，公开网站中的行政性数据交易市场共计58家，其中：

（1）运行中：33家。公开网站正常登陆，或有实际业务新闻报道。

（2）拟建：2家。从政府公开政策信息中得知拟建信息，实际情况无从知。

（3）不详/停止：13家。由于公开资料有限，目前经营状况无法了解。

（4）无法登陆：10家。曾公布过公开网站，但现已无法登陆。

主导因素

		撮合平台 （来自供方数据）	自营平台—自采自销 （来自采集数据）	自营平台— 产销一体 （来自自有数据）
商业主导	个人与个人、 个人与法人、 法人与法人	京东万象、 数据宝、 百度API商城、 阿里云API	聚合数据、 数据堂、 企查查、 天元数据、 通联数据	中国电信、 中国联通、 中国移动、 中国银联、 国家电网、 南方电网、 阿里巴巴、 腾讯
行政主导	行政采购、 行政征集	北京数据交易平台、 北京国际大数据交易所、 上海数据交易中心、 山东数据交易平台、 华中大数据交易所、 中关村数海大数据交易平台、 河北京津冀大数据交易中心	浙江大数据交易中心、 青岛大数据交易所、 东湖大数据交易所、 北部湾大数据交易中心、 贵阳大数据交易所、 华东江苏大数据交易中心	山西数据 交易平台
	分散数据交易行为 （非平台）	撮合平台 （来自供方数据）	自营平台—自采自销 （来自采集数据）	自营平台— 产销一体 （来自自有数据）

平台功能

图 5.3　我国数据交易市场的类型矩阵（来源：作者自制）

交易市场进行 4*2 的矩形划分[1]。

一方面，根据数据交易的平台功能不同，按平台功能的丰富度排序，可以分为分散数据交易行为（非平台）、撮合交易平台、自营交易平台（自采自销型）、自营交易平台（产销一体型）四类。具体而言：第一，分散数据交易行为，是指不在指定平台进行，由数据交易双方自行达成交易意向，就交易方式、标的、金额等达成共识，并进行交易的行为，广泛存在于个人之间、法人之间、个人与法人之间，同时，政府部门的单一采购数据行为、有偿或无偿的数据征集行为也归于此类。由于方式较为灵活，至今仍是数据交易体量最大的交易方式，但同时也存在着灰市／黑市交易的现象。第二，撮合交易平台，该平台数据来源为第三方外部数据，也即供方提供的数据，平台进行供需双方的信息匹配，并达成交易，例如上海数据交易中心、山东数据交易平台、京东万象、数据宝等。第

---

[1] 由于大部分数据交易平台现已无法登陆，难以穷尽所有平台现状，仅做列举说明。

三，自采自销型自营交易平台，该平台数据来源为平台方的采集数据，是指通过外部数据采集、加工分析计算形成平台方自营数据产品，例如浙江大数据交易中心、企查查、聚合数据等。第四，产销一体型自营交易平台，该平台数据来源为平台方的自有数据，平台方基本为数据密集型企业，通过业务积累形成大量数据，例如中国银联、中国电信、南方电网、山西数据交易平台（自营 AI 标注产品）等。

另一方面，根据数据交易平台的主导因素，可分为行政主导和商业主导，分别指在运营过程中主要的推动因素是由政府推动或由商业企业推动。同时也存在一种情况，部分最开始经行政宣告成立的数据交易中心／所，往往在实际运营中由商业企业进行主导，例如华东江苏大数据交易中心（数据宝）、中原大数据交易中心（浪潮）、贵阳大数据交易所（九次方）、京津冀大数据交易中心（数海科技）、长江大数据交易中心（亚信）。

三、发展特点

（一）运行概况

2014 年至今十年间，由政府部门已设立／计划设立的数据交易所或中心共有 58 家。第一，从地域范围来看，省级范围数据交易中心／所的筹建响应率达到 76%。在全国 34 个省级地区的范围内，已经有 26 个省级地区筹建过或正在筹建数据交易中心／所，还有云南、辽宁、青海、宁夏等 8 个地区从未设立过、也未有公开的设立数据交易中心／所的计划。第二，从运行成效来看，早期成立的数据交易中心／所大部分处于搁置、停运或无实际业务的状态。截至 2023 年 8 月，58 个数据交易中心／所中，处于运行中的数据交易中心／所有 33 家，其中 2020 年以后成立的仍在运行中的占 26 家。2019 年及以前成立的，仅剩 7 家还在运行，其他停止运行或无实际业务。第三，从成立形式上看，行政化数据交易市场通常由政府部门通过组织牵头、批准批复、指导设立、揭牌挂牌等形式成立。例如，上海数据交易中心由市政府批准，市经信委、商务委联合批复成立，浙江大数据交易中心由省委宣传部和省人民政府办公厅批复同意，贵阳大数据交易所、西咸新区大数据交易所、平原大数据交易中心均由政府领导揭牌。同时，数据交易中心／所的启动前期通常以先行设立的数据交易联盟为基础，形成首批交易会员，启动首笔数据交易，并在后期逐渐扩充会员单位，例如大数据交易商（贵阳）联盟、北京国际数据交易联盟、华东数据联盟、全国数据交易联盟，等等。

（二）数据产品

第一，从数据领域来看，数据交易平台上可供交易的数据涉及的领域较为分散，商业数据最主要集中在运营商数据、银行卡验证数据、企业工商数据、行业资讯数据等，基本没有政务数据主动参与交易。此外关于禁止交易的数据类型，大部分交易平台均通过负面清单的形式进行列举，均为涉及严重违法违纪的数据类别。此外，上海在此基础上，还将涉及具体个人权益、企业权益的部分数据进行列举，列入禁止清单。山西数据交易平台进一步将存在风险隐患的数据类型分为个人身份信息、个人隐私、涉黄、涉暴涉恐、政治敏感、生物特征信息等 13 个类型，对该 13 类数据按级别进行流通。

第二，从数据形势来看，平台所提供的数据产品以数据集、API 接口形式为主，其次为解决方案、数据报告、验证结果。随着信息技术的进步，以及数据安全保护方式的多样性，数据交易产品的类型从最初的单一交易数据处理结果，到数据集、数据接口、数据报告等，再到北数所开始探索采用隐私计算、区块链等手段分离数据所有权、使用权、隐私权。数据产品的表现形式更加多样，划分标准更加安全。此外，在运行中的数据交易平台全部提供数据增值服务，例如加工、清洗、计算等，数据增值服务的方式伴随着数据交易模式的逐渐成熟，正在向数据全生命周期展开服务，并将作为数据要素市场化配置生态体系中的重要环节。以上海数据交易中心为例，主要数据供应源为三大运营商、互联网企业等，提供的数据类型主要为标签类数据产品。

表 5.11　数据交易中心（所）的数据产品

序号	名称	数据领域	数据形式					增值服务
			数据集	API	解决方案	数据报告	验证结果	
1	贵阳大数据交易所	互联网、物联网、运营商、行业、政府、企业、个人		√		√		√
2	东湖大数据交易中心	气象数据、普查数据、资讯数据、标注数据	√	√	√			
3	华东江苏大数据交易中心	公安、银联、运营商		√	√			
4	浙江大数据交易中心	商业数据	√	√	√			
5	北部湾大数据交易中心	公安、金融、通信、交通、农业	√	√	√	√		√
6	北京国际大数据交易所	部委数据、科研数据、商业数据、企业数据、公共数据		√	√	√	√	
7	上海数据交易中心	金融、营销。供给方包括运营商、数据服务公司，需求方包括银行、保险公司等		√	√		√	√

序号	名称	数据领域	数据形式					增值服务
			数据集	API	解决方案	数据报告	验证结果	
8	青岛大数据交易中心	运营商、金融、工商（国家工商总局、环保局、税务、法院、互联网公示的企业相关数据）			√		√	√
9	山东数据交易平台	工商、交通、金融、大宗、媒体等	√	√	√	√		√
10	山西数据交易平台	AI 数据采集和数据标注	√	√			√	√
11	北京数据交易平台	公共数据（无条件开放）社会数据（数据堂、国信优易、北京金融大数据等提供）	√	√				√

（三）交易流程

从可查找到的各个数据交易平台的交易规则可以看出，在进行数据交易之前的实名认证环节是各数据交易中心／所的通用环节，但是，对于数据登记、合同签署、数据交付等过程，由于各个数据交易中心／所的交易模式不同、规定各有不同，仍处于探索阶段。其中，山东省推行数据产品登记制度，完成登记，是数据（产品）在山东数据交易平台上流通的前提，通过专门的登记系统上线，审核通过后颁发数据产品登记证书。北京和上海实行线上撮合，线下合同签约的方式。中国信通院等研究机构也正在探索数据交易可信电子合约的实施路径。

（四）参与主体

一个成熟的数据交易市场，至少应有五方参与者：数据供方、数据需方、平台方、服务方、监管方。各数据交易规则中对于交易主体角色的划定也都在五方参与者的范围内，且逐渐开始重视服务方（经纪方、代理方）的市场地位。关于参与者的准入门槛，各平台对于个人、外资方、数据经纪商参与平台的准入条件存在较大不同，主要在于个人身份的准入。大部分平台均要求对主体的资格进行审核，要求进行实名认证或提交企业营业执照等详细信息。但是目前审核的标准仍然较低，部分平台仅仅只要求实名即可，贵阳大数据交易所也仅仅规定了承认章程、注册资金达到500万等低限度要求，更多的还是平台的自主审核。且关于对企业数据能力的判断也没有统一的标准，北京数据交易服务平台要求按照电商的标准，符合《电子商务平台商家入驻审核规范》的标准，没有偏重数据交易的本质需要，无法从源头保障数据使用的安全和合规。

表 5.12　数据交易中心（所）的参与主体

交易中心	参与角色	参与身份
贵阳大数据交易所	自营会员、中间经纪公司	不允许个人购买，限制外资买方。
上海大数据交易中心	供应方、需求方、运营方、监管方	不允许个人
华中数据交易中心	提供方、购买方、代理人	个人、机构、企业、政府
北京数据交易服务平台	提供方、需求方、服务方	组织和个人
中关村大数据交易平台	提供方、购买方、数据代理人	法人＆自然人
山西数据交易平台	买家、供应商	个人、企业
山东数据交易平台	供方、需方	个人、单位
北京国际大数据交易所	中介服务机构	企业

四、面临的问题

（一）"两不统一"：管理不统一、规则不统一

一方面，地方政府相继成立的数据资源管理机构，行政能级有

所不同，从正厅级部门到副处级事业单位，还有法定机构等各有不同，同时管理条线比较多，分散在经信条线、发改条线、单独条线等，使得地方数据资源管理机构的职责混乱，导致地方政府的数据交易理念不一致、体系不统一，且往往缺少国家层面的顶层规划，出现垂直业务条线的管理分化。以上海市为例，关于上海市数据流通的管理就至少涉及市委网信办、市经信委、市政府办公厅三个部门。针对我国数据要素市场快速发展的态势，考虑设立全国统一的数据中台机构，统筹规划对我国数据资源的采集、利用、开放、共享、交易等过程，并打造数据产品可追溯的网络。

另一方面，各数据交易中心的交易规则往往自行起草，存在核心业务和商业模式不明确、重复建设、流通交易运营效率不高等问题。由于没有统一的交易规则、没有统一的共识方向，各数据交易场所之间彼此独立，定位不清，难以对地方数据进行汇聚整合，不利于发挥数据要素"倍增器"的作用。以湖北省为例，在统一阶段就成立了三家数据交易机构，彼此之间相互独立，至今三家交易机构均已停滞。造成这样局面的原因往往在于前期规划不清，在数据交易发展的第一波浪潮跟风而起，却并未理性提前规划。建议各地在设立数据交易所前期，积极谋划发展方向与定位，例如山西省主打自营标注数据交易、山东省主打工业数据交易等。

（二）"两不健全"：生态不健全、监管不健全

目前，全国范围内并未形成完整的、可复制推广的数据交易生态。平台参与方的身份、权益、参与程度，尚都在探索当中。现今数据交易市场上基本不缺数据需求方，缺的是优质的数据供应和精准的数据服务。全国的数据交易中心／所自设立之初，其功能定位及经营范围往往都不限于数据交易这一件事，与之同等重要，甚至更为重要的是提供数据增值服务，数据增值服务是数据交易的前提条件，也是数据交易活动的价值扩增器。但目前，数据交易服务方

的角色仍分散在各数据技术企业、互联网龙头企业中，数据交易平台往往很难集成，只有当平台的金融服务、数据服务、法律服务等完善后，市场才能有持续发展的动力。

　　针对数据交易的监管，目前分为平台的自我监管和来自第三方的外部监管两类。大多数平台仅仅只局限于自我监管，数据交易机构的监管主要是平台本身对于主体资格的审核，以及对于交易过程的提示性、保证性监管，对于数据来源、数据合规等内容，并无法做到实质监管，数据交易的外部监管尚极为缺乏。对于数据交易的外部监管，北京市作出了先一步的探索，在北京国际大数据交易所的建设过程中，要求通过接入北京市交易场所监管系统、北京市交易场所登记结算系统，纳入北京市数据跨境流动安全管理试点，实现对交易过程、资金结算的实时监测。

第六章　上海市公共数据市场化配置的基础条件、问题与法律制度现状

第一节　上海市公共数据开发利用历程

上海市政府早在2004年，就发布了《上海市政府信息公开规定》，开始了推动政府信息公开的工作。随着"政府信息公开规定"的执行，有关部门陆续收到了一些关于"数据"公开的申请。在实践中大家逐渐认识到"数据开放"和"信息公开"之间的不同。自2011年以来，上海市公共数据开发利用主要经历三个阶段，即启动阶段、探索阶段、发展阶段。

表6.1　上海市公共数据开发利用历程

年份	平台	机构	活动	政策
2011				《2011年本市政府信息公开工作要点》
2012	"上海政府数据服务网"		九个试点部门开放政府数据	
2014		市经信委信息化推进处加挂"大数据发展处"	建立了数据开放工作评估考核机制	

年份	平台	机构	活动	政策
2015	上海市政府数据服务网 2.0 版正式开通			
2016		上海数据交易中心成立		《上海市大数据发展实施意见》
2018		上海市大数据中心成立	成为国家公共信息资源开放五个试点地区之一	《上海市公共数据和一网通办管理办法》
2019	上海市公共数据开放平台正式开通运行	上海市公共数据开放专家委员会成立	首批大数据普惠金融试点	《上海市加快推进数据治理促进公共数据应用实施方案》《上海市公共数据开放暂行办法》《上海市公共数据开放分级分类指南》《公共数据资源目录工作规范》
2020		上海市公共数据标准化技术委员会成立	上海市被列为全国公共数据资源开发利用八个试点地区之一 首批公共数据开放应用试点项目签约	《上海市公共数据资源开发利用试点实施方案》《关于全面推进上海城市数字化转型的意见》
2021		上海数据交易所成立	上海大数据普惠金融应用 2.0 启动第二批公共数据开放应用试点项目	《上海市促进城市数字化转型的若干政策措施》《上海市全面推进城市数字化转型"十四五"规划》《2021 年上海市公共数据治理与应用重点工作计划》《上海市数据条例》《上海市国民经济和社会发展第十四个五年规划和二〇三五年远景目标纲要》
2022		上海数据集团成立		《2022 年上海市公共数据开放重点工作安排》《上海市公共数据开放实施细则》

续　表

年份	平台	机构	活动	政策
2022		上海数据集团成立		《上海市公共数据异议核实与处理管理办法》 《中国（上海）自由贸易试验区临港新片区公共数据管理办法（试行）》
2023			沪港合作开放数据竞赛	《上海市公共数据开放2023年度重点工作安排》 《上海市公共数据共享实施办法（试行）》 《立足数字经济新赛道推动数据要素产业创新发展行动方案（2023—2025年）》

一、启动阶段（2011—2015）

2011年4月1日，上海市发布的《2011年本市政府信息公开工作要点》明确提出"推动基础政务数据信息公开""初步构建全市性政府信息公开工作平台"，由此拉开了探索"数据开放"的序幕。2012年，上海市确定包括交通委、商务委、卫健委在内的九个试点部门开放政府数据，并建设了我国内地首个地方政府数据开放平台"上海政府数据服务网（https://data.sh.gov.cn/）"，正式开始政府主动"数据开放"的实践探索。2015年，上海市政府数据服务网2.0版开通，开放内容覆盖各部门主要业务范围，涵盖经济、环境、教育、交通、安全、文化、卫生等11个重点领域，累计开放数据资源共470项。

随着"数据开放"实践深入，涉及数据资源越来越多，需要协调的任务越来越重。2014年上海市在经信委信息化推进处加挂"大数据发展处"，专门负责具体推进政府数据公开工作。不久上海市出台了数据资源目录编制规范，并建立了数据开放工作的评估考核机制，将评估结果纳入政府信息公开工作年度考核范围。大数据发展处的挂牌，标志着上海市正式把公共数据作为全社会的资源来开发利用，意味着在认识层面就公共数据资源的价值基本已达成广泛的共识；在组织与制度安排层面，公共数据资源开发利用工作进入真正探索的阶段。

二、探索阶段（2016—2019）

上海市"数据开放"逐渐得到社会的认同，同时社会对各个数据的需求越来越多。在这样的背景下，2016 年 9 月上海市发布了《上海市大数据发展实施意见》，提出了"市场主导、政府带头；开放共享、融合创新；安全规范、繁荣有序"的基本原则，进一步明确了加快推进政务数据共享开放的目的、路径、核心任务、安全保障等，为加快推进政务数据共享开放注入了新的动能，并提出了加强公共数据资源治理的呼声和要求。

2018 年，上海成为国家公共信息资源开放五个试点地区之一。2018 年 4 月上海市成立上海市大数据中心，由此拉开了公共数据资源开发利用的全面试点的帷幕，初步形成了全市各委办局参与的治理结构。2019 年上海市发布了《上海市加快推进数据治理促进公共数据应用实施方案》的通知，提出了公共数据统一归集、按需共享、建设平台、主题数据库建设的工作目标。2019 年 9 月《上海市公共数据开放暂行办法》的发布，是上海市公共数据开发利用试点的重要里程碑。该办法形成了整体性治理的体系和运行机制，为持续推进公共数据资源开发利用奠定了坚实的基础。

2019 年 12 月 23 日，上海市金融工作局、市经济和信息化委员会、上海市银保监局、市大数据中心共同主办了"上海市公共数据开放普惠金融应用签约暨上线仪式"。上海市政府 8 个部门与 4 家银行签署了《上海市公共数据开放普惠金融应用数据利用协议》。作为上海市公共数据开放的首个行业应用，8 家政府部门首批提供了与普惠金融相关度较高的 300 多个数据项，提供了纳税、社保缴纳、住房公积金、市场监管、发明专利、科创企业认定、环保处罚、商标、司法判决等信息。通过市大数据中心集中面向商业银行开放，打通了政府和银行间信息壁垒，不仅为商业银行进一步丰富和创新普惠金融信贷产品体系、加大信贷投放力度提供支撑，还为一部分难以获得传统金融机构服务的中小微企业提供了获得信贷的机会。普惠金融已成为上海市公共数据资源面向行业、具有规模化开发利用的首个应用场景，在公共数据资源开发利用发展进程中必将成为具有里程碑式的事件，具有重要的历史意义，也标志着上海市公共数据资源开发利用进入正式的发展阶段。

三、发展阶段（2020 年至今）

2020 年 8 月，国务院办公厅印发了《公共数据资源开发利用试点方案》，将上海市列为全国八个试点地区之一。从此，上海市公共数据资源开发利用工作正式纳入了国家层面的行动方案中。上海市委网信办、市政府办公厅会同相关部门和单位，研究制定并发布了《上海市公共数据资源开发利用试点实施方案（征求意见稿）》。尽管上海经历了近十年的发展，在公共数据资源开发利用方面已有所突破，但发展逐步进入深水区后发现，数据资源的开发利用对政府各部门在体制机制、责任意识、综合能力等方面均提出了更高要求。

《2021 年上海市公共数据治理与应用重点工作计划》进一步拓展数据归集面。围绕权责清单和政务服务事项清单，从需求侧和供给侧两方面，进一步推动交通、医疗、金融、教育、水电气公共事业等行业数据归集，实现公共数据"应归尽归"。依托本市数据运营机制，探索政府统一购买社会数据的模式，采购一批具有高频共性需求的社会数据，促进公共数据和社会数据融合治理、融合运用。

2022 年，《2022 年上海市公共数据开放重点工作安排》从开放机制、开放质量、开放平台、应用场景四大方面确立了 15 项重点任务，在该阶段，公共数据开放与开发利用示范项目的建设和推广成为重点及特色之一。

到 2023 年，《上海市公共数据开放 2023 年度重点工作安排》进一步确定了公共数据的开放重点，函告普惠金融数据、综合库数据、体育场馆数据、医疗保险数据、医药数据等十大重点开放数据领域。

总之，十多年来上海市公共数据开发利用工作经历了从启动阶段到发展阶段，在数据资源归集与管理平台、治理结构和治理机制、共享与开放服务、开发利用价值链的培育等诸方面不断完善，形成了有特色的体系和经验。当前，这项工作正进入快速发展阶段，在助力上海市城市数字化转型的道路上将不断发挥数字资源要素的优势，赋能上海市公共服务、社会治理能力的现代化和智能化，赋能各行业的创新与转型发展。

第二节　上海市公共数据市场化配置的基础条件

一、管理结构上，已组建了"一中心、双牵头、多方支撑"的四层管理体系

目前，上海市针对公共数据的管理部门可分为四类，即指导部门、协调部门、业务部门、支持部门。

首先，由于涉及统筹全市各级部门的数据资源，需要由特定

表 6.2 上海市公共数据开放年度工作计划

	2018 年	2019 年	2020 年	2021 年	2022 年	2023 年
总体目标	打造统一的数据开放平台，促进政企数据融合和创新应用，探索开放创新模式。	探索分级分类开放模式，推进多元主体合作交流，开放重点领域公共数据。	落实分级分类、清单管理、专家议事等机制。开放重点领域公共数据。打造政企数据融合示范应用项目。	落实分级分类、清单管理、专家议事等机制，培育一批数据授权运营主体，建立健全场景规划—开放数据—创新应用的机制，推进完善数据配置要素市场化配置机制。	制定公共数据开放细则，优化完善清单开放、分级分类开放、协议开放等工作机制。开放服务质量有效提升。开放渠道安全有保障。融合应用创新成效显著。	开放机制更加完善。数据质量更高水平。赋能成效更加显著。服务能力更加高效。
重点工作任务	1. 建立统一的市区两级数据开放平台。2. 明确开放范围，加强数据质量管理。3. 探索分级分类开放模式。	1. 完善政策保障。2. 建立健全分级分类开放机制和清单管理机制。3. 重点开放普惠金融、交通出行、医疗健康、文化旅游领域的公共数据。	1. 重点开放防疫复工、卫生健康、交通出行、文化教育信用服务、商业服务普惠金融等七个领域的公共数据。2. 落实完善开放数据与信息化项目预算审核挂钩制度，分级分类开放机制，有条件开放机制。	1. 优化公共数据供给，探索数据与社会数据的融合应用。创新金融科技，支持中小微企业贷款。2. 实施数据质量提优工程。	1. 优化公共数据开放机制。2. 提升公共数据质量。	1. 优化清单开放机制。2. 持续开展分级分类开放。3. 推动公共数据上链，数据编目清单与上链数据协同。4. 研究建立完善重点场景、重点主体联合开放机制。

续　表

	2018年	2019年	2020年	2021年	2022年	2023年
重点工作任务	3. 采用政府购买服务模式引入第三方机构的市场化力量，形成数据资源开放利用典型应用案例，探索区域性公共数据资源社会化开发利用 4. 制定公共数据资源开放管理办法、开放工作标准规范体系、开放试点绩效评估工作等配套制度规范 5. 建立开放安全风险评估制度，建立健全保密审查机制，加强全保障机制，加强服务质量。	4. 建设完善公共数据开放平台 5. 建立公共数据专家委员会机制，开放绩效评估和应用成效评估体系等配套制度规范 6. 建立公共数据安全管理机制，开放应急安全管理办法、管理制度和日志监管机制，加强安全监管风险预警 7. 打造公共数据开放生态	3. 鼓励政企数据融合，建设重点领域公共数据应用，开展重点公共数据开放应用试点项目征集，推进行业数据价值挖掘，打造标杆示范应用 4. 提升平台功能，加强服务保障 5. 加强数据安全和隐私保护	3. 实施数据赋能工程 4. 实施数据开放创新工程，试点开展公共数据开放运营、数据经纪服务等新模式试点 5. 实施数据标准化推进工程 6. 实施开放数据生态培育工程 7. 实施公共数据服务再造工程	3. 加快开放平台功能迭代 4. 创新公共数据应用场景	5. 设立公共数据开放咨询服务点。 6. 探索建立公共数据开放运营机制。 7. 开展品牌数据建设。 8. 开展公共数据开放与开发利用示范项目建设。 9. 优化开放数据质量。 10. 优化完善公共数据开放平台功能。 11. 加强政企数据融合开放安全保障。 12. 加强工作培训。
工作要求	加强组织保障，完善资金保障，提升服务质量。	加强组织协调机制，重视社会公众互动，提升开放数据质量，安全保障和风险防控。	加强组织保障，发挥专家委咨询建议作用，开展互动交流，加强评估考核，加强工作培训。	加强组织保障，开展互动交流，加强评估考核，加强工作培训。	加强组织保障，开展项目示范，加强评估考核，加强培训宣贯。	加强组织保障，开展交流互动，加强评估考核，加强工作培训。

顶层机构就该事项进行整体引导，安排具体部门的分工，指导业务发展方向。目前上海市已经成立了市委市政府双牵头的"上海市城市化转型领导小组"、市政府牵头的"上海市推进'一网通办'改革和政务公开领导小组"。上海市城市化转型领导小组主要聚焦于城市数字化转型方向、发展要素市场方向，对公共数据作为城市数据底座的重要组成部分进行宏观调控。上海市推进"一网通办"改革和政务公开领导小组则聚焦"一网通办"改革和政务信息公开，对公共数据作为提升政务服务能力的主要举措进行宏观调控。

其次，市经信委和市政府办公厅作为公共数据的主要协调部门，是在指导部门的规划下，统筹协调市级政府部门及区级政府的公共数据资源，二者具体工作分工有所不同。市政府办公厅"负责统筹规划、综合协调全市数据发展和管理工作，推进、指导、监督全市公共数据工作"。更加聚焦于公共数据工作的整体规划。市经信委"负责协调推进本市公共数据开放、社会经济各领域数据开发应用和产业发展，统筹推进信息基础设施建设、推动产业数字化、数字产业化等工作"。更加聚焦于数据生命周期的开发应用及市场化流通阶段管理。

再次，上海市大数据中心作为上海市政府办公厅下设的副厅级事业单位，"1+16"的市区两级大数据中心及大数据资源平台，承担了全市公共数据工作的"伞骨架"功能，为公共数据的归集提供了统一的汇聚通道和垂直的管理。此外，《上海市数据条例》首次明确，市大数据中心还具体承担推动数据的融合应用的工作，作为推动公共数据与社会数据的融合应用的主要落实部门。

最后，根据上海市的统一部署，其他职能部门在各自职责范围内履行相关职责，对公共数据的管理、应用、流通起到支撑作用。具体而言，市发改委负责统筹数字新型基础设施规划建设和数字经济发展，市网信办负责统筹协调网络数据安全和相关监管工作；市公安、国家安全机关承担数据安全监管职责；市财政、人力资源社会保障、市场监管、统计、物价等部门在各自职责范围内履行相关职责。

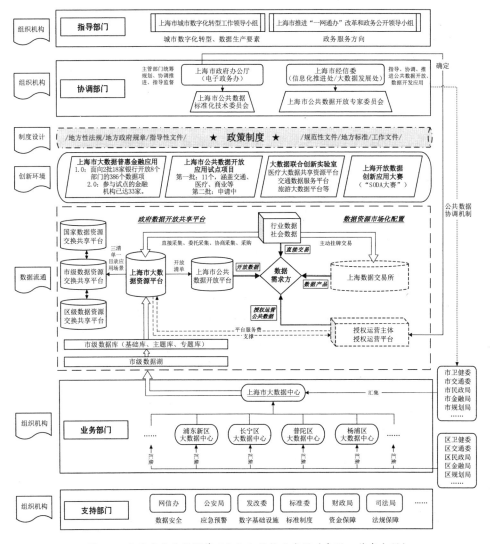

图 6.1　上海市公共数据管理与组织结构示意图（来源：作者自制）

二、制度内容上，已形成"综合性、专门性、保障性"的三类政策支撑

上海市关于公共数据的政策制度可分为三个层级，具体而言：一是综合类，主要是市委、市政府关于城市整体规划、城市数字化转型等方面的政策文件，其中对于公共数据的开放共享、开发利用、交易流通等内容作出了指导性规定，《上海市数据条例》作为上海市数据领域的唯一综合性地方法规，公共数据相关内容在其中占据较大比重。二是专门类，目前上海市围绕公共数据的专门性政策，有两部政府规章（2018 年市政府 9 号令、2019 年市政府 21 号令），此外还有公共数据分级分类指南、三清单一目录管理标准等地方标准，专门针对公共数据的采集、开放、管理作出具体规定。三是保障类，主要来自市经信委，包括年度公共数据开放工作计划、年度大数据创新实验室申报、年度公共数据开发利用应用试点申报等，用以构建公共数据开发利用的创新环境。

三、平台结构上，已初步搭成"资源平台＋授权运营＋交易所"的多维数据循环架构

（一）上海市大数据资源平台

《上海市数据条例》明确指出："市大数据资源平台和区大数据资源分平台是本市依托电子政务云实施全市公共数据归集、整合、共享、开放、运营的统一基础设施，由市大数据中心负责统一规划。"上海市大数据资源平台包括基础软硬件环境、市级数据湖、市级数据库、公共数据资源目录管理系统、数据共享交换子系统、数据治理子系统、数据管理子系统、大数据综合应用子系统、数据开放子系统、大数据资源平台统一集成门户、标准规范体系等组成

部分。

2018 年，《上海市公共数据和一网通办管理办法》明确提出建设上海市大数据资源平台，同年成立上海市大数据中心，具体负责平台建设。经过政府采购招投标流程，确定由南洋万邦负责上海市大数据资源平台总集成，建设包括市级数据库、数据管理子系统、功能扩展、综合应用等功能的全市统一的大数据资源平台，并持续负责数据治理和数据开放运营等服务至今。由万达信息、普元信息、东方通泰、中信信息、星环科技五家企业负责建设上海市数据共享交换平台，包括总集成及部分应用开发、数据治理子系统、数据共享交换子系统、数据质量监管及支撑子系统、大数据支撑管理子系统。2019 年，已建成 1 个市级和 16 个区级数据共享交换平台，并上线上海市公共数据开放平台。

目前，经历了近几年的发展，现已基本建成"城市大数据枢纽"，逐步稳固城市数据底座。上海市依托大数据资源平台建立了四大基础库（自然人、法人、空间地理、电子证照）、主题库（市场监管、公共安全、公共信用等）、专题库（结婚、死亡、地名等）。数据湖归集数据 658.59 亿条，跨部门数据共享调用 65.33 亿次，跨层级数据交换 244.28 亿条，数据总容量超 100 TB。同时，通过上海市公共数据开放平台已开放了 49 个部门的 5000 多个数据集、46 个数据应用、4 万多个数据项[1]，计划到 2025 年，开放公共数据规模将超过 15 亿条。[2]

（二）公共数据授权运营

上海市提出建立公共数据授权运营机制：被授权运营主体在授

---

[1] 上海市经信委网站，【政协】对市政协十三届四次会议第 0870 号提案的答复，http://sheitc.sh.gov.cn/rddbta/20210917/e07aa92968404cc1891518c31d59ad0d.html。
[2]《上海市国民经济和社会发展第十四个五年规划和二〇三五年远景目标纲要》，2021 年 1 月 27 日上海市第十五届人民代表大会第五次会议批准。

权范围内，依托统一规划的公共数据运营平台，实施数据开发利用，并提供数据产品和服务，通过公共数据授权运营形成的数据产品和服务，可以依托公共数据运营平台进行交易撮合、合同签订、业务结算等。该机制目前尚未对外上线，其落地需要一系列制度方面的完善，诸如授权主体、授权条件、程序、数据范围、运营平台的服务和使用机制、运营行为规范，以及运营评价和退出情形等内容。

（三）上海数据交易所

2021 年 11 月 25 日，上海数据交易所揭牌并启动全数字化交易系统，当天受理挂牌和完成挂牌的数据产品约 100 个，涉及金融、交通、通信等八大类，首批签约的数商单位包括央企、地方国企、民企及外企等。其中首单交易是由上海电力和工商银行达成"企业电智绘"数据产品，基于授权后的企业用电数据分析，提供企业用电行为、用电缴费、用电水平、用电趋势等方面的数据产品，为银行在信贷、反欺诈等方面提供参考。上海数据交易所具备准公共服务能力，不触碰数据、资金、交易，扮演"裁判员"的角色，处理数据产品登记、挂牌、评估、结算等业务。基于此，未来，上海市数据交易市场的完善还需要不同行业、区域数据交易分平台的共同完善。

四、应用环境上，已打造"试点＋大赛＋实验室"的开发利用创新环境

上海市依托大数据资源平台，持续鼓励社会主体对公共数据的开发利用，通过多渠道充分探索公共数据价值发挥的途径，为数据生产要素进行市场化配置打开突破口。根据 2021 年全球人工智能大会公布的数据显示，上海针对公共数据的开发利用，已打造 8 个标杆项目，普惠金融放贷 700 亿元，11 个领域大数据联合创新实

验室汇聚 1000 亿条行业数据，访问量达 9900 万人次。上海数据交易中心打造的中国开放数据平台汇聚超过 1 万个高质量数据集，全国 18 个省公共数据 100000 个开放数据集，以及人工智能行业 2000 余个高质量开放数据集，以及覆盖五大领域超过 100 个可流通算法集。[1]

（一）大数据普惠金融应用试点稳步推进

2019 年 12 月，上海市公共数据开放的首个应用——大数据普惠金融应用正式上线运行。首批数据提供部门有 8 家，分别为市科委、市人社局、市规划资源局、市生态环境局、市住建委、市市场监管局、市税务局、市高级法院。经委办局与试点单位前期的充分沟通，确定首批提供的 300 多个数据项，并由市大数据中心与首批四家试点银行：建设银行上海市分行、交通银行上海市分行、浦发银行上海分行、上海银行签署了《上海市公共数据开放普惠金融应用数据利用协议》。银行获取数据后，可以依靠大数据分析、建模等方式，助力描绘中小微企业的"精准画像"，缓解银企间信息不对称，从而加大信贷投放精度和力度。2020 年 3 月，第二批 14 家银行也正式签约入场，截至 2020 年年末，18 家试点银行服务企业户数突破 3.4 万户，数据调用约 130 万次，为超过 500 亿元贷款提供数据支撑。[2] 2021 年 5 月，大数据普惠金融应用 2.0 版本正式启动，首次实现了涉农管理、民政管理等公共数据向金融机构开放，从参与的机构类型看，2.0 版本进一步增加了参与银行的范围，新增了上海华瑞银行等 9 家银行，参与银行机构拓展到 27 家。同时，支持金融市场和保险机构参与，截至目前，参与试点的金融机构已

[1]《上海蝉联全球重要城市开放数据冠军，已开放 5000 余项公共数据》，界面新闻，2021 年 7 月 10 日，2021-07-10，https://www.jiemian.com/article/6342637.html。
[2] 上海市经信委官方网站，【政协】对市政协十三届四次会议第 0081 号提案的答复，http://sheitc.sh.gov.cn/rddbta/20210910/2f34c3912dcc4e49a8ba567e5ffad978.html。

达 33 家。

（二）公共数据开发利用试点范围逐步铺开

在首个普惠金融应用的基础上，2020 年 4 月，上海市经信委启动征集第一批公共数据开放应用试点项目，旨在打造一批示范案例，引导各类社会主体参与公共数据开放应用，经申请审核，最终形成首批普惠金融、商业服务、智能交通等多个产业共 11 个公共数据开放应用试点项目建设。例如，"知了背调"利用上海市经信委、公安局、人社局、卫健委、民政局等政府部门数据，充分利用在职业信用服务方面的已有系统积累，开发并完善了流动人口职业信用风险管理平台；汇纳科技本身拥有全国商业地产的客流、POI等数据，通过此次项目，引入交通、处罚、环保、天气、建设项目、商业、消防、监督公示、电力等公共数据，可对其实体商业大数据服务平台提升数据维度的丰富性，提高数据分析的准确性。2021 年 6 月，上海市已开启征集第二批公共数据开放与开发利用试点项目。

（三）行业数据资源整合加快释放数据红利

2018 年，上海市启动首批大数据联合创新实验室建设，覆盖金融、医疗、旅游、交通、能源、城市管理、开放数据七大领域，至今已进行三批实验室建设。因公共数据和社会数据的来源相对独立，融合渠道较为封闭，大数据联合创新实验室着力于加强多源数据汇聚融合，对海量行业与政务数据进行分析与利用，打造出产业示范创新应用。以国家电网上海电力公司牵头的能源领域大数据联合实验室，运用大数据技术构建上海地方行业生产强度指数，在一定程度上提前预警行业景气的变化。由财联社、国泰君安证券、嘉实基金、华为、上海交通大学五方联合共建的金融联合创新实验室，推动各类金融数据在满足法律和金融行业数据安全要求的前提下对社会开放，推动金融领域的产业创新，辅助投资决策及风险防控。上海市临汾街道"社区大脑"的综合管理平台，整合的社区数据，可以实时了解街道上非机动车的停放情况、井盖报警情况、消防出口报警情况、公共区域人群密度、电梯运行情况、食品药品安全情况以及河流水质数据。

（四）创新应用大赛助力数据应用项目落地

上海市从 2015 年开始举办"上海开放数据创新应用大赛"（也即"SODA"大赛）。吸引了来自全球的近 5000 个团队参加，催生出一批针对城市问题的创新应用，吸引社会资金投入，辅以项目孵化条件，并对社会各界普及了公共数据资源开发利用的理念。

第三节　上海市公共数据市场化配置面临的
关键问题与成因

一、从数据来源方面，公共数据供应渠道有待有序扩容

首批上海市公共数据资源开发利用主要针对普惠金融、医疗健康、智联交通、商业服务、社会系统服务五个领域，目前进行中的第二批主要针对金融服务、社会信用服务、就医服务、智联交通、智慧文旅、贸易便利化六个领域。公共数据开发利用还是处于向特定行业、特定企业开放的试点阶段，缺乏更大范围的数据供应、流通渠道、应用场景等。

公共数据流通渠道较窄主要原因在于：第一，缺乏优质数据供应方及数据服务方。首批公共数据的供应方主要是参与试点的八家委办局，且主要依靠行政力量进行汇聚流通。但若单纯依靠部分行政控制，会极大地限制公共数据开发利用工作的深入开展，公共数据流通和服务需要更多委办局的主动参与，以及第三

方服务商的加入，提供包括数据质量改进、价值评估、流通与交易撮合等第三方的增值服务，才能减少数据流通过程中的信息不对称，促进整个产业的发展壮大。第二，市场化配置机制尚未成型。当前，公共数据的流通仍仅限于共享、开放、开发利用试点，并未开启专门的数据交易渠道，公共数据授权运营、国企数据产品进场、重点领域数据资产化等方面也尚处于探索阶段，完善的市场化配置尚未成型。政府在公共数据资源开发利用方面起到了主导作用，在发挥市场配置机制方面还有很多的工作需要完善。

二、从数据质量方面，公共数据初始质量水平有待加强

数据质量决定数据价值，当前公共数据普遍存在质量不佳的状况，严重影响了公共数据资源的价值开发。当前可供开发利用的公共数据只是政府各行政部门从业务系统产生的，在数据的准确性、一致性、可加工性等方面，这些数据达不到数据资源开发利用的标准。其原因包括两个方面：一是有些政府部门内部动力不足。数据提供方对数据质量的责任心与积极性不高，没有对于数据质量的统一标准，也没有对于数据加工、清洗的高质量要求。在部分单位内部，数据只是系统支撑业务功能而衍生的副产品，因此忽略了数据管理，公共数据的质量普遍不高。二是尚未形成数据质量反馈闭环。目前，上海市公共数据资源开放利用的数据质量仍限于"给什么，用什么"的阶段，需求方的诉求有时存在无法触达、无法满足的情况，部门之间关于数据情况的沟通机制尚存在于个人与个人之间的沟通，无法及时、准确地作用于数据采集侧。从应用方、需求方的角度提出提升数据质量的要求，并反馈给数据提供方，可以不断地改进公共数据质量。

三、从数据管理方面，公共数据管理机构层级有待提高

目前，上海市关于公共数据开发利用的管理由市政府办公厅和市经信委双线进行，虽然责权划分已经有所区分，市政府办公厅更加注重公共数据生命周期的前端，市经信委更加注重公共数据生命周期的后端，一旦公共数据打通市场化配置道路，就容易出现权力重叠、部门利益协调的问题。另外，虽然上海市成立"政务公开与'互联网＋政务服务'"领导小组、上海市城市数字化转型工作领导小组，均涉及对数据资源的顶层指导，但是两个领导小组各有侧重，并非针对数据的中台型管理机构。

目前，全国 31 个省、自治区、直辖市中，各地陆续新建专门针对公共数据资源的汇集、共享、管理的职能部门。其中，新成立正厅级单位 11 个，由省级政府直接领导，包括直属机构（例如安徽省数据资源管理局）、直属事业单位（例如四川省大数据中心）、加挂政府部门（例如北京市大数据管理局）等形式。新成立副厅级单位 10 个，由正厅级政府部门管理，包括部管机构（例如河南省大数据管理局）、事业单位（例如上海市大数据中心）。上海市大数据中心属于市政府办公厅直属的副厅级事业单位，相比于 11 个厅级省政府直属部门和单位，其管理能级相对较低，自主协调数据的能力相对较弱。

四、从流通方式方面，数据流通技术解决方案有待成熟

公共数据共享、开放和开发利用进一步加大了公共数据安全保障和个人隐私数据保护的难度，也对完善公共数据的风险规制提出了更高的要求。技术解决方案有助于实现数据流通过程中的"数据可用不可见"原则。目前，技术欠缺阻碍公共数据价值发挥的关键因素，一方面在于数据服务商的参与度不足，另一方面是隐私计算

等技术方案，在公共数据市场化配置领域的落地应用还没有成熟案例，数据匿名化能否切实充分保护用户的隐私信息仍存在争议。

第四节　上海市公共数据市场化配置的法律制度现状

一、制度层级

虽然关于公共数据的规定，分散在人大、市委、市政府、市府办、市经信委、市发改委等各个条线（见表6.3、图6.2），人大、市委、市政府条线主要从城市发展规划角度，对于公共数据构建城市数据底座作指导性规定，市府办、市经信委主要从具体工作的落实进行保障性和专门性的规定。目前上海市关于公共数据的专门法规，一个是关于公共数据与一网通办改革，另一个是关于公共数据开放，且均为地方政府规章。具体到公共数据市场化配置，目前尚未有专门性的地方性法规。

表6.3　上海市公共数据市场化配置相关制度体系梳理

机构	年份	制度名称	层级	类别	政策重点
市人大及常委会	2021	《上海市数据条例》	地方性法规	综合性	综合性数据法规
	2021	《上海市国民经济和社会发展第十四个五年规划和二〇三五年远景目标纲要》	指导性文件	综合性	提高数字化治理水平，深化多源数据汇聚共享
市委	2020	《关于全面推进上海城市数字化转型的意见》	指导性文件	综合性	推动公共数据和社会数据更大范围、更深层次开放共享，完善城市数据资源体系
	2019	《上海市加快推进数据治理促进公共数据应用实施方案》	指导性文件	专门性	建设大数据资源平台，梳理三清单一目录

机构	年份	制度名称	层级	类别	政策重点
市政府	2021	《上海市公共资源交易管理办法》	地方政府规章	综合性	鼓励社会关注度高、有利于提升要素流动效率和效益、可以运用市场化方式配置的数据列入交易目录
	2019	《上海市公共数据开放暂行办法》	地方政府规章	专门性	国内首部针对公共数据开放的地方政府规章
	2018	《上海市公共数据和一网通办管理办法》	地方政府规章	专门性	对公共数据采集、整合、共享、开放、应用、安全等作出全面规范
市政府办公厅	2023	《上海市公共数据共享实施办法（试行）》	指导性文件	综合性	深化公共数据规范治理和共享应用
	2023	《立足数字经济新赛道推动数据要素产业创新发展行动方案（2023—2025 年）》	指导性文件	综合性	促进公共数据开放共享
	2021	《上海市全面推进城市数字化转型"十四五"规划》	指导性文件	综合性	构建城市数据中枢体系：支持建设行业数据综合运营中心，探索实施公共数据授权运营、收益共享，构建社会数据流通服务基础设施
	2021	《2021 年上海市公共数据治理与应用重点工作计划》	工作文件	保障性	探索通过市场化方式引入水电气、运营商及互联网企业等数据
	2021	《公共数据安全分级指南》	地方标准	专门性	制定中
	2021	《公共数据开发利用多方安全计算技术规范》	地方标准	专门性	制定中
	2021	《公共数据质量指标及评价规范》	地方标准	专门性	制定中

机构	年份	制度名称	层级	类别	政策重点
市政府办公厅	2020	《公共数据"三清单"管理规范》	地方标准	专门性	指导各区、各部门"三清单"编制，共享需求的梳理，共享责任落实
	2020	《公共数据资源目录工作规范》	地方标准	专门性	对目录体系制定统一规范标准
市经信委	2019	《上海市公共数据开放分级分类指南（试行）》	规范性文件	专门性	开放类别、主体维度、分级分类流程……
	2022	《上海市公共数据开放实施细则》	规范性文件	专门性	数据开放、数据获取、开放平台等
	2023	《上海市公共数据开放2023年度重点工作安排》	工作文件	保障性	开放计划
	2022	《2022年上海市公共数据开放重点工作安排》	工作文件	保障性	开放计划
	2020	《上海市公共数据资源开放2020年度工作计划》	工作文件	保障性	开放计划
	2019	《上海市公共数据资源开放2019年度工作计划》	工作文件	保障性	开放计划
	2018	《上海市公共数据资源开放2018年度工作计划》	工作文件	保障性	开放计划
	2021	《关于开展2021年度上海市大数据联合创新实验室申报工作的通知》	工作文件	保障性	大数据联合创新实验室
	2019	《关于开展2019年度上海市大数据联合创新实验室申报工作的通知》	工作文件	保障性	大数据联合创新实验室

续　表

机构	年份	制度名称	层级	类别	政策重点
市经信委	2018	《关于开展 2018 年度上海市大数据联合创新实验室试点申报工作的通知》	工作文件	保障性	大数据联合创新实验室
	2021	《关于征集本市第二批公共数据开放与开发利用试点项目的通知》	工作文件	保障性	开发利用试点项目
	2020	《关于征集本市公共数据开放应用试点项目的通知》	工作文件	保障性	开发利用试点项目
市发改委	2021	《上海市促进城市数字化转型的若干政策措施》	规范性文件	综合性	探索公共数据授权运营制度。按次付费、成本弥补。
	2021	《上海深化公共资源"一网交易"改革三年行动方案（2021—2023 年）》	规范性文件	综合性	数据交易专项行动

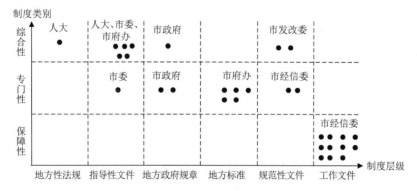

图 6.2　上海市公共数据市场化配置制度层级及类别（来源：作者自制）

二、制度内容

笔者详细梳理了上海市关于公共数据市场化配置的法律制度，

见表 6.4，表格对公共数据市场化配置涉及的行为环节分为 11 个类别，分别为：数据采集、数据加工、数据管理、数据共享、数据开放、开发利用、数据确权、资产评估、交易流通、监督考核、数据安全。

对涉及公共数据市场化配置的该 11 类环节，分别从行为主体、行为原则、引导性规定、责任性规定、禁止性规定五大方面进行归纳整。

其中，引导性规定是指就该类行为的指引条款，包含"鼓励、引导、可以"等描述；责任性规定是指就该类行为的义务条款，包含"应当、负责、承担"等描述；禁止性规定指该各类行为的红线条款，包含"禁止、不得、未经"等描述。经过归纳整理发现，上海市相关制度内容目前以责任性规定为主，较多地分布在数据采集、数据管理、数据共享、数据开放、监督考核、数据安全方面。另外，引导性规定较多的分布在数据采集、数据开放、开发利用、资产评估、交易流通方面，禁止性规定较多的分布在数据采集、数据共享、数据开放、交易流通。

（一）关于数据采集

制度条文已经确定了政府部门可以获得数据的五种方式，即直接采集、委托采集、协商采集、购买社会数据、征集应急数据。其中，公共管理和服务机构的数据归集要求为："本市国家机关、事业单位以及经依法授权具有管理公共事务职能的组织应当及时向大数据资源平台归集公共数据。其他公共管理和服务机构的公共数据可以按照逻辑集中、物理分散的方式实施归集，但具有公共管理和服务应用需求的公共数据应当向大数据资源平台归集。"此外，政府统一采购社会数据的途径仍在探索过程中，目前限于高频共需数据。

（二）关于数据加工和数据管理

制度条文明确数据加工清洗的责任主要在于数据开放主体，其

表6.4　上海市公共数据市场化配置现有制度内容梳理

行为	原则	主体	引导性规定	责任规定	禁止性规定
数据采集	合法、必要、适度 一次采集、共享使用 一源一数、一源多用	公共管理和服务机构	√ 直接采集、委托第三方机构采集、协商采集。 √ 可以采购非公共数据（为履职需要）。 √ 探索政府统一购买社会数据（高频共需）。 √ 其他公共数据：逻辑集中、物理分散。 √ 推动公共事业等行业数据应归尽归。	• 应当取得被采集人同意（履职需要，采集非公共数据）。 • 履职过程及委托第三方收集和产生的数据，应当纳入公共数据目录。 • 应当有效告知，并取得其同意（自然人非公开数据）。	• 不得违背真实意愿取得。 ◆ 不得重复采集和归集。 ◆ 不得采用非法手段获取公共数据。
		市政府办公厅		• 负责统筹等市级非公共数据采购需求。	
		自然人、法人和非法人组织	√ 可以收集自行公开或合法公开的数据。 √ 可以通过约定等方式收集数据。	• 应提供突发事件处置工作所必需的数据。 • 被采集数据，应当配合（职责范围）。	
		区公共数据主管部门		• 负责统筹本区个性化采购需求，自行组织采购。 • 收集需要依托区有关部门收集的视频、物联网等数据量大、实时性强的公共数据。	

续 表

行为	原则	主体	引导性规定	责任性规定	禁止性规定
数据加工	按照相关技术标准和要求	数据开放主体		● 应当对开放数据进行整理、清洗、脱敏、格式转换、更新等。 ● 应当标注数据领域、数据摘要、数据项和数据格式等信息，明确数据的开放项型、开放条件和更新频率等。	
		数据处理者		● 处理涉及自然人生物识别信息的数据：应当具有特定的目的和充分的必要性，并取得自然人的单独同意，同时提供其他替代方案。	
		自然人、法人和非法人组织	√ 对其依法收集和产生的数据，可使用加工。		
数据管理	谁采集、谁负责，谁校核、谁负责，多源校核，动态更新，应编尽编	市政府办公厅		● 负责制定目录编制规范。 ● 应当建立日常公共数据管理工作监督检查机制。	
		市大数据中心		● 应当对各公共数据整合，形成数据资源池。 ● 应当开展数据治理。 ● 负责公共数据质量监管（数量、质量、更新）。 ● 应当制定公共数据分类规则和标准，采取数据生命周期差异化管理。	

续　表

行为	原则	主体	引导性规定	责任性规定	禁止性规定
数据管理	谁采集、谁负责，谁校核、谁负责，多源校核，动态更新，应编尽编	市大数据中心		• 应当对本系统公共数据进行逐项校核、确认。	
		区主管部门		• 应当承接市大数据资源平台相关公共数据的整合应用。	
		市大数据中心		• 应当建设统一的共享交换子平台。 • 建立以应用场景为基础的授权共享机制。 • 标注区划属性，无条件向各区落地返还。 • 无条件开放类：应当无条件授予访问权限。	
		市政府办公厅		• 会同市级责任部门，审核有条件共享类数据。	
数据共享	以共享为原则，不共享为例外；无偿共享；公共数据关联、最小够用	公共管理和服务机构	√ 按照共享类型分为无条件共享、授权共享和非条件共享三类。	• 应当采用请求响应的调用方式、共享公共数据。 • 采用数据拷贝或者其他调用方式的，应当征得同级公共数据和电子政务主管部门同意。 • 通过共享获得的公共数据，应当用于本单位履职需要。 • 应当建立共享数据管理机制。 • 应当明确本单位的数据责任清单、需求清单、负面清单。 • 应当明确应用场景。	• 不得重复采集。 • 不得新建共享交换通道。 • 不得拒绝其他机构提出的共享需求。 • 不得拒绝同级公共数据主管部门的共享要求。 • 不得以任何形式提供给第三方。 • 不得用于其他任何目的。

续　表

行为	原则	主体	引导性规定	责任性规定	禁止性规定
数据开放	需求导向、安全可控、分级分类、统一标准、便捷高效	市大数据中心		• 应当建设公共数据开放子平台，实现公共数据向社会统一开放。	
		市经济信息化部门	√ 引导企业、行业协会等单位依法开放自有数据，促进公共数据和非公共数据的多维度开放和融合应用。 √ 在部分领域与社会主体试点开展有偿公共数据开放服务。	• 应当建立多元化的数据合作交流机制。 • 应当以需求为导向，有序推进公共数据开放。 • 应当确定年度公共数据开放重点，应当听取行业主管部门和社会公众的意见。 • 应当建立公共数据开放专家委员会。 • 应当制定本市公共数据分级分类规则。 • 应当会同数据开放主体建立开放清单审查机制。	
		市人民政府		• 建立健全公共数据开放工作的协调机制。	
		数据开放主体	√ 无条件开放、有条件开放、不予开放。	• 应当制定本单位的数据开放清单，建立动态调整机制。 • 与民生紧密相关、社会迫切需要、商业增值潜力显著的高价值公共数据，应当优先开放。 • 应当制定相应的实施细则，并对公共数据进行分级分类，确定开放类型、开放条件和监管措施。 • 应当签订数据利用协议，并按协议通过数据下载、接口访问、数据沙箱等方式开放。	• 通过共享、协商等方式获取的公共数据不纳入本单位的数据开放清单，个人对涉及商业秘密、个人隐私，或者法律法规规定不得开放的公共数据，列入非开放类。

续　表

行为	原则	主体	引导性规定	责任性规定	禁止性规定
数据开放	需求导向、安全可控、分级分类、统一标准、便捷高效	自然人、法人和非法人组织	√ 可以通过开放平台对提出需求和意见建议。 √ 鼓励具备相应能力的企业、行业协会等专业服务机构通过开放平台提供各类数据服务。		
		市经济信息化部门	√ 推动社会主体对开放数据的创新应用和价值挖掘。	• 应当对社会或市场价值显著的公共数据利用案例进行示范展示。 • 应当对在数据技术研发、数据服务提供、数据应用实践、数据合作交流等方面有突出表现的单位和个人，按照规定给予表彰。	
开发利用	合法、正当	市政府办公厅	√ 鼓励和引导数据共享、开放、交易、合作，促进跨区域、跨行业的数据流通利用。		
		数据利用主体	√ 鼓励利用公共数据开展科技研究、咨询服务、产品开发、数据加工等活动。 √ 鼓励成果用于行政监管和公共服务。	• 应当按照数据利用协议的约定，向数据主体反馈数据利用情况。 • 利用公共数据形成数据产品、研究报告，学术论文等成果的，应当在成果中注明数据来源。	• 不得损害国家利益、社会公共利益和第三方合法权益。 • 不得超过必要的限度。

续　表

行为	原则	主体	引导性规定	责任性规定	禁止性规定
开发利用	合法、正当	数据利用主体	∨ 鼓励参与相关标准和技术规范。 ∨ 鼓励开展国际合作交流。		◆ 不超出数据利用协议限制的应用场景使用公共数据。
数据确权		自然人、法人和非法人组织	∨ 合法获取数据、享有财产权益。 ∨ 涉及其人信息数据，享有人格权益。		
		主管部门	∨ 探索构建数据资产评估指标体系。 ∨ 开展数据资产凭证试点。 ∨ 建立健全数据要素配置的统计指标体系。 ∨ 制定数据交易价格评估导则。		
资产评估		市场主体	∨ 可以依法自主定价。		
		市政府办公厅	∨ 编制授权运营数据产品和服务价格评估导则。		
		被授权运营主体	∨ 探索按一定使用次数付费、弥补数据治理成本的公共数据使用机制。		

续　表

行为	原则	主体	引导性规定	责任性规定	禁止性规定
		市经济信息化部门	√ 推动脱敏、高附加值的知识赋能数据买卖。 √ 完善数据制度性供给机制。 √ 建立数据交易目录清单与场内交易规则。 √ 探索建立国有企事业单位数据产品进场交易机制。 √ 在重点领域探索数据资产化的实施路径，并在部分企业试点。	● 应当制定非公共数据交易流通标准。	
交易流通	公平竞争	市政府办公厅		● 应当制定公共数据授权运营管理办法。 ● 应当对被授权运营主体实施日常监督管理。 ● 应当对应用场景进行合规性和安全风险等评估。	
		被授权运营主体	√ 允许医疗、交通、金融等特定领域公共数据授权特定机构进行开发利用。		

257

续表

行为	原则	主体	引导性规定	责任规定	禁止性规定
交易流通	公平竞争	自然人、法人和非法人组织	√ 鼓励和引导参与数据要素市场建设。 √ 鼓励依法通过数据交易所进行交易。 √ 合法方式获取的数据，可以依法进行交易。 √ 可以通过公共数据运营平台进行交易撮合、签订合同、业务结算等。	• 通过其他途径签订合同的，应当在公共数据运营平台备案。	◆ 不得利用数据垄断地位从事操纵市场、设置排他性合作条款等活动。 ◆ 不得滥用大数据分析等技术手段，基于个人消费数据和消费偏好设置不公平交易条件。 ◆ 不得交易未依法获得授权的个人信息。 ◆ 不得交易未经依法开放的公共数据。
监督考核		市大数据中心		• 应当制定并公布开放平台管理制度。 • 应当对开放数据质量和开放平台运行情况进行监测统计，作为考核评估的依据。 • 应当组织开展公共数据的质量监督。 • 应当对授权运营实施日常监督管理。 • 应当形成数据开放和利用行为的全程记录。	

续　表

行为	原则	主体	引导性规定	责任性规定	禁止性规定
监督考核		市经济信息化部门	√ 可以委托第三方专业机构，对本市公共数据开放工作和数据利用成效等进行评估。	• 应当对全市公共数据开放工作和应用成效进行定期评估。	
		自然人、法人和非法人组织	√ 认为开放数据存在错误、遗漏等情形，可以通过开放平台向数据开放主体提出异议。		
		市政府办公厅		• 应当对市区开展公共数据工作的成效情况定期组织考核评价。	
数据安全	数据资源开发与保护并举，统筹安全与发展，坚持创新突破与包容审慎监管并举	市大数据中心		• 应当对公共数据的传输、存储、加工等技术环节承担安全责任，并按照数据安全等级提供安全防护措施。	
		数据开放主体		• 应当对数据处理和数据开放情况进行记录。 • 应当建立有效的监管制度，对有条件开放类公共数据的利用情况进行跟踪，判断数据利用行为是否合法正当。 • 应当制定并落实与公共数据分级分类开放相适应的安全管理制度。	

续　表

行为	原则	主体	引导性规定	责任性规定	禁止性规定
数据安全	数据资源开发与保护并举，统筹安全与发展，坚持创新突破与包容审慎监管并举	市网信、公安等部门		• 应当建立本市公共数据开放的安全管理体系。 • 建立公共数据开放安全预警机制。 • 建立公共数据开放应急管理制度。	
		数据处理者		• 是数据安全责任主体。各数据处理者分别承担各自的安全责任。 • 发现风险，应当立即采取补救措施。	
		数据利用主体		• 应当按照开放平台管理制度的要求和数据利用协议的约定，在利用公共数据的过程中，采取必要的安全保障措施，并接受有关部门的监督检查。	
		自然人、法人和非法人组织	√ 认为开放数据数据侵犯其商业秘密、个人隐私等合法权益的，可以通过开放数据开放主体，并提交相关证据材料。		

应当对开放数据进行整理、清洗、脱敏、格式转换、更新等，并应当标注数据领域、数据摘要、数据项和数据格式等信息，明确数据的开放类型、开放条件和更新频率等。同时，自然人、法人、非法人组织对其依法获取的数据，可以加工处理。数据管理主要包含分级分类和质量管理两部分，规定了分级分类和目录编制规则，以及数据质量的校核主体。目前关于数据加工和数据管理的规定，仅限于责任性规定。

（三）关于数据共享和数据开放

这是目前公共数据的两种主要流转方式，一种是在政府部门内部的共享，一种是向外部社会的开放。公共数据的共享相关制度内容主要是在于规定市政府办公厅条线的管理职能，包括平台建设、共享机制、属地返还、审核机制等，并作出了不得重复采集、不得新建共享通道、不得用作他用、合理请求不得拒绝等禁止性规定，此外，并无过多实质性引导性条款。公共数据的开放制度内容主要在于规定市政府、市经信委、市政府办公厅以及开放主体的职责内容，同时对于企业数据的多维开放、有偿服务做出引导性规定。

（四）关于开发利用、交易流通、数据确权、资产评估

这四部分的制度重点在于引导性规定，从数据的开发利用，到进场交易，到配套服务，主要是伴随着数据被列为五大生产要素之一以及上海城市数字化转型战略实施后，开始逐步走入政策视野，所以目前相关制度内容大多以引导性、探索性、鼓励性的内容为主。条款内容主要在于鼓励开发利用、探索公共数据授权运营、引导参与建立高质量的数据要素交易市场等。公共数据的市场化配置道路正在探索中前行。

（五）关于监督考核和数据安全

这两部分的制度条款内容主要是规定了网信部门、公安部门、及公共数据流转各环节上各责任主体对于数据的监督责任、安全责任、评估责任等。此外，赋予了自然人、法人、非法人组织响应社会监督权利，可以就开放数据内容以提出异议，就个人权利提出保护。

三、制度成效

上海市关于公共数据市场化配置，虽尚无专门法规，但是以上述制度内容为基础，已形成了部分制度方面成效，诸如公共数据范围正在逐步扩张，数据提供主体和数据格式不断丰富；数据底座正在逐步牢固，大数据资源平台架构的功能不断完善，制度条文对于平台的作用不断强化；公共数据市场化道路正在逐步探索，与社会数据的融合、社会主体的参与成为市场化道路的发展趋势；公共数据数据价值正在逐步发挥，制度引导应用试点范围不断扩大。

其中，扩张市场参与主体范围和铺设授权运营道路两方面，是上海市制度层面针对公共数据设计的两大突出成效。

关于公共数据的定义，2018—2020年间上海市市区两级基本均沿用《上海市公共数据和一网通办管理办法》的规定：本市各级行政机关以及履行公共管理和服务职能的事业单位在依法履职过程中，采集和产生的各类数据资源。此外，水务、电力、燃气、通信、公共交通、民航、铁路等公用事业运营单位及运行经费由财政保障的单位相关数据管理，参照公共数据管理执行。目前，上海市政府部门获取数据的方式有三种：一是自行产生的政务数据，二是采集的行业数据，三是采购的社会数据。上海市目前的制度规范对于这三类数据汇集态度为，政务数据应当全部归集，推动公共事业等行业数据应归尽归，高频共需的社会数据探索统一采购模式。

2021年，金山区、长宁区出台的公共数据管理办法均开创性地对公共数据的格式作出相关规定，例如长宁区提出"包括但不限于电子文件、电子表格、数据库、图形图像、流媒体、5G、泛感知数据、位置信息及特殊行业领域的通用格式"。2021 年年底,《上海市数据条例》中首次将供供水、供电、供气、公共交通等公共服务的组织收集和产生的数据列入公共数据的正文定义中,进一步明确地扩张了公共数据市场化配置的参与主体。

表6.5　上海市关于公共数据的定义及参与主体

年份	文件	定义内容	参照执行
2018	《上海市公共数据和一网通办管理办法》	公共数据,是指本市各级行政机关以及履行公共管理和服务职能的事业单位在依法履职过程中,采集和产生的各类数据资源。	水务、电力、燃气、通信、公共交通、民航、铁路等公用事业运营单位在依法履行公共管理和服务职责过程中采集和产生的各类数据资源的管理,适用本办法。运行经费由本市各级财政保障的其他机关、团体等单位以及中央国家机关派驻本市的相关管理单位在依法履行公共管理和服务职责过程中采集和产生的各类数据资源的管理,参照本办法执行。
2019	《上海市公共数据开放暂行办法》	公共数据,是指本市各级行政机关以及履行公共管理和服务职能的事业单位在依法履职过程中,采集和产生的各类数据资源。	水务、电力、燃气、通信、公共交通、民航、铁路等公用事业运营单位涉及公共属性的数据开放,适用本办法。
2019	《黄浦区公共数据管理办法》	公共数据,是指本区各级行政机关以及履行公共管理和服务职能的事业单位在依法履职过程中,采集和产生的各类数据资源。	运行经费由区级财政保障的其他机关、团体等单位在依法履行公共管理和服务职责过程中采集和产生的各类数据资源的管理,参照本办法执行。
2020	《普陀区公共数据管理办法》	公共数据,是指本区各级行政机关以及履行公共管理和服务职能的事业单位在依法履职过程中,采集和产生的各类数据资源。	运行经费由区级财政保障的其他机关、团体等单位在依法履行公共管理和服务职责过程中采集和产生的各类数据资源的管理,参照本办法执行。

年份	文件	定义内容	参照执行
2021	《金山区公共数据管理办法》	公共数据，是指本区各街镇、委办局以及履行公共管理和服务职能的事业单位（含学校、医院、水务、电力、燃气、通信、公共交通等公用事业运营单位）在依法履职过程中，采集和产生的各类数据资源。公共数据包括但不仅限于结构化数据、图像视频数据、空间传感数据和流式数据等。	
2021	《长宁区公共数据管理办法》	公共数据，是指本区各级行政机关以及履行管理、服务职能的事业单位，在依法履职过程中，采集和产生的各类数据资源，资源格式包括但不限于电子文件、电子表格、数据库、图形图像、流媒体、5G、泛感知数据、位置信息及特殊行业领域的通用格式。	
2021	《上海市数据条例》	公共数据，是指本市国家机关，事业单位，经依法授权具有管理公共事务职能的组织，以及提供供水、供电、供气、公共交通等公共服务的组织在履行公共管理和服务职责过程中，收集和产生的各类数据。	运行经费由本市各级财政保障的单位、中央国家机关派驻本市的相关管理单位以及通信、民航、铁路等单位在依法履行公共管理和服务职责过程中收集和产生的各类数据，参照公共数据的有关规定执行。
2022	《上海市公共数据开放实施细则》	本细则所称公共数据，是指本市国家机关、事业单位，经依法授权具有管理公共事务职能的组织，以及供水、供电、供气、公共交通等提供公共服务的组织（以下统称公共管理和服务机构），在履行公共管理和服务职责过程中收集和产生的数据。	
2023	《上海市公共数据共享实施办法（试行）》	本实施办法所称的公共数据，是指和服务机构在依法履行管理和服务职责过程中收集和产生的数据，以及依法委托第三方收集和产生的数据。	

关于公共数据的授权运营，政策导向从探索、到建立、再到实施，以城市数字化转型为背景，逐步引导建立健全公共数据授权运营机制。目前上海市提及公共数据授权运营的制度文件只有四份，最早是在市发改委印发的《上海市促进城市数字化转型的若干政策措施》文件中，首次提出："建立政府公共数据授权运营机制，建

立完善多元化主体公平准入的运营体系，允许医疗、交通、金融等特定领域公共数据授权特定机构进行开发利用。"之后，《上海市全面推进城市数字化转型"十四五"规划》《上海深化公共资源"一网交易"改革三年行动方案（2021—2023年）》两份文件从宏观方向上相继强调了公共数据授权运营的机制。直至2021年11月，《上海市数据条例》在此基础上进一步明确了管理部门、运营主体、开发利用规范、定价及收费等方面的问题，从制度上进一步推动公共数据授权运营的制度框架成型。

四、制度缺口

（一）缺少"公共数据授权运营管理办法"

根据《上海市数据条例》规定，应当制定公共数据授权运营管理办法，明确具体的授权标准、条件和授权具体程序要求，建立授权运营评价和被授权主体的退出机制，规定大数据中心等机构的职责边界。《上海市数据条例》中虽然已初步构建起授权运营的机制框架，如授权运营主体的确认、平台使用费、个人信息，但是诸多制度内容有待细化，如公共数据运营平台的设计、数据调取规则、授权运营主体的权利边界等。此外，按次付费、按量付费、成本弥补付费等多元化定价机制，也有待进一步探索。

2020年10月，成都市率先出台国内首个数据运营政策——《成都市公共数据运营服务管理办法》，成都市坚持公共数据开放性使用、市场化运营，建立可追溯的全过程管理机制。此外，《成都市科技数据管理实施办法》规定，科技数据运营服务按公共数据运营服务有关规定实施。

（二）缺少"可交易公共数据范围清单"

关于公共数据的交易，制度方面仅作出了引导性的规定："探索建立国有企事业单位数据产品进场交易机制"，《上海市数据条例》删除了草案中关于浦东新区政府部门和国有企业数据进场交易的规定，且实践中公共数据并不主动进场交易。目前较为流行的看法仍认为：政府掌握的数据不能用于政府收益用途。以国有企事业单位为突破口，探索其公共数据的交易机制，目前仍处于制度探索阶段，尚无规范细则，诸如协调机制、数据产品供给方式等。上海市已建立公共数据开放清单以及各部门的"三清单"目录，但是对于可进行市场化配置的公共数据范围界定并无明确规定。

可参照《广东省公共数据管理办法的规定》，赋予行业主管部门或者市场主体在满足一定条件之下获取数据分析模型和算法的权利，以获得按照统一标准对外输出数据产品或者提供数据服务，满足公共数据开发利用的需求。同时明确了公共数据的两类提供主体：行政机关、具有公共事务管理和公共服务职能的组织，同时把电力、水务、燃气、通信、公共交通以及城市基础设施服务等公共企业、事业单位和社会团体实施公共服务以外的采集的数据，排除在办法的管理范围外。办法同时推动落实"一数一源"，针对公共管理和服务机构采集、核准、提供的数据及负责主体，作出列举式规定，如表6.6所示。

（三）缺少"行业数据场景化授权运营规范"

《上海市数据条例》中提出："市政府办公厅应当会同市网信等相关部门和数据专家委员会，对被授权运营主体规划的应用场景进行合规性和安全风险等评估。"在由被授权运营主体规划应用场景之前，政府部门牵头首批数据授权运营场景，则会更具有引导性和实施力度。

根据《2021年上海市公共数据治理与应用重点工作计划》的规定，关于行业数据的归集，目前正在着力推动交通、医疗、金融、教育、水电气公共事业等行业数据，且明确规定相对应领域的

表 6.6　广东省公共数据管理办法的相关规定

类别	数据内容
自然人基础数据	（一）户籍登记数据，由公安机关负责； （二）流动人口居住登记、居住变更登记和居住证办理数据，由流动人口服务管理部门、受公安机关委托的乡镇人民政府或者街道办事处流动人口服务管理机构负责； （三）内地居民婚姻登记和收养登记数据，由民政部门、乡镇人民政府负责； （四）出生和死亡登记数据，由卫生健康主管部门、公安机关负责； （五）卫生健康数据，由卫生健康主管部门、乡镇人民政府、街道办事处负责； （六）社会保障数据和最低生活保障数据，由税务部门、人力资源社会保障部门、民政部门负责； （七）教育数据，由教育主管部门、人力资源社会保障部门、高等学校、科学研究机构负责； （八）残疾人登记数据，由残疾人工作主管部门负责； （九）住房公积金登记数据，由住房公积金主管部门负责； （十）指定监护数据，由民政部门、乡镇人民政府、街道办事处负责； （十一）有关资格证书和执业证书数据，由颁发该职业资格证书和执业证书的单位负责。
法人和非法人基础数据	（一）企业和个体工商户登记数据，由市场监督管理部门负责； （二）民办非企业单位、社会团体、基金会等非营利组织登记数据，由社会组织管理部门负责； （三）事业单位登记数据，由事业单位登记管理机关负责； （四）法人和非法人组织统一社会信用代码数据，由市场监督管理部门、社会组织管理部门、事业单位登记管理机关等登记管理部门负责。
自然资源和空间地理基础数据	自然资源、水利、农业农村、林业、气象等主管部门和从事相关研究的事业单位，根据法定职权采集、核准与提供国土空间用途、土地、矿产、森林、草地、湿地、水、海洋、渔业、野生动物、气候、气象等自然资源和空间地理基础数据。

牵头单位为：市交通委、市卫生健康委、市地方金融监管局、市教委、城投集团、市电力公司、申能集团。对于该类与人民生活密切相关的领域，也理应成为公共数据授权运营的重点领域。长久来

看，可以探索建立在电力、电信、汽车等行业数据资源自治开放的市场机制，让企业在其中寻找商机，自主投入，促进公共数据资源开放利用产业的发展。

2020 年，北京市经信局发布了《关于推进北京市金融公共数据专区建设的意见》，引导在金融领域开展实施公共数据授权运营，之后，北京市经信局与北京金控集团（也即被授权运营单位）签署了《北京市金融公共数据专区授权运营管理协议》和《北京通 APP 授权运营管理协议》，正式开启金融公共数据专区建设。

（四）缺少"社会数据采购管理办法"

社会数据具有较高的商业价值，且当前实践中，各政务部门均根据各自需要独立采购相关社会数据。《2021 年上海市公共数据治理与应用重点工作计划》明确提出，探索政府统一购买社会数据的模式，采购一批具有高频共性需求的社会数据，促进公共数据和社会数据融合治理、融合运用。

借鉴北京市社会数据采购的政策，2018 年北京市经济信息化委委托北京市信息资源管理中心，面向全社会征集社会数据采购解决方案，意向单位可以提出一个完整的社会数据目录，包括社会数据的分类、内容及来源。在此基础上，2019 年，北京市大数据工作推进小组发布《北京市社会数据采购和使用管理暂行办法》，确定了社会数据采购"统采共用"、"分采统用"的两种办法，并规定了社会数据的接入和使用、安全和考核相关内容。

（五）缺少"数据资产登记管理制度"

数据因其可复制性、虚拟性等特点，进行市场化配置必须进行可追踪的统一登记机制，资产凭证作为数据流通的标志因素，应当被纳入制度设计中来。《上海市数据条例》指出：开展数据资产凭证试点，反映数据要素的资产价值。但对于具体制度的设计，还未进行细化规定。

2021年10月，广东开出全国首张公共数据资产凭证，该张凭证上，广东电网有限责任公司是数据提供单位，中国农业银行股份有限公司广东省分行是数据需求单位，申请信贷的佛山市和禧金属制品有限公司是数据主体。空白凭证由省数据局监制，数据供方凭供需双方的协议申领空白凭证，数据主体授权需方使用其数据，而后数据需方基于授权向数据供方申请数据资产凭证，并加盖有效力的电子签章，形成实体公共数据资产凭证。此外，山东省数据交易平台专门建设数据产品登记平台。

此外，深圳市以南山区为试点详细排摸数据资产情况。2021年，为测度南山区数据生产要素形成的GDP规模、速度、结构以及对经济增长的贡献，深圳市开展数据生产要素统计核算南山区试点工作。数据生产要素统计调查工作执行数据生产要素统计报表制度，调查对象为南山区内企业（单位）研发活动调查单位（工业、建筑业、服务业、医疗及教育单位等）和商业、金融业、房地产业等行业调查单位。调查问卷涉及如下五个方面：数据支出和数据库建设情况、数据治理的制度建设和战略部署情况、数据治理的制度建设和战略部署情况、数据交互流通、数据方面的法律法规诉求。

（六）缺少"公共数据流通安全保护制度"

《上海市数据条例》对数据权益作出规定，明确自然人对其个人信息享有的人格权益，明确数据处理活动中的财产权益，明确可以合法方式收集、加工、交易数据。但是并未规定具体权益的保护机制及配套机制，从而导致这些权益形式化。建议完善数据侵权救济制度，即被侵权人可以采取何种途径获得救济、具体的救济类型、侵权主体又将会接受何种处罚，并且确定具体的负责部门。

目前，基于公共数据开放发展的任务，政府部门一直都注重人才保障和教育培训，但是实践中频繁出现机关工作人员私自销售数据等违法违规行为。建议各部门在教育培训的同时能够加强遵纪守法等警示教育。对于工作人员违法违规销售数据，一方面可以依据《中华人民共和国公务员法》《事业单位工作人员处分暂行规定》等相关规定予以处分；另一方面，情节严重的，根据数据类型、营利性质等可判断触犯《刑法》，涉及故意泄露国家秘密罪、受贿罪、滥用职权罪。

（七）缺少"公共数据流通利益反哺制度"

不论是针对国有企事业单位还是政府部门本身，内部的数据治理激励机制仍存在缺失，部分国有企事业单位的数据产品已经自行组织市场化配置，同时相关政府部门没有动力拿出数据进行市场化配置，甚至没有动力对数据进行初加工，以保证数据的高质量供应。此外，由于政府机构的人员调整、收集渠道不一等原因，也很容易存在无法对数据内容作出明确解释的问题。针对这些问题，均需要内部激励机制的设计进行引导。

借鉴成都市公共数据授权运营的经验，其产生的经济收益以国有资产运营收入的方式进入地方财政，提供数据的各个部门不直接从数据运营的收益中"分成"。作为数据供给的利益补偿和激励，政府数据运营服务单位通过引导外部数据和技术流入，为政府部门提供数据和技术来反哺服务，助力政府部门的智慧治理能力提升和公共服务水平提高。具体方式包括：1.数据质量反馈；2.从外部获取治理创新所需要的社会数据；3.分析数据的应用场景，并鼓励和引导相关企业提供服务；4.政府数据授权运营的年度分析报告与部门信息化资金挂钩。

（八）缺少"公共数据价格评估导则"

《上海市数据条例》规定，市政府办公厅应当组织数据专家委员会编制数据产品和服务的价格评估导则，被授权运营主体应当根据价格评估导则，合理确定数据产品和服务的价格。

普华永道发布的《开放数据资产估值白皮书》提出："$E_p=m*g*h$"，即"公共数据资产价值＝公共数据开发价值＊潜在社会价值呈现因子＊潜在经济价值呈现因子"。

第七章 上海市公共数据市场化配置的 法律制度完善建议

第一节 立法层级

一、以政府令形式发布公共数据市场化配置管理办法

《上海市数据条例》作为上海市数据资源管理领域首部地方性法规，该条例对于数据要素市场及公共数据两大板块内容均做了原则性、指导性规定，条例中第三章已初步规定了公共数据管理体系、目录体系、平台结构、获取方式等，并首次将公共数据的授权运营模式提升到地方法规高度，第四章对数据要素市场发展做出了基础规定，确定在浦东设立数据交易所，并大力推动数据的融合应用。但是该条例仅作框架性的规定，并未对公共数据与数据要素市场二者的融合、也即公共数据市场化配置的具体方式和条件做出详细规定。

按照下位法不与上位法相抵触的原则，建议在《上海市数据条例》规定的指导原则范围内，在不同其他上位法律、行政法规相抵触的情况下，由市级法制部门起草、以政府令形式，适时出台政府规章"上海市公共数据授权运营管理办法（拟）"，该建议侧重于对

上海市公共数据授权运营的模式进行落地细化，在政府规章中针对公共数据市场化配置的相关环节，规定上海市公共数据授权运营的目的、原则、可授权运营公共数据范围、公共数据授权运营管理结构、被授权方的确立、运营平台的运维、监督及考核方式等内容。

二、以特区立法形式发布浦东新区公共数据市场化配置相关规定

2021年4月，国务院发布《关于支持浦东新区高水平改革开放打造社会主义现代化建设引领区的意见》。该《意见》明确指出"建立完善与支持浦东大胆试、大胆闯、自主改相适应的法治保障体系"。

2021年6月，十三届全国人大常委会第二十九次会议表决通过了《关于授权上海市人民代表大会及其常务委员会制定浦东新区法规的决定》，决定授权上海市人民代表大会及其常务委员会根据浦东改革创新实践需要，遵循宪法规定以及法律和行政法规基本原则，制定浦东新区法规，在浦东新区实施。

2021年7月，上海市人大常委会主任会议通过相关立法工作规程的规定，8月法规提交一审，9月首批浦东新区法规已经正式出台，对于"一业一证"改革和市场主体的相关探索尝试提供法规保障。

浦东新区开发开放三十余年来，作为改革开放前沿阵地，和建设社会主义现代化建设引领区的主体，同时也拥有国际数据港、国际互联网数据专用通道、功能型数据中心等新型基础设施的利好优势，在数据作为新时代新型生产要素的背景下，探索性法规在浦东尝试先行先试具有政策便利性，且目前已具备成熟的先行经验。

基于此，建议制定浦东新区法规"上海市浦东新区关于深化公共数据授权运营若干规定（拟）"，该建议侧重于公共数据授权运

营的先行先试，在浦东范围内率先开展公共数据授权试点，法规中明确立法目的、适用范围，划定重点领域及牵头单位，明确授权运营机构的竞争机制、首批重点应用场景、数据范围、可提供的数据产品／数据服务类型、可选择的定价模式等。

三、以责任落实形式制定公共数据与社会数据融合发展行动方案

《上海市数据条例》中强调，推进公共数据和其他数据融合应用。《2021年上海市公共数据治理与应用重点工作计划》明确提出：探索政府统一购买社会数据的模式，采购一批具有高频共性需求的社会数据，促进公共数据和社会数据融合治理、融合运用。两份关于公共数据的重点文件均强调公共数据与社会数据的融合应用，但是目前，对于高频共需及个性化需求社会数据的采购，仍由各部门自主进行，公共数据与社会数据的融合方式并未在政策层面固定下来。

基于此，建议制定"上海市推进公共数据与社会数据融合发展三年行动方案（拟）"，该建议作为公共数据市场化配置全面铺开的前置基础，侧重于打通社会数据与公共数据的融合应用渠道，行动方案中具体规定总体要求、工作目标、主要任务（涉及初步融合、全面融合、深度融合等阶段）、保障措施、责任单位等内容。

第二节　总体思路

一、从国际间协定思考上海市公共数据市场化配置的对接途径

目前，跨境数据流动正在改变国际贸易格局，国际社会普遍认识到将跨境数据流动隐藏的巨大经济和社会效益，同时也带来了更

深层次的国家安全、商业秘密、个人隐私方面的担忧。数据本地化存储、数据交换共享、数据隐私安全保护等领域逐渐成为国际贸易协定、跨区域合作所要考虑的重要议题，例如《跨境隐私规则》（Cross-Border Privacy Rules，CBPR）是关于规范 APEC 成员经济体个人信息跨境传输活动的数据隐私保护计划，《通用数据保护条例》（General Data Protection Regulation，GDPR）是欧盟对于跨境数据流动与个人隐私保护的专门性规定，《美国—墨西哥—加拿大协议》（USMCA）是美墨加三国之间的自由贸易协定，其中涵盖交换个人信息等规定。

为融入全球经济大发展、掌握数字经济时代主动权、重塑新的数字贸易模式、构建区域间数据流通规则，我国近期加入的与跨境数据流通有关的国际协定主要有如下三个，均对跨境数据共享流通作出相关规定：

表 7.1　关于跨境数据流动的国际协定

协定	概　　况	数据相关内容
《数字经济伙伴关系协定》(简称：DEPA)	由新加坡、智利、新西兰三国于 2020 年 6 月 12 日共同签署，作为全球关于数字经济发展的重要规则，在 2021 年 11 月 G20 峰会上，我国正式提出申请加入 DEPA。	协定中数据相关内容涉及个人信息保护、通过电子手段进行的跨境数据流动、计算机设施的位置等。
《区域全面经济伙伴关系协定》(简称：RCEP)	于 2012 年由东盟发起，2020 年 11 月，东盟 10 国和中国、日本、韩国、澳大利亚、新西兰共 15 个亚太国家正式签署了《区域全面经济伙伴关系协定》，RCEP 于 2022 年 1 月 1 日对包括中国在内的十国开始生效。	协定在电子商务领域规定了电子认证和签名、在线消费保护、在线个人信息保护、网络安全、跨境电子方式信息传输等条款，是我国首次在自贸协定中纳入数据流动、信息储存等规定。
《全面与进步跨太平洋伙伴关系协定》(简称：CPTPP)	于 2021 年 3 月，由日本、加拿大、澳大利亚、智利、新西兰、新加坡、文莱、马来西亚、越南、墨西哥和秘鲁共 11 个国家在智利签署，2021 年 9 月中方正式提出申请加入 CPTPP。	按照协定，为推动数字贸易发展，禁止采取数据本地化措施，允许为商业目的，以电子方式跨境转移信息，禁止对电子传输施加关税。

上海作为国际化大都市，以及改革开放的排头兵，在创新发展的探索中要敢闯敢试、勇立潮头。《上海市数据条例》明确提出："在临港新片区内探索制定低风险跨境流动数据目录，促进数据跨境安全、自由流动。"为更好对接国际数字经济贸易规则，经对上述三份文件的梳理，可对上海市公共数据市场化配置作如下思考：

（一）政府公开数据是融入贸易全球化的必要基础

贸易全球化使得全球范围商品流通更加便利，区域间贸易协定普遍建立在各国贸易相关公开信息共享的基础上，以便快速便捷地了解一国贸易政策、海关流程、知识产权等信息。为更好融入贸易全球化发展，需要对各国可公开获取的数据以及促进贸易流通的必要数据进行公开。

DEPA 第 9 条第 5 款还特别设定"开放政府数据"，认为政府公开信息其可以促进经济和社会发展、提升竞争力和创新能力，缔约各方应确保其作为公开数据提供，并确定获取和使用途径。具体而言，关于开放政府数据的合作可能包括：共同确定开放数据集，特别是具有全球价值的数据集；鼓励开发以开放数据集为基础的新产品和服务；促进使用开放数据许可模式，以标准化公共许可证的形式在网上提供，使任何人都可以为缔约方各自法律和规章允许的任何目的自由查阅、使用、修改和分享开放数据，并依靠开放数据格式。

RECP 要求每一缔约方应当努力使公众可获得其贸易管理文件的电子版。CPTPP 要求缔约各方就管辖范围内的个人信息保护交流政策机制，在知识产权方面应提供可公开获得的电子信息系统，包括商标申请和已注册商标的在线数据库。DEPA 不仅要求各缔约方应公开其消费者保护法律法规、进出口数据、海关条例、技术标准、隐私规范、政府采购等相关资料，此外还要求各缔约方认识到公共领域及信息材料的重要性，例如可公开获取的已注册知识产权数据库。

上海市提出探索制定低风险跨境流动数据目录，应考虑跨境开放数据集的原则、用途、必要性、及对等开放性，并鼓励境内企业在参与跨境贸易时，积极了解并应用境外开放数据，以增加贸易便利性。在低风险跨境流动数据目录的使用方式上，可以考虑借鉴公共数据使用许可证模式。

（二）数据跨境自由流通和非本地存储是全球数字经济的必要环境

RECP 第 12 章电子商务第 15 条"通过电子方式跨境传输信息"，要求不得阻止出于商业原因通过电子方式跨境传输信息的行为。CPTPP 第 14 章 11 条以及 DEPA 第 4 条第 3 款均规定"每一缔约方应允许以电子方式跨境转让信息，包括个人信息，如果这种活动是为了所涉人员的业务行为"。但同时三份协定也均就此作出除外规定：要求限制数据出境的措施是为实现合理公共政策目标。此外，DEPA、RCEP、CPTPP 三份协定均对数据本地化存储做出规定，具体要求"任何缔约方不得要求使用或在该缔约方领土上设置计算设施作为在该领土上开展业务的条件"。同样 CPTPP、DEPA 也列出除外条款：是实现其合法的公共政策目标所必要的措施，在此基础上 RCEP 更进一步提出"基本安全利益"的除外限制。在具体行业中，同样鼓励日常营运所需的信息转移和信息处理，例如 RCEP 在金融服务中规定，缔约方不得阻止其领土内的金融服务提供者为进行日常营运所需的信息转移，包括通过电子方式或其他方式进行数据转移，以及其领土内金融服务提供者进行日常营运所需的信息处理。

总体而言，三份协定均从"以电子设施传输信息"和"计算设施位置"两个方面对跨境电子商务发展作出相关规定。三份协定均规定不得以计算设施"本地化"作为商业行为的条件，以及应当应确保针对业务主体的必要数据自由跨境流通，但两方面均存除外情形，即实现其合法的公共政策目标和保护基本安全利益所必要。

此外，在具体服务行业，依据行业属性及行业敏感性，数据的流通仍然存在严格限制，例如在 RCEP 中国的服务具体承诺表中，增值电信服务涉及数据交换、数据检索、数据处理，设立的企业外资比例不得超过 50%，陆上石油服务中，要求外国服务提供者应当准确并迅速地向中石油或中石化提交与石油经营有关的所有数据。金融服务中，信息转移并不阻止缔约方的监管机构出于监管或审慎原因要求其领土内的金融服务提供者遵守与数据管理、存储、系统维护、保留在其领土内的记录副本相关的法律法规。

2020 年 9 月 8 日，中国发起了《全球数据安全倡议》，表达我国对数据安全的相关主张。倡议提出：不得要求本国企业将境外产生、获取的数据存储在境内；尊重各国对数据的安全管理权，未经他国法律允许不得直接向企业或个人调取位于他国的数据。未来，在跨境数据流动、数据非本地存储、数字产品、具体行业数据流通等方面，仍需要在立法、执法层面进一步完善，有助于推动中国及区域内数字经济稳妥有序发展。至于在上海市层面，也要以临港低风险跨境流通目录为突破点，利用数据基础设施优势主动对接国际贸易规则，创新部署数据跨境环境。

（三）个人信息保护和数据共享机制仍是需要重点考虑的话题

在 CPTPP 第 14 章、DEPA 第 4 章、RCEP 第 12 章中，均有单独版块专门规定了"个人信息保护"，三份协定均要求每一缔约方应当采取或维持保证电子商务用户个人信息受到保护的法律框架，同时规定在制定法律框架时，应当考虑相关国际组织或机构的国际标准、原则、指南和准则，并明确个人救济途径和企业行为准则。此外，CPTPP 及 DEPA 均强调个人信息对于电子商务、数字经济发展的重要性,且强调采取非歧视性做法,并建立兼容机制。

在此基础上,DEPA 更进一步明确了加强个人信息保护的原则,包括收集限制、数据质量、目的规范、使用限制、安全保障、透明度、个人参与和问责制,要求各缔约方依据这些原则建立法律框架来保护个人信息。DEPA 规定,在金融服务中,必要信息转移并不限制缔约方保护个人数据、个人隐私的权利。针对具体做法而言,DEPA 建议各缔约方鼓励企业采用数据保护信任标记,用以帮助核实个人数据保护标准和最佳实践的一致性。

数据共享有利于数据驱动的创新。DEPA 认为,还可以在监管数据沙盒的范围内加强创新,根据缔约方各自的法律和规章,企业之间可以共享包括个人信息在内的数据。数据共享机制,例如可信的数据共享框架和开放式许可证协议,有助于数字环境中的使用,以便引领创新,促进资讯、知识、科技、文化及艺术的传播,以及促进竞争、开放、高效的市场。各方应就包含数据沙盒在内的数据共享机制开展合作。

基于此,上海市在设计跨境数据流通具体规则时,应将国际贸易协定的有关要求纳入考量范围,按照发展和安全并重的原则,尝试数据开放许可协议、数据跨境监管沙盒、跨境数据流通分级分类清单等方式,在设计数据共享方式、便利跨境数据传输的基础上,对于风险防控和数据安全管理需要提出更高要求。

二、从国内实践思考上海市公共数据市场化的可借鉴途径

针对上述关于上海市公共数据授权运营存在的制度缺口,可以考虑参考国内目前已有的制度及实践经验,结合上海市实践,进一步完善形成具备上海特色的公共数据市场化配置法治体系。

（一）运营平台

建议制定关于公共数据运营专门管理办法及平台运行规则。借鉴成都市公共数据授权运营经验，2018 年成都市出台《成都市公共数据管理应用规定》，2020 年 10 月，实现从应用到运营的转变，率先出台国内首份关于政府数据授权运营的专门政策文件《成都市公共数据运营服务管理办法》，详细规定了包含运营平台的对接形式、云部署、运营服务单位、需求管理机制的确立、申请授权机制的确立、利益补偿和激励机制等内容。进而在此基础上将各部门对自身数据的管理权，集中交由本地国企进行市场化运营，如图 7.1 所示：

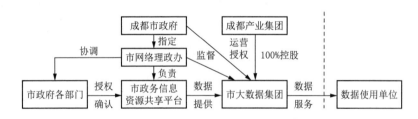

图 7.1　成都市政府数据授权运营的运行逻辑

（二）数据清单

建议在共享"三清单"及开放清单的基础上，进一步制定可市场化配置公共数据清单，充分考虑科学数据及高价值政务数据的数据进场可能性。借鉴北京市经验，2021 年 3 月，北京市委常委、副市长殷勇在北京国际大数据交易所成立大会上指出："希望相关部门加快建设金融、医疗、交通等公共数据专区，凡是被政府部门、公共事业单位所掌握，且有市场商业需求的高价值敏感数据，均应通过交易所进行数据使用权的交易。"

成都市第一批政府数据运营需求清单涉及的 17 个部门、55 类数据中，共有 10 个部门同意提供涉及的 34 类数据，部门和数据同意提供的比例分别为 58.82%、61.81%。此外,《成都市科技数据管理实施办法》规定,科技数据运营服务按公共数据运营服务有关规定实施。《广东省公共数据管理办法》详细列举了数源部门,推动落实"一数一源",针对公共管理和服务机构采集、核准、提供的数据及负责主体,作出列举式规定,例如自然人基础数据的数源部门如下:

（一）户籍登记数据,由公安机关负责;

（二）流动人口居住登记、居住变更登记和居住证办理数据,由流动人口服务管理部门、受公安机关委托的乡镇人民政府或者街道办事处流动人口服务管理机构负责;

（三）内地居民婚姻登记和收养登记数据,由民政部门、乡镇人民政府负责;

（四）出生和死亡登记数据,由卫生健康主管部门、公安机关负责;

（五）卫生健康数据,由卫生健康主管部门、乡镇人民政府、街道办事处负责;

（六）社会保障数据和最低生活保障数据,由税务部门、人力资源社会保障部门、民政部门负责;

（七）教育数据,由教育主管部门、人力资源社会保障部门、高等学校、科学研究机构负责;

（八）残疾人登记数据,由残疾人工作主管部门负责;

（九）住房公积金登记数据,由住房公积金主管部门负责;

（十）指定监护数据,由民政部门、乡镇人民政府、街道办事处负责;

（十一）有关资格证书和执业证书数据,由颁发该职业资格证书和执业证书的单位负责。

（三）场景引导

建议结合上海市实际，在上海市"以场景为基础的授权共享机制"基础上，确定公共数据市场化配置的首批重点领域，诸如无人驾驶、智慧商圈、普惠及金融等，形成突破口，打造标杆场景。借鉴北京市公共数据授权运营的经验，2020 年，北京市经信局发布了《关于推进北京市金融公共数据专区建设的意见》，引导在金融领域开展实施公共数据授权运营，之后，北京市经信局与北京金控集团（也即被授权运营单位）签署了《北京市金融公共数据专区授权运营管理协议》《北京通 APP 授权运营管理协议》，正式开始金融公共数据专区建设。

（四）数据采购

建议落实细化社会数据采购及融合机制。借鉴北京市社会数据采购的做法，2018 年北京市经济信息化局委托北京市信息资源管理中心，面向全社会征集社会数据采购解决方案，意向单位可以提出一个完整的社会数据目录，包括社会数据的分类、内容及来源。在此基础上，2019 年北京市大数据工作推进小组发布《北京市社会数据采购和使用管理暂行办法》，确定了社会数据采购"统采共用""分采统用"的两种办法，并规定了社会数据的接入和使用、安全和考核相关内容。借鉴广东省经验，《广东省公共数据管理办法》规定，政府向社会力量购买数据服务有关项目，应当纳入数字政府建设项目管理范围统筹考虑。

（五）登记制度

建议加快开展公共数据资产凭证的使用。目前，广东省开出全国首张公共数据资产凭证，该张凭证上，广东电网有限责任公司是数据提供单位，中国农业银行股份有限公司广东省分行是数据需求单位，申请信贷的佛山市和禧金属制品有限公司是数据主体。空白凭证由省数据局监制，数据供方凭供需双方的协议申领空白凭证，数据主体授权需方使用其数据，而后数据需方基于授权向数据供方申请数据资产凭证，并加盖有效力的电子签章，形成实体公共数据资产凭证。

山西省同样试行数据资产登记管理，《山西省政务数据资产管理试行办法》规定，县级以上人民政府政务信息管理部门应当建立健全政务数据资产登记管理制度和政务数据资产动态管理制度，编制政务数据资产登记目录清单。

山东省建立"山东省数据（产品）登记平台"，通过对数据产品赋予"唯一标识"，实现对产品流向的追踪监测。探索依托山东数据交易平台，构建公共数据资源有偿使用的新模式。

（六）成本补偿

建议创新公共数据市场化配置反向补偿机制，采用国有资产经营收益的途径，反哺在数据采集、汇集、管理等流程中的工作量，并激励成果创新。根据成都市经验，可以考虑反向从外部单位引导数据和技术流入，为政府部门提供数据和技术来反哺服务，具体方式包括：1.数据质量反馈；2.从外部获取治理创新所需要的社会数据；3.分析数据的应用场景，并鼓励和引导相关企业提供服务；4.政府数据授权运营的年度分析报告与部门信息化资金挂钩。

福建省按照国有资产经营性收益来规定政务数据的有偿使用。《福建省政务数据管理办法》规定，数据管理机构应当根据数据开发利用价值贡献度，合理分配开发收入。属于政府取得的授权收入应当作为国有资产经营收益，按照规定缴入同级财政金库。

可参考国家对于公共资源有偿使用的相关规定。根据财政部、国家发改委、住建部印发的《市政公共资源有偿使用收入管理办法》，多地也都出台公共资源有偿使用配套办法，用以规范市政公共资源有偿使用收入行为。该《办法》中规定"主要由部分社会公众使用的市政公共资源可以有偿使用"。该条款为授权使用的公共数据提供了公共资源方面的有偿使用依据。

（七）资产评估

建议由第三方组织参与，开展公共数据资产核查，制定公共数据资产化的量化评估模型。普华永道《开放数据资产估值白皮书》提出："$E_p=m*g*h$"，用以衡量开放数据的资产价值即"公共数据资产价值＝公共数据开发价值＊潜在社会价值呈现因子＊潜在经济价值呈现因子"，其中 m=（存储成本＋加工成本＋运维成本）＊公共数据质量调整系数（即准确性、完整性、及时性、时效性和唯一性五方评分），g=（1+数字经济名义增长率）＊场景应用评分，h 用选定下载量为量化指标的基础上引入指数介于 0.5—1 之间的幂函数来量化。

深圳市为探索"数据入表"，以南山区为试点详细排摸全区数据资产情况，其中包括一部分公共服务单位，包括工业、建筑业、服务业、医疗及教育单位，以及商业、金融业、房地产业等单位。调查问卷涉及如下五个方面：数据支出和数据库建设情况、数据治理的制度建设和战略部署情况、数据治理的制度建设和战略部署情况、数据交互流通、数据方面的法律法规诉求。

（八）数据安全

公共数据市场化配置必须严格遵守国家相关法律制度。2017年6月实施的《网络安全法》是我国第一部全面规范网络空间安全管理方面问题的基础性法律；2021年9月实施的《数据安全法》全面规定了数据安全保护的义务和相应法律责任，并专门对于政务数据安全与开放作出规定；2021年11月实施的《个人信息保护法》较为全面地规定了针对不同主体的个人信息处理规则。

在数据跨境方面，《网络安全法》规定：关键信息基础设施的运营者在中华人民共和国境内运营中收集和产生的个人信息和重要数据应当在境内存储。因业务需要，确需向境外提供的，应当按照国家网信部门会同国务院有关部门制定的办法进行安全评估；《个人信息保护法》同时规定了个人信息跨境提供的规则。

在政务数据方面，《数据安全法》规定：国家机关为履行法定职责的需要收集、使用数据，应当在其履行法定职责的范围内依照法律、行政法规规定的条件和程序进行；对在履行职责中知悉的个人隐私、个人信息、商业秘密、保密商务信息等数据应当依法予以保密，不得泄露或者非法向他人提供。

在个人信息方面，《个人信息保护法》明确了对个人信息的撤回权、拒绝权、删除权、查阅权等，并创设性地提出个人信息可携带权。对提供重要互联网平台服务、用户数量巨大、业务类型复杂的个人信息处理者的行为作出限制性规定。此外，还规定国家机关为履行法定职责处理个人信息，应当依照法律、行政法规规定的权限、程序进行，不得超出履行法定职责所必需的范围和限度。

三、从司法案例思考上海市公共数据市场化配置的影响因素

在公共数据市场化配置的设计阶段，需要明确数据收集者的基本注意义务，但不宜附加过高的审慎需求，以防限制、阻碍关于公共数据的开发利用行为，需要寻求个体利益与社会福利的平衡点。

我国首例公共数据不正当竞争案——蚂蚁金服起诉企查查的不正当竞争纠纷案中，企查查通过后台技术的抓取，把国家企业信用信息公示系统上的信息传递给了自己的平台用户，蚂蚁金服诉称企查查作为专业企业信用信息提供平台，没尽到足够审慎义务，导致错误信息广泛传播，损害了蚂蚁金服的商业声誉。该案例的判决围绕大数据商业模式下公共数据使用行为的正当性问题，在司法判例

中明确了公共数据合法使用的边界的标杆。

根据杭州铁路运输法院（2019）浙 8601 民初 1594 号民事判决书，被告的企业数据来源于公共数据，公共数据作为促进经济发展的重要生产要素，应当鼓励市场主体积极利用并深入挖掘数据价值。但同时，对公共数据的利用应当合法、正当，不得损害国家利益、社会利益和其他主体合法权益，特别是不能损害数据原始主体的合法权益。

根据审判法官的解释，我国大数据企业的发展正在高速探索阶段，在司法裁判上，不宜为此类从事公共数据收集的大数据企业赋予过高的注意义务，对于普通的信息偏差，应当允许其通过事后救济的方式进行修正。

公共数据收集类大数据企业对于收集、发布的数据信息仍具有基本的注意义务，应该坚持数据来源合法、保障信息时效、保障信息质量、及时救济修正等原则。此外，还应当通过敏感性筛查、交叉检验等方式确保数据质量，防止因信息发布行为的不当损害数据主体利益。

此外，数据侵权的刑事立案标准应考虑社会影响及经济影响因素，适度降低难度刑事立案标准，宽进严管。根据《最高人民法院、最高人民检察院关于办理非法利用信息网络、帮助信息网络犯罪活动等刑事案件适用法律若干问题的解释》规定，涉及通信记录、健康生理信息、交易信息等高度敏感信息，泄露需要达到五千条以上、对于单个公民的信息泄露更是只有在招致死亡、重伤、精神失常或者被绑架等严重后果或重大经济损失才会触发刑事程序。

第三节　可市场化公共数据的判定标准与内容

总体而言，可市场化的公共数据应该同时满足公共利益高、供给成本低、管理绩效好三个要件。具体做法是将下文描述的四种判断标准下的公共数据进行填充，然后对四种判断标准取交集，得出均符合公共经济学、法律和实证判断标准的公共数据，即为最终可进行市场化的公共数据。

一、公共经济学判断标准

在公共数据当中，政府数据是政府及其部门的数据，在公共数据中占比最大。政务数据不仅包括政府数据，还包括具有行政主体资格的其他行政机构的数据。公共数据涵盖范围最广，不仅包括政府数据、政务数据，还包括社会数据中具有公共利益相关性的部分。实践中，公共数据主要表现为以下四类：

（一）**政务数据**

即所有行政主体掌握的数据，包括政府及其部门，以及其他被授予行政权的行政机构的数据。行政部门进行公共管理活动，产生的数据为垄断数据，短期来看原则上应该是免费开放的，长期来看对有条件开放数据可以进行市场化配置。

（二）**事业单位的数据**

事业单位进行公益品提供活动和公共品提供活动。

公益品提供活动是指商品并不具备公共品性质，完全可以由市场提供，但是政府认为这类产品具备一定的公共性，从普遍权利保障和社会效益的角度，政府也相应提供这类产品，并往往以免费方式提供，如博物馆、公园、图书馆、教育、医疗、文化宫等等。产生的数据为竞争数据，价格可以放开。

公共品提供活动是指产品或服务具备非竞争性、非排他性的公共品性质，市场无法提供这类产品或服务，因而由政府提供该类产品。产生的数据为垄断数据，数据价格仍然应该受到一定的政府管制约束。

（三）公共服务部门的数据

提供公共服务的供水、供电、燃气、通信、民航、铁路、道路客运等部门。公共服务部门的企业的产品具备两个特征：一是重要性，与人民群众利益密切相关；二是需求范围，产品服务覆盖面很广，几乎所有的民众和部门都有产品需求。公共服务部门数据市场化分为两种情况：

一是公共服务部门业务处于垄断，例如铁路、供电等，它们的数据法律上应该开放，同时在价格上需要进行管制。

二是公共服务部门业务并非垄断，例如民航、道路客运。从法律上这些部门没有必须开放的约束，则需要根据公共数据开放的行政条例进行强制性开放，但是价格上可选择自由市场价格或者政府进行价格指导（有别于价格管制）。

（四）具有"公共性"的社会数据

例如，一些社会商业企业的数据。其掌握的部分数据是政府有效监管所不可或缺的。

因此，可市场化的公共数据应该是竞争数据，具体表现为事业单位的公益品提供数据和公共服务部门的业务非垄断数据。

二、法律判断标准

（一）著作权许可路径

如果一个数据库在数据内容的选择上能够体现其独创性，无论其内容编排是否有独创性，都可以判定该数据库满足著作权独创性要件；或者如果这一数据库在内容的编排上有独创性，无论其内容选择上是否有独创性，该数据库也满足著作权独创性要件。可见，只要满足上述两项独创性条件之一，政府即可主张公共数据库的著作权，与公共数据的特定受益人签订许可使用合同，并要求其提供一定补偿。注意两个方面的法律问题：一是如何理解

表7.2 公共经济学判断标准下的公共数据内容

事业单位的公益品提供数据	公共服务部门的业务非垄断数据
（1）市教委的教育科技	（1）市公安局的公共安全
（2）市民政局的民生服务	（2）市自然规划局的资源环境
（3）市司法局的民生服务	（3）市自然规划局的公共安全
（4）市司法局的机构团体	（4）市生态环境局的资源环境
（5）市文化旅游局的文化休闲	（5）市生态环境局的公共安全
（6）市卫生健康委的卫生健康	（6）市交通委的城市建设
（7）市体育局的文化休闲	（7）市交通委的公共安全
（8）市体育局的民生服务	（8）市交通委的道路交通
（9）市绿化市容局的资源环境	（9）市水务局的民生服务
（10）市绿化市容局的文化休闲	（10）市绿化市容局的城市建设
（11）市机管局的文化休闲	（11）市绿化市容局的民生服务
（12）市信访办的资源环境	（12）市信访办的资源环境
（13）市信访办的卫生健康	
（14）市信访办的教育科技	
（15）市信访办的文化休闲	

政府数据开放与我国《著作权法》以及《政府信息公开条例》的关系，以厘清数据库著作权主体与客体适格的问题。《著作权法》第5条规定，该法不适用于"法律、法规，国家机关的决议、决定、命令和其他具有立法、行政、司法性质的文件，及其官方正式译文"。可推知，政府虽无法对"公文"主张著作权，但同时也未排除政府成为公共数据库（"公文"除外）著作权人的可能。而《政府信息公开条例》第10条第1项规定，"行政法规、规章和规范性文件"属主动公开的政府信息。因此，法规、政策等政务信息理应无偿主动向大众公开；而那些不属于政务信息的、原始的公共数据，只要满足"政府履行职能时的智力创造"这一要件，就可以成为著作权客体，政府即可参照《著作权法》依法管理与处置。二是政府在制作公共数据库时，应采取一定措施，避免与数据来源的公民或其他组织发生著作权纠纷。虽然政府在制作公

共数据库时，理应获得被搜集数据的个体的同意与授权，但在对外开放公共数据时，仍然应对其数据库进行"脱敏"，即对数据库的数据进行匿名化处理，确保数据使用者不会基于数据追溯到某个特定公民或特定组织。这一措施首先是为保护公民和组织的隐私，其次也是切断个体与公共数据库之间的直接法律联系，公民或组织不能对公共数据库的某一部分特定内容主张著作权，从而避免发生著作权纠纷。

此路径下得出的可市场化的公共数据应满足以下三个要件：（1）公共数据在内容或编排上具有独创性；（2）公共数据非"公文"；（3）公共数据进行匿名化处理。

（二）行政收费路径

行政收费可以作出如下定义：行政收费是行政机关在依法行使职权或者事业单位在依法提供公共服务的过程中，向公民、法人和其他组织收取一定费用的行政决定。行政收费的种类大致可以分为：

1. 工本费

工本费，即制作证照、标牌所用材料的成本费用。（1）行政机关收取工本费是为了补充行政经费不足；（2）明确了行政机关可以收取工本费的"证件、牌照"的范围。行政机关向行政相对人收取代履行义务所生的劳务费用，不属于行政收费。

2. 使用费

使用费，即行政相对人利用公有公共设施所应当支付给国家的费用。在性质上，使用费是为交换公共部门所提供的特别商品和服务的一种金钱支付。公有公共设施系由公共财政出资建造、维护的，行政相对人在行政机关行使职权或者事业单位提供特定服务过程中使用了公有公共设施的，应当依法支付相应的费用，如公园门票、过桥费等。收取使用费的要件是：（1）存在具有特定管理或者服务关系。在这一特定关系中，行政相对人利用特定的公有公共设施实现自己生产、生活等活动特定目的，满足了自己的特定需要；（2）实际利用了特定的公有公共设施。

3. 受益费

受益费，即依照法定条件向受益于公有公共设施的行政相对人所收取的费用。收取受益费的要件是：（1）不具有特定的管理或者服务的关系，即在行政机关管辖区内，只要符合法定条件，行政相对人就有交纳受益费的义务。（2）以可能利用既有公有公共设施为前提。也就是说，即使行政相对人没有实际利用公有公共设施，他也有义务交纳受益费，且受益费通常是预收的。

4. 特许费

特许，即行政机关依法许可申请人有权开发利用有限自然资源、获得公共资源配置和准入直接关系公共利益的特定行业的行政许可决定。被特许开发利用的自然资源、公共资源属于国家所有，申请人经行政机关特许后利用之，可以从中获得较高的利益。同样，特定行业具有垄断性，申请人经行政机关特许获得市场准入后，也往往可以凭借其垄断地位获得较高利益，如供水、供热、供气和城市出租车经营等，这些行业因具有自然垄断性或者基于公共利益考虑，行政机关不可能向所有人开放。所以，为了公正分配社会财富，申请人从事这类经营活动，除了依法纳税之外，行政机关还根据法律、行政法规的规定向申请人收取特许费。

5. 特别收费

特别收费，即国家基于规制目的向行政相对人收取的特别费用。在环境保护法上，排污费属典型的特别收费，它具有政府规制生产、经营者活动以保护环境的目的。《排污费征收使用管理条例》第2条规定："直接向环境排放污染物的单位和个体工商户，必须按照本办法规定，缴纳排污费。"依这一规定，当从事生产、经营的单位和个人不可避免地要直接向环境排放污染物时，除了追究其相应的行政处罚等法律责任外，行政机关可以向其收取一定金额的排污费。

此路径下得出的可市场化的公共数据应为满足特许费和特别收费要件的公共数据。

表7.3　法律判断标准下的公共数据内容

著作权许可路径	行政收费路径	
（1）市发展改革委的民生服务	（1）市公安局的公共安全	（14）市市场监管局的公共安全
（2）市规划资源局的道路交通	（2）市民政局的民生服务	（15）市市场监管局的卫生健康
（3）市生态环境局的资源环境	（3）市财政局的城市建设	（16）市市场监管局的机构团体
（4）市生态环境局的公共安全	（4）市规划资源局的城市建设	（17）市体育局的卫生健康
（5）市水务局的城市建设	（5）市规划资源局的资源环境	（18）市绿化市容局的城市建设
（6）市水务局的资源环境	（6）市生态环境局的资源环境	（19）市税务局的经济建设
（7）市卫生健康委的卫生健康	（7）市生态环境局的公共安全	（20）市政府合作交流办的经济建设
（8）市市场监管局的公共安全	（8）市交通委的城市建设	（21）市信访办的资源环境
（9）市绿化市容局的文化休闲	（9）市交通委的公共安全	（22）市信访办的卫生健康
	（10）市交通委的道路交通	（23）市信访办的教育科技
	（11）市水务局的城市建设	（24）市信访办的文化休闲
	（12）市水务局的资源环境	（25）市信访办的社会发展
	（13）市文化旅游局的文化休闲	（26）市政府办公厅的经济建设

三、实证判断标准

对影响政府数据生产要素价值实现的深层次因素进行研究，发现政府数据供给情况、企业数据吸收能力、政府数据交易规则、政府数据交易安全和数据供给监督反馈机制均对政府数据事前价值和事中价值具有正向显著影响。其中政府数据供给情况对事前价值的实现影响最大，而政府数据交易安全对事中价值的实现影响最大。

根据 Alexopoulo（2016）、陈兰杰（2021）等人的研究，政府数据可以按如下标准进行划分：

（一）政府数据供给情况（GJ）概括为政府数据主题覆盖量（GJ1）、数据总量（GJ2）、数据时效性（GJ3）、数据完整性（GJ4）、数据准确性（GJ5）、数据权威性（GJ6）和数据相关性（GJ7）七个方面。

（二）政府数据需求主体概括为企业数据吸收能力，同时将企业数据吸收能力（XS）界定为企业资金总量（XS1）、开发投入资金（XS2）、数据处理能力（XS3）、关键核心技术（XS4）、数据意识（XS5）和数据道德（XS6）六个方面的内容。

（三）政府数据交易规则（GZ）界定为权属界定明晰度（GZ1）、评估价格准确度（GZ2）、定价方式合理度（GZ3）、交易格式丰富度（GZ4）和交易机制可信度（GZ5）五个方面的内容。

（四）政府数据交易安全（AQ）归纳为数据脱敏价值保留程度（AQ1）、数据流通加密程度（AQ2）和交易平台规范程度（AQ3）三个方面。

（五）数据供给监督反馈机制（JD）归纳为监督反馈制度（JD1）、监督反馈平台（JD2）和监督管理机构（JD3）三个方面。

四、综合判断标准

从实际运作来看，我国政府数据社会化利用，存在多种不同形式的间接收费。数据间接成本包括大量的数据采集、清洗、加工、整合、整理、展现。目前，收费的重点是一些增值服务、海量数据的提供。调研表明，我国未来可以收费的政府数据类型可分为如下五类。

（1）需加工处理才能满足需求的数据。（2）需提供调用接口才能满足需求的数据。（3）需跨单位调取整合才能提供的数据。（4）数据量庞大的原始数据。（5）时间跨度较大的历史数据。

表7.4 实证判断标准下的公共数据内容

（1）市发展改革委的经济建设	（13）市生态环境局的资源环境	（22）市市场监督局的卫生健康
（2）市经济信息委的经济建设	（14）市住房城乡建设管理委的城市建设	（23）市体育局的文化休闲
（3）市商务委的经济建设	（15）市交通委的城市建设	（24）市统计局的经济建设
（4）市教委的教育科技	（16）市交通委的道路交通	（25）市绿化市容局的经济建设
（5）市科委的教育科技	（17）市水务局的资源环境	
（6）市公安局的公共安全	（18）市文化旅游局的文化休闲	（26）市税务局的经济建设
（7）市公安局的道路交通	（19）市卫生健康委的卫生健康	（27）市信访办的资源环境
（8）市民政局的民生服务		
（9）市司法局的民生服务	（20）市应急管理局的公共安全	（28）市信访办的卫生健康
（10）市财政局的经济建设	（21）市市场监督局的公共安全	
（11）市规划资源局的城市建设		
（12）市规划资源局的资源环境		

表7.5 其他判断标准下的公共数据内容

（1）市发展改革委的经济建设	（12）市住房城乡建设管理委的城市建设
（2）市商务委的经济建设	（13）市交通委的城市建设
（3）市教委的教育科技	（14）市交通委的道路交通
（4）市科委的教育科技	（15）市文化旅游局的文化休闲
（5）市公安局的公共安全	（16）市卫生健康委的卫生健康
（6）市民政局的民生服务	（17）市应急管理局的公共安全
（7）市司法局的民生服务	（18）市市场监督局的公共安全
（8）市财政局的经济建设	（19）市市场监督局的卫生健康
（9）市规划资源局的经济建设	（20）市市场监督局的机构团体
（10）市规划资源局的资源环境	（21）市统计局的经济建设
（11）市生态环境局的资源环境	（22）市绿化市容局的城市建设

对根据以上四种判断标准得到的公共数据进行取交集，得到四个集合取交集的韦恩图。

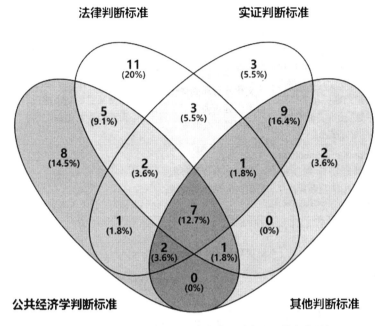

图 7.2　公共数据综合判定标准韦恩图（来源：作者自制）

根据上述韦恩图得出，同时符合四个判断标准的公共数据是市民政局的民生服务数据、市文化旅游局的文化休闲数据、市卫生健康委的卫生健康数据、市公安局的公共安全数据、市生态环境局的资源环境数据、市交通委的城市建设数据、市交通委的道路交通数据这七类数据，即为可进行市场化的公共数据。这七类公共数据具有以下共性：（1）数据提供部门进行的活动是公益品提供活动或非垄断的公共服务提供活动。（2）政府对这部分数据在内容或编排上具有独创性，并进行了匿名化处理，使得其享有著作权；或这部分数据可以被特许开发利用而政府对此采取行政收费。（3）这些公共数据基本满足以下多条特征：政府数据主题覆盖量全面、数据总量多、数据时效性强、数据完整性好、数据准确性高、数据权威性强和数据相关性强。（4）同时，这些数据的类型多表现为数据接口且时间跨度较长。

表 7.6　公共数据综合判定标准与数据内容

公共数据的判断标准	公共数据的内容	
7 common elements in "公共经济学判断标准", "法律判断标准", "实证判断标准" and "其他判断标准":	市民政局的民生服务； 市文化旅游局的文化休闲； 市卫生健康委的卫生健康； 市公安局的公共安全；	市生态环境局的资源环境； 市交通委的城市建设； 市交通委的道路交通；
2 common elements in "公共经济学判断标准", "法律判断标准" and "实证判断标准":	市信访办的资源环境； 市信访办的卫生健康；	
1 common element in "法律判断标准", "实证判断标准" and "其他判断标准":	市规划资源局的资源环境；	
1 common element in "公共经济学判断标准", "法律判断标准" and "其他判断标准":	市绿化市容局的城市建设；	
2 common elements in "公共经济学判断标准", "实证判断标准" and "其他判断标准":	市教委的教育科技； 市司法局的民生服务；	
5 common elements in "公共经济学判断标准" and "法律判断标准":	市绿化市容局的文化休闲； 市信访办的教育科技； 市信访办的文化休闲；	市生态环境局的公共安全； 市交通委的公共安全；
3 common elements in "法律判断标准" and "实证判断标准":	市水务局的资源环境； 市规划资源局的城市建设；	市税务局的经济建设；
9 common elements in "实证判断标准" and "其他判断标准":	市发展改革委的经济建设； 市商务委的经济建设； 市科委的教育科技； 市财政局的经济建设； 市应急管理局的公共安全；	市市场监督局的公共安全； 市市场监督局的卫生健康； 市统计局的经济建设； 市住房城乡建设管理委的城市建设；
0 common elements in "法律判断标准" and "其他判断标准":	无	

公共数据的判断标准	公共数据的内容	
0 common elements in "公共经济学判断标准" and "其他判断标准":	无	
1 common element in "公共经济学判断标准" and "实证判断标准":	市体育局的文化休闲；	
8 elements included exclusively in "公共经济学判断标准":	市司法局的机构团体； 市体育局的民生服务； 市绿化市容局的资源环境； 市机管局的文化休闲；	市自然规划局的资源环境； 市自然规划局的公共安全； 市水务局的民生服务； 市绿化市容局的民生服务；
11 elements included exclusively in "法律判断标准":	市发展改革委的民生服务； 市规划资源局的道路交通； 市水务局的城市建设； 市市场监管局的公共安全； 市财政局的城市建设； 市市场监管局的卫生健康；	市市场监管局的机构团体； 市体育局的卫生健康； 市政府合作交流办的经济建设； 市信访办的社会发展； 市政府办公厅的经济建设；
3 elements included exclusively in "实证判断标准":	市经济信息委的经济建设； 市公安局的道路交通；	市绿化市容局的经济建设；
2 elements included exclusively in "其他判断标准":	市规划资源局的经济建设； 市市场监督局的机构团体；	

第四节　公共数据采购市场的法律制度完善

为了拓宽公共数据治理的数据归集渠道，进一步整合公共数据与社会数据，促进二者的融合治理与运用，从而更好地提升公共部门的公共数据质量、数据治理能力和公共服务水平，除了行政部门基于行政手段进行数据收集之外，还需要利用政府采购这一市场化方式向社会力量购买非公共数据资源。在具体政策与法律法规方面，2021 年 3 月 5 日上海市政府发布《2021 年上海市公共数据治理与应用重点工作计划》，提出要进一步拓宽数据归集面，"探索政府统一购买社会数据的模式，采购一批具有高频共性需求的社会数据，促进公共数据和社会数据融合治理、融合运用"，提升公共数据治理能力。2021 年 11 月 25 日，上海市第十五届人民代表大会常务委员会第三十七次会议通过《上海市数据条例》，其中第 32 条也规定："本市财政资金保障运行的公共管理和服务机构为依法履行职责，可以申请采购非公共数据。"由此看来，建立并完善社会数据政府采购市场，明确其中的主体权责、交易场所以及交易机制等市场化配置要素，并提出相应的法律制度完善建议，对于公共数据市场化配置以及公共数据治理具有重要价值和作用。

一、主体权责

（一）法律规制现状

在职能部门方面，《上海市数据条例》第 32 条明确规定："……市政府办公厅负责统筹市级公共管理和服务机构的非公共数据采购需求，市大数据中心负责统一实施。区公共数据主管部门负责统筹本行政区域个性化采购需求，自行组织采购。"从该条规定可以看出，上海市政府办公厅以及各区的公共数据主管部门负责非公共数据采购的统筹工作，市级和区级公共管理和服务机构属于非公共数据需求方，市大数据中心和区公共数据主管部门负责组织和实施采购活动。但是，该条对于主要负责部门的具体职权规定较为简单和模糊，缺乏可一定的操作性和执行性，需要后续出台相关的规范性指导文件进一步完善。

（二）法律规制建议

应制定和完善上海市社会数据采购实施与使用管理相关规范文件。上海市政府办公厅作为"推进、指导、协调、监督全市公共数据和电子政务工作，编制公共数据和电子政务发展规划并组织实施"的主要部门，应牵头组织编制《上海市社会数据采购实施与使用管理暂行办法》的征求意见稿，为社会数据采购提供切实可行的解决方案。

在办法中，需要在数据条例的基础上进一步明确具体的主体权责。本书认为，市政府办公厅是推进社会数据采购的主要负责单位，负责社会数据"统采共用"的组织和协调工作。市政府办公厅应该建立健全绩效考核评估机制，定期对市级公共管理和服务机构、各区社会数据使用情况和应用绩效进行考核评估；由市财政局制定社会数据采购相关的预算管理机制；由市经信委协助统筹市级公共管理和服务机构的社会数据需求，定期对各机构的社会数据需求开展调研，编制形成全市社会数据共性需求清单并每年更新，根据数据需求制定年度共性社会数据采购方案；建立社会数据目录，明确社会数据的内容、提供方式、更新周期、适用范围等。市大数据中心是社会数据采购的主要实施部门，开展社会数据的统一采购、管理和服务，具体包括社会数据的接入、存储、管理和应用；所采社会数据须接入市大数据中心所运营的大数据资源平台，进行统一管理、统筹使用，各区采购的社会数据也应由各区大数据中心统一接入市大数据中心，通过市级、区级数据资源交换共享平台实现数据共享；还应依据社会数据目录，为市级公共管理和服务机构提供数据或数据服务。市财政局是社会数据采购的资金管理与保障部门，负责审批社会数据采购相关工作预算，研究制定社会数据采购相关预算归口管理机制，为社会数据"统采共用"及"分采统用"提供资金保障。市级公共管理和服务机构属于社会数据需求方，其作为社会数据的使用主体应积极配合市政府办公厅明确社会数据采购需求，做好本部门社会数据的使用工作；市级公共管理和服务机构需采购的社会数据按照"统采共用为主、分采统用为辅"的方式实施采购；依据社会数据目录，通过市大数据中心获取数据或数据服务，并定期向市政府办公厅报送社会数据使用情况；建立健全数据安全制度，对社会数据实施分级分类管理，确保共享和使用安全。此外，其他部门应配合与支持社会数据采购工作，如网信办应负责研究制定社会数据安全管理制度等。

二、交易场所

（一）法律规制现状

根据《上海市数据条例》第33条规定，本市国家机关、事业单位以及经依法授权具有管理公共事务职能的组织应当及时向大数据资源平台归集公共数据。其他公共管理和服务机构的公共数据可以按照逻辑集中、物理分散的方式实施归集，但具有公共管理和服务应用需求的公共数据应当向大数据资源平台归集。明确了政府机关、事业单位和经授权的组织具有归集公共数据的职责。

关于政府直接购买社会数据，《2021年上海市公共数据治理与应用重点工作计划》提出"进一步推动交通、医疗、金融、教育、水电气公共事业等行业数据归集，实现公共数据'应归尽归'。探索政府统一购买社会数据的模式，采购一批具有高频共性需求的社会数据"，以进一步拓展数据归集面。

（二）法律规制建议

在公共数据采购市场中，委托采集和购买社会数据涉及市场化的因素，委托采集一般由政府机关以发布招标项目的方式进行，购买社会数据也会涉及场外直接购买和数据交易所场外购买两个部分。

1. 场外直接购买

政府购买社会数据，可以采取直接购买的方式。《上海市公共资源交易管理办法》中明确指出，鼓励社会关注度高、有利于提升要素流动效率和效益、可以运用市场化方式配置的数据、技术等其他要素资源，按照程序列入交易目录进行管理，并通过交易平台进行交易，其中包括公共资源交易平台和政府采购平台。

根据《上海市政府采购实施办法》，政府采购通过上海市政府采购网，实现全流程的电子化操作。纳入集中采购目录的政府采购项目，应当实行集中采购，委托集中采购机构进行。对于分散采购项目，可以自行开展采购活动。其中，以公开招标为主要采购方式，采购项目预算金额在公开招标数额标准以上的，应当采用公开招标方式；采购项目预算金额未达到公开招标数额标准的，由采购人依法根据数据性质和数据提供主体的数量，自行选择竞争性谈判或者单一来源方式进行采购。

集中采购目录大多包含各个政府部门通用的基础设施与服务，对公共数据来说，对各个部门能够普遍应用的、共性需求大的数据，可以列入集中采购目录，委托采购机构统一进行，标准统一、采购次数多的公共数据可以加入电子集市以方便持续采购。

2. 数据交易所场内购买

当交易的数据规模达到一定量级，数据交易双方谈判和磋商成本增大，配套机制的缺乏则会使数据定价和数据安全问题凸显，导致数据交易成本高、效率低，不利于公共数据的价值得到充分开发和利用。随着交易平台、规则的逐渐完善，可以将公共数据引入数据交易所进行交易。借助于已有的上海数据交易所完善的信任机制、交易机制、治理机制和监管机制，进行公共数据的交易，能够有效维护交易秩序，保证交易顺利进行，促进公共数据的流通和利用。

根据上海市数据交易中心的《数据互联规则》，首先，持有具有公共属性、涉及公共利益的社会数据的企业，通过资质审核、准入之后，注册成为会员与系统联调；然后，公共数据提供方根据交易所要求，提交符合格式、要素的公共数据，比如说上海市大数据中心对数据要求的六要素技术，包括加密交易 exID 技术、数据标签、标签赋值、价格约束、时间约束以及包括描述、行业、加工方式等的必选约束和包括覆盖度、行业约束、质量评分、风险评分等的可选约束……在数据交易所进行挂牌交易，并完成标的的确权，或者由需求方将需求在交易所挂牌。接着，数据交易所进行供应方、需求方双方撮合，符合条件的需求者比如政府机关或者政府机关授权的代理机构可以根据实际需求与预算购买社会数据。在配送环节进行额度检查、互联对象配送与计费、配送过程监测。最后，完成权益与资金的结算与清算。通过整合公共数据资源，鼓励和支持公共数据资源的交易，能够吸引更多市场上公共数据提供方的参与，进而汇集更多有价值的社会持有的公共数据资源，形成良性循环，助力构建和培育流通活跃的公共数据市场。

三、准入规制

市场准入制度是国家对市场主体资格的确立、审核和确认的法律制度，包括市场主体资格的实体条件和取得主体资格的程序条件。其表现是国家通过立法，规定市场主体资格的条件及取得程序，并通过审批和登记程序执行。在社会数据采购市场，准入机制主要指的是数据供应商以及采购代理机构参加采购活动所需主体资格的确立、审核和确认，包括参加政府采购活动的实体条件和程序条件。

（一）法律规制现状

对于供应商，《中华人民共和国采购法》（下称《采购法》）第22条规定了其参加采购活动的实体条件："供应商参加政府采购活动应当具备下列条件：1. 具有独立承担民事责任的能力；2. 具有良好的商业信誉和健全的财务会计制度；3. 具有履行合同所必需的设备和专业技术能力；4. 有依法缴纳税收和社会保障资金的良好记录；5.参加政府采购活动前三年内，在经营活动中没有重大违法记录；6.法律、行政法规规定的其他条件。采购人可以根据采购项目的特殊要求，规定供应商的特定条件，但不得以不合理的条件对供应商实行差别待遇或者歧视待遇。"同时《采购法》第23条继续规定了供应商获得主体资格的程序条件："采购人可以要求参加政府采购的供应商提供有关资质证明文件和业绩情况，并根据本法规定的供应商条件和采购项目对供应商的特定要求，对供应商的资格进行审查。"

对于采购代理机构，《采购法》第19条规定："采购人可以委托集中采购机构以外的采购代理机构，在委托的范围内办理政府采购事宜。"集中采购机构一般指各级政府的采购中心或各部门设立的集中采购机构，采购代理机构是指经国家工商行政管理部门登记注册的社会营利性组织，在委托人的授权范围内，以代理人的身份，通过合法、规范的程序为其采购所需货物、服务或工程。财政部2018年发布的《政府采购代理机构管理暂行办法》规定了采购代理机构的资格条件："代理机构代理政府采购业务应当具备以下条件：1.具有独立承担民事责任的能力；2.建立完善的政府采购内部监督管理制度；3.拥有不少于5名熟悉政府采购法律法规、具备编制采购文件和组织采购活动等相应能力的专职从业人员；4.具备独立办公场所和代理政府采购业务所必需的办公条件；5.在自有场所组织评审工作的，应当具备必要的评审场地和录音录像等监控设备设施并符合省级人民政府规定的标准。"

（二）法律规制建议

在供应商资格准入方面，除了《采购法》第22条所列举的主体资格条件之外，采购人还可以根据采购项目的特殊要求，规定供应商的特定条件。对于社会数据采购来说，由于数据供应商是数据的直接控制者，交易数据的真实性、合法性更多取决于数据供应商，如果数据供应商采取侵害数据主体个人信息的方式收集数据或者存在伪造数据等行为，必然会对数据安全和数据质量产生恶劣影响，不利于公共数据与社会数据的融合和政府公共服务的提供。此外，在《数据安全法》致力维护数据安全的框架下，提供数据的企业在各个方面加强数据安全已经成为大势所趋和必要条件。因此，有必要在资格审查内容中增加数据供应商是否"具有健全的网络安全与数据保护管理机制"的准入标准，要求供应商提供数据合规管理组织架构、数据分级分类保护制度、全流程数据安全管理制度、数据梳理与风险评估制度、监测预警和应急处置机制等相关证明文件，以便采购人对其数据安全管理体系进行审查，在一定程度上保证采购数据的真实性、合法性。

在采购机构方面，除了《政府采购代理机构管理暂行办法》规定的条件之外，还应该注重以下几个方面：第一，机构设置和职能划分。公司需要建立健全的组织机构和完善的内部管理体制，尤其是针对数据技术咨询、数据安全管理、数据风险评估等，设立相应的职能部门。第二，技术人才储备与配置。公司应该拥有一批专业齐全、精通业务、专业技术能力强、工作经验丰富的数据技术人才，建立具有由国务院政府特殊津贴享受者、市政府顾问、科研院校、社会团体、知名企业的专家教授和高级工程技术人员组成的大型专家库，部分人员还应具有 PMP 资格证书、信息系统项目管理师资格证书、CPDA 数据分析师、数据分析职业技术证书等资格，有能力为政府提供一流的代理服务。

四、价格规制

（一）法律规制现状

《上海市政府采购实施办法》规定，集中采购应当符合采购价格低于市场平均价格、采购效率更高、采购质量优良和服务良好的要求。对技术、服务等标准统一的货物和服务项目实施招标采购的，应当采用最低评标价法进行评标。对技术复杂或者标准不统一的货物和服务项目实施招标采购的，应当在招标文件中明确采购项目的质量和服务要求，并采用综合评分法进行评标。且投标报价应当公平合理，投标报价出现重大偏差、明显低于成本价或明显高于市场价，并经评委会确认的属于无效。

根据《上海市数据条例》第57条，从事数据交易活动的市场主体可以依法自主定价。市相关主管部门应当组织相关行业协会等制定数据交易价格评估导则，构建交易价格评估指标。根据《价格法》规定，禁止提供相同商品或者服务，对具有同等交易条件的其他经营者实行价格歧视。

现有的法律法规对于公共数据的购买，忽略了公共数据交易大多不存在可比市场的情况，以及企业不愿意提供公共数据的情形。且对招标评审时仅仅根据最低价来确定，难以避免持有公共数据的企业实施垄断定价的可能最终导致报价过高交易失败。

（二）法律规制建议

以政府采购的方式进行社会数据的直接购买，如果市场上存在多个公共数据的供应商，且采购金额达到一定标准的，可以进行公开招标，根据政府部门对公共数据的实际需求和预算，发布招标规则，召集能提供相应数据产品的卖方来竞标，此时政府进行评标，掌握了数据定价的选择权，首先参照市场上类似数据交易案例的价格，利用技术水平、价值密度、评估日期、数据容量等可比因素进行修正，以得到待估的公共数据价格。如果市场上没有可比案例的，可以参照收集数据的成本、政府预算对招标价格进行权衡。如果采取竞争性谈判、单一来源采购的方式采购数据，应当采取协议定价法，通过与满足条件的社会企业进行协商谈判来确定交易价格。

对于数据需求大、数据标准明确、供给稳定的公共数据，可以通过数据交易所进行交易时，应当采取直接定价法，建立数据资产评价指标，由系统自动给出数据参考价格，运用按次收费、订阅收费模式等按照使用量定价方式，其中也可以委托专业的可信第三方定价机构进行估价，主要以成本法、市场法进行定价。同样，供应商单一而需求方众多的公共数据也可以放在数据交易所进行拍卖，价高者得。

政府购买社会数据可能面临的问题是，一些私人企业不愿意向政府提供社会数据，导致后续交易难以进行，此时政府需要给予一定的税收补贴，使得企业有共享数据的激励。而且，公共数据缺乏市场参照价格，企业掌握了交易和定价的主导权，处于强势地位，可能导致垄断定价的发生，不利于交易的进行和资源的有效配置。当不存在市场可比价格时，可以采用成本加成法，价格在平均成本基础上加以一定收益率的加成，该收益率由公共数据所处的行业决定。

在具体定价上，如果本就存在社会力量在市场上提供，合理的市场价格自然是定价的最佳参考；如果是原本政府机关能够收集的数据，以政府机关收集数据时的成本作为购买数据定价参照；如果本是由事业单位收集的数据，以事业单位在收集该数据时获得的财政拨款额度，应成为政府购买公共数据定价的参考，第三方专业机构根据质量好坏进行评估定价。对于那些本就不存在市场且政府难以自己采集的公共数据，持有该公共数据的企业很可能对公共数据实行垄断定价。如果仅有一家企业提供该公共数据，则构成完全垄断市场。企业是以利益最大化为目标的，它们会尽可能夺取消费者剩余而使自己的利润最大化。

在制定数据交易价格导则的基础上，还应该认识到公共数据交易的特殊性并对其加以规定，制定公共数据质量评估指标，完善交易价格评估指标，对公共数据定价提供具体的指导。对社会企业持有的公共数据定价，原则上以收集成本为主要参考，以数据质量好坏为衡量标准，双方可就价格进行协商。对进行价格歧视、滥用垄断地位定价的企业定价行为通过《价格法》《反垄断法》进行规制。

五、竞争规制

竞争机制是市场机制的内容之一，是商品经济活动中优胜劣汰的手段和方法。

（一）法律规制现状

第一，在采购方式方面，《采购法》第26条规定："政府采购采用以下方式：1. 公开招标；2. 邀请招标；3. 竞争性谈判；4. 单一来源采购；5. 询价；6. 国务院政府采购监督管理部门认定的其他采购方式。公开招标应作为政府采购的主要采购方式。"其中，"其他采购方式"包括竞争性磋商等。而在数据采购已有实践中，公开招标、竞争性磋商和单一来源采购是采购人主要采用的几种方式。在这三种采购方式中，单一来源采购是基于仅有单个企业拥有采购人所需的数据，不存在其他竞争主体，因此不受采购市场竞争机制的调节。而在公开招标、竞争性磋商等方式中，竞争机制的作用就较为凸显。政府一般采用综合评分方法对供应商进行评估和选择，包括价格评分标准、商务评分标准、技术评分标准等，促使供应商企业在这些方面产生竞争行为。

第二，在促进公平竞争方面，《采购法》对于限制竞争的行为进行了明确规定："政府采购当事人不得相互串通损害国家利益、社会公共利益和其他当事人的合法权益；不得以任何手段排斥其他供应商参与竞争。供应商不得以向采购人、采购代理机构、评标委员会的组成人员、竞争性谈判小组的组成人员、询价小组的组成人员行贿或者采取其他不正当手段谋取中标或者成交。采购代理机构不得以向采购人行贿或者采取其他不正当手段谋取非法利益。"此外，实力较强的大企业有能力通过压低价格、承诺提高质量等方式在竞争中胜出，而实力弱小、地处偏远的中小企业显然不具备这种能力，因此《采购法》还通过对处于弱势地位企业的保护来对竞争机制进行相对公平的调节："政府采购应当有助于实现国家的经济和社会发展政策目标，包括保护环境，扶持不发达地区和少数民族地区，促进中小企业发展等。"

除了《采购法》，我国《反垄断法》也专门设置了一章来规制滥用行政权力排除、限制竞争的行为，防止在政府采购过程中出现行政垄断。国家市场监督管理总局于 2019 年 6 月 26 日颁布的《制止滥用行政权力排除、限制竞争行为的暂行规定》对于行政垄断的相关问题予以了细化，其中，第 9 条明确规定行政机关不得以任何形式制定、发布含有排除、限制竞争内容的政府采购政策。

（二）法律规制建议

针对公开招标、竞争性磋商等方式，应对供应商的竞争因素评估与考量有所侧重。一般具有强大数据技术专业实力的企业更容易获得有力竞争地位，因此在对数据供应商进行评估和选择时，供应商的数据技术服务能力应作为采购人重点关注和考量的评价因素。其中，技术部分包括技术服务方案和技术服务团队。在服务方案方面，供应商需要对数据采购的目的、需求有全面深入的认识与理解，并进行详细阐述；同时，应提供数据的采集、处理及分析的全流程技术方案。在服务团队方面，相关负责人员应具备数据专业技术能力以及专业资格证书，其他工作人员配置合理、专业性强、职责分工明确。数据技术能力主要包括以下几点：数据接入服务能力、数据质量以及与应用场景的吻合度、数据规范化处理技术、融合分析技术，等等。除此之外，基于数据安全保护的特殊性和重要性，对于供应商数据安全管理能力的要求也需作为评估主要因素之一。

此外，为了保障采购过程中的依法竞争、公平竞争，首先需要确立法律适用的优先规则。我国《采购法》与《反垄断法》都对政府采购的限制竞争行为有较为明晰的规定，《采购法》是关于政府采购活动的专门立法，当其就政府采购中的地域歧视、封闭市场等问题进行专门规定时，应该根据特别法优于一般法的适用规则优先适用该法。另外还需强化各主体的法律责任，包括增设违反公平竞争审查制度的法律责任、对自然人的追责措施、完善内部控制机制的责任制度等。

六、供求规制

供求机制是调节市场供给与需求矛盾，使之趋于均衡的机制，是指商品的供求关系与价格、竞争等因素之间相互制约和联系而发挥作用的机制。供求关系受价格和竞争等因素的影响，而供求关系的变动，又能引起价格的变动和竞争的开展。

（一）法律规制现状

一是社会数据供求主体已经在法律当中有所明确。《上海市数据条例》第32条明确了数据的需求方，即"本市财政资金保障运行的公共管理和服务机构"，主要包括"本市国家机关、事业单位，经依法授权具有管理公共事务职能的组织，以及供水、供电、供气、公共交通等提供公共服务的组织"，而供给方则主要是符合《采购法》规定条件的社会数据源企业。

二是社会数据采购市场的供求关系，实际上处于需求大于供给的状态。原因在于，一方面公共管理和服务机构为了补充公共数据的缺漏，促进公共数据与社会数据融合运用，完善公共数据数量、提高公共数据质量，从而提升数字治理和公共服务的水平，理论上需要大量高质量的社会企业数据；另一方面，社会企业本身由于数据的垄断性收益，可能不愿意把数据出售给政府或其他公共机构，或者宁愿将数据放在普通数据交易市场上交易，这就增加了社会企业"不想卖"或者迫于行政机关的优益地位而"不敢不卖"的可能性。传统的政府采购是建立在采购的货物、工程和服务已经在市场上流通的基础上，而数据采购的特殊性在于数据本身可能并没有在市场上售卖，并且具有个人或者企业私人财产的属性。综上所述，如何提高社会数据供给，建立健全的供求机制和激励机制，是亟待解决的问题。目前，《上海市数据条例》只对数据供需主体和统筹需求部门进行了简单的概括性描述，并没有明确供求双方的对接与反馈机制，需要在后续的法律法规中进一步完善。

（二）法律规制建议

建立数据供求管理机制，主要包括以下几个方面：一是以市政府办公厅为主要统筹主体的数据需求收集层面。上文已提到，在前期，市政府办公厅应该对各公共管理和服务机构的数据需求进行定期调研，建立常态化的数据需求对接机制，总结形成全市社会数据共性需求清单并每年更新，根据数据需求制定年度共性社会数据采购方案；二是各数据需求部门与数据源企业的数据供需对接层面。具体来说，目前可能存在主要数据源企业提供的数据与政府各部门实际需求无法有效匹配的问题，主要体现在：一是供需双方对空间网格的划分标准不统一，如区域不一致、精度不一致、标准格与异形格不一致等；二是需求数据的统计口径不一致，如白天工作人口数量，多个部门根据各自业务特点定义了多种统计口径，且不断变化，造成"同名不同义"；三是"统采共用"方式原则上以采购统计级的结果数据为主，但部分需求仍需通过脱敏后的个体数据才能满足，如每日7时至19时之间连续4小时的人口数量。因此，需要由专门的政府职能部门或团队来负责供需双方的有效对接，例如组织数据需求单位与数据源企业共同策划数据的内容、使用方式和具体应用场景等，对相应的数据需求进行分析和确认，形成合理可行的政企技术对接方案，从而保证社会数据与公共数据的高效融合。

此外，对于企业"不想卖"却"不敢不卖"的问题，需要政府建立一套完善的补偿和激励制度。其中，补偿机制可以融入定价机制当中。例如，当需要高频次或大范围采购企业数据时，考虑到数据承载着企业人力物力的投入，购买企业数据将其纳入公共数据管理体系意味着限制企业赖以生存的竞争资源，此时可以在一定的价格基础上制定一套补偿标准，补偿标准需充分考虑企业的性质，企业的经营规模，数据的制作、收集、处理成本，以及数据对应的市场价值等要素。同时，政府也应该利用税收优惠政策等方式来激励社会企业参与政府采购活动。

七、风险规制

在公共数据采购市场，由于交易的信息不对称带来逆向选择和道德风险，加之交易流程不规范、管理人员专业性和技术措施等限制，可能面临包括企业非法获取、非法利用、篡改、破坏、泄露数据以及管理人员操作不规范、系统故障、技术措施限制导致数据丢失的数据安全风险；参与主体如社会企业、代理机构、服务机构资质造假、失信、违约的信用风险；采购部门、服务机构、数据供应商在采购过程中相互勾结、存在违规操作风险。

（一）法律规制现状

首先，在交易流程方面，需要防范违规操作的风险。对于政府采购流程，《采购法》中第四章明确规定了采购程序，包括公开招标、竞争性谈判、单一来源采购和询价的具体流程。上海数据交易中心的《数据互联规则》也对数据交易所的数据交易流程加以规范。关于从业人员的行为，《采购法》禁止当事人相互串通、排斥竞争，不得采取不正当手段谋取中标或者成交，还特意用第九章赋予供应商对相关采购活动进行质疑和投诉的权利，以进一步规范采购人员的行为。《上海市数据条例》第 53 条也规定了建立健全数据交易服务机构管理制度，加强对服务机构的监管，规范服务人员的执业行为。现有的法律法规对公共数据交易流程规定不够具体，需要进一步规范公共数据的采购和管理行为。

其次，在基础设施方面，需要防范系统漏洞、病毒攻击带来的信息风险。《网络安全法》第 5 条指出，"保护关键信息基础设施免受攻击、侵入、干扰和破坏，依法惩治网络违法犯罪活动，维护网络空间安全和秩序"。《上海市数据条例》第 8 条也指出，"加强数字基础设施规划和布局……建立完善网络、存储、计算、安全等数字基础设施体系"。《上海市公共数据和一网通办管理办法》中明确规定"加强市、区两级电子政务基础设施的统筹规划和统一管理，推进电子政务网络、电子政务云、大数据资源平台、电子政务灾难备份中心等共建共用，保障电子政务基础设施的安全可靠"。在公共数据采购市场，需要加强对基础设施的风险检测和技术保障措施，以防止信息风险的外溢。

再次，在数据安全方面，需要防范非法采集、非法利用、篡改、破坏、泄露数据的数据滥用的风险。《数据安全法》从风险来源角度对数据非法采集、非法获取等行为进行了总的规制，也明确了数据交易中介机构的数据安全保护义务，应当要求数据提供方说明数据来源，审核身份并留存记录。同时，确立了数据安全责任制，落实数据管理部门以及相关负责人的主体责任，要求按照规定建立健全流程数据安全管理制度，采取相应的技术措施和其他必要措施保障数据安全。《上海市数据条例》也指出数据处理者负有安全保护责任，且要制定数据安全相关标准、数据交易管理制度，加强安全教育，对收集到的数据进行分类分级保护，采取有效防范措施保护数据安全，并对数据安全风险研判预警，还规定了数据交易所的数据安全保护职责，应当建立规范透明、安全可控、可追溯的数据交易服务环境，制定交易服务流程、内部管理制度，并采取有效措施保护数据安全。《上海市公共数据和一网通办管理办法》第八章专门规定了安全管理与权益保护，明确划分了主管部门、市网信部门、市大数据中心、公共管理和服务机构的安全管理职责，完善了灾难备份和应急管理，要求定期开展重要应用系统和公共数据资源安全测试、风险评估和应急演练。数据安全保护相关法律法规多为原则性规定，对于社会数据的采购，需要建立统一具体的数据安全执行标准、数据安全评估认证体系，加强数据安全预警和处置能力。

最后，在信用机制方面，需要防范参与主体失信、违约带来的信用风险。《采购法》中对供应商提出了准入标准，并指出可以根据有关资质证明文件和业绩情况、供应商条件和采购项目对供应商的特定要求，对供应商的资格进行审查。《上海市数据条例》指出建立规范透明、安全可控、可追溯的数据交易服务环境，违反规定的将被纳入本市公共信用信息服务平台。实践中，上海数据交易所也采取会员制准入机制，并按照"不合规不挂牌"的原则对数据提供方及其数据进行审核。虽然从原则上规定了信用管理体系，但缺乏对购买社会数据的针对性信用机制，包括事前对数据来源、数据安全的审核，事后对数据违规操作的披露，以及数据交易追溯的信任机制，以此建构完备透明的公共数据采购市场。

（二）法律规制建议

首先，对交易流程的规范，识别并规制违规交易行为。第一，对从业人员加强资质、信用情况审核，建立行为规范及违规处理，监督其日常工作态度、专业程度，对异常交易进行识别和管控。第二，建立完善的公共数据交易流程和责任机制，明确政府机关采购公共社会数据的流程规范，采购、管理明确责任到人，实时记录交易的各个环节，保证交易过程可还原、交易责任可追溯。第三，数据交易所也应当秉持严谨的态度，统一交易流程，制定用户行为规则、违规行为及处理，提升数据交易平台和企业对数据交易规则的重视度，并对交易的各个环节进行日志记录，其中包括办理交易的内容、协商过程、修改意见等，保存好日志的同时进行备份，以避免日后纠纷的发生。

其次，加强对基础设施的检测和更新。第一，建立统一的公共数据风险评估预警机制，加强风险防范，及时关注系统风险，定期进行漏洞扫描和风险检测，在事前进行信息风险的识别和预警。第二，完善和检测数据管理系统等基础设施，加强基础设施的技术安全保障措施，建立安全防护系统，消除安全隐患，加强病毒防范能力。第三，在风险发生后，及时采取补救措施，防止信息风险外溢和扩散，完善信息风险、网络风险处置机制。

再次，加强数据安全保护。第一，交易前密切关注社会企业公共数据来源、收集方式、真实性、完整性及其数据安全管理措施的应用；注重对采集来的公共数据种类、数量、收集、存储、使用数据的情况综合识别数据安全风险。第二，明确公共数据安全标准，建立数据安全认证体系，加强数据基础设施的安全保障，采取必要技术措施保护数据安全。第三，进一步完善数据安全预警机制和处置机制，在风险发生后，关注系统、数据恢复问题，评估风险应对能力并进行反馈，增强风险处置水平。加强对数据管理人员的培训和系统的维护、更新，加强数据专业化处理，提高数据安全把控和预防能力。

最后，完善公共数据采购针对性信用机制。第一，在交易前审核数据提供者、数据服务机构的资质。加强对资质证明文件、交易历史和相关数据活动的审核，综合审查其商业信誉和资质，将数据来源、数据保护管理机制作为对数据供应商的重要审核因素。第二，交易进行过程中，应当进行动态识别，通过定期收集其经营状况、财务资料、行业发展情况、偿债能力、是否面临重大诉讼纠纷等可能造成对交易合同履约能力影响的事件和信息，以识别可能存在的信用风险，同时，实时记录交易状态，做到事后可追溯。第三，交易完成之后，完善信用管理制度。在纳入公共信用信息服务平台的基础上，建立公共数据交易黑名单，加强对数据非法采集、伪造篡改、数据泄露、违法数据交易等数据违法违规行为的披露，营造公开透明的公共数据交易环境。

八、监管规制

监管机制通过监管引发风险的行为，以规范政府机关主体、社会企业主体以及相关代理商、服务商在公共数据收集、公共数据交易等方面的行为，提高公共数据采购的效率。

（一）法律规制现状

首先，对于引起数据安全风险的行为，《数据安全法》明确了各个领域主管部门对本领域数据安全的监管职责，公安机关、国家安全机关在各自职责范围内承担数据安全监管职责，国家网信部门进行统筹协调工作。社会数据的采购可能涉及跨领域、跨区域的交易，采购机关不仅应该监管本领域的数据安全，还会涉及交易相对方企业的数据安全。

其次，对于服务机构、从业人员的违规操作行为，《上海市数据条例》在第 53 条明确了"支持数据交易服务机构有序发展，为数据交易提供数据资产、数据合规性、数据质量等第三方评估以及交易撮合、交易代理、专业咨询、数据经纪、数据交付等专业服务。建立健全数据交易服务机构管理制度，加强对服务机构的监管，规范服务人员的执业行为"。《上海市数据条例》提出了对服务机构的监管和从业人员的规范，但属于原则性规定，缺乏具体的执行标准，应该落实到具体规范上，以促进交易的合规进行。

然后，对政府机关采购行为中的信用风险和违规风险，《采购法》规定了政府采购监督管理部门应当对政府采购活动、采购价格、采购人员专业素养和职业技能进行监督检查，以规制恶意串通、接受贿赂等不规范的采购行为，要求公开采购标准，并明确了法律责任。对集中采购机构的采购价格、节约资金效果、服务质量、信誉状况、有无违法行为等事项进行考核，并定期如实公布考核结果。《上海市公共资源交易管理办法》中规定对公共资源交易实行统一监管，并在交易平台实施智慧监管，在线检测、对违法违规交易行为自动预警，并且在第38条中提出信用监管，实现与本市公共信用信息服务平台的对接，对交易主体、中介机构以及评标评审专家依法给予信用激励或者惩戒措施。《上海市政府采购实施办法》中明确了以财政部门作为监管主体，根据需要对采购人的内部机制、公开情况以及当事人履约行为进行监管。《上海市公共数据和一网通管理办法》还指出加强对公共数据和电子政务工作的日常监督，并纳入绩效考核，作为下一年度项目审批的重要参考依据。

此外，对场内交易的监管，上海数据交易所经政府授权承担了数据交易的自律监管职责。在《上海市数据条例》第67条中明确规定，数据交易所应当制定数据交易规则和其他有关业务规则，探索建立分类分层的新型数据综合交易机制，组织对数据交易进行合规性审查、登记清算、信息披露，确保数据交易公平有序、安全可控、全程可追溯。上海数据交易所也应该按照《上海市数据条例》的规定，跟进完善场内交易规则和监管机制。

（二）法律规制建议

首先，对于数据安全风险，采购公共数据的主管部门对该领域的数据安全负有监管职责，既要监管采购过程中的公共数据安全，也要加强对企业的数据安全管理体系监管，保证以交易主体的数据安全为前提，保障后续公共数据交易安全。其间可能涉及跨区域、跨领域的数据安全监管行为，应该探索公共数据采购的联合监管模式，或者授予主管部门对所涉交易相对人的数据安全监管权限。

其次，加强数据交易所场内监管。现有的法律、规章大多从原则性角度指导数据交易工作，数据交易所应当根据《上海市数据条例》制定具体交易流程标准和交易所从业人员行为规范，以监管交易风险和违规行为。在政府机关作为交易主体参与公共数据交易情形下，明确具体交易流程和各主体责任后果，监督并指导公共数据交易的进行，适当引入第三方评估机构，对交易流程进行风险分析、合规分析。

再次，明确公共数据交易监管部门，数据交易所涉环节多，市场监管的边界与职责相互交叉，需要建立统一的跨部门联合监管机制，在现有的政府监管基础上，创新监管手段，构建数据要素市场全覆盖的监管规则，统一监管体系，加强数据监管执法力度，进一步规制违规违法的数据活动。《采购法》中规定的政府采购监督管理部门与数据交易所形成平台自律监管和政府行政监管并行的双重监管范式，理清在公共数据挂牌交易上二者之间的权责划分，共同保障交易安全。另外，政府部门也应当加强对数据交易所的监管，明确对数据交易所的监管部门，明确其定位和交易模式，并审查其交易规则、行为规范的制定和实行，保障交易合规性和安全性。

最后，与市场行政监管相结合，对公共数据采购过程中的异常价格、强迫交易进行监管。鉴于社会企业持有的公共数据的特殊属性和现有公共数据采购案例少的情形，可能存在企业不愿卖却迫于行政压力不得不卖的行为，由此也会存在企业为了谋取利润最大化，采取垄断定价以获取更多消费者剩余的异常定价行为，为了保护企业合法权益，维护社会数据交易市场的交易秩序，应当将异常定价和强迫交易纳入重点监管范围，制定具体的政企对接流程和监管机制，政府采购监管结合市场行政监管，共同规制行政权力滥用和垄断行为，构建有效的价格机制和有序的交易市场，促进公共数据得到充分流通和利用。

第五节　公共数据开放市场的法律制度完善

公共数据是一种蕴含巨大政治、经济和社会价值的数据资源，有序开放和开发利用公共数据是实现公共数据价值的前提与基础。根据我国现有关于公共数据的管理办法，公共数据开放已经成为全国各地政府积极推动与践行的公共数据治理工作，而上海市作为国内首个出台针对公共数据开放的政府规章（《上海市公共数据开放暂行办法》）的城市，正走在全国公共数据开放与应用的前列。

一直以来，公共数据都被视为一种公共资源，公共数据开放被视作一种公共服务，原则上免费开放被认为是政府理所应当承担的义务。但在数字经济快速发展的今天，公共数据具有了生产要素的特殊性，公共数据开放免费原则论或许能保证公众平等获取公共数据的权利，却未考虑是否有利于最大化提升公共数据使用后的社会收益。因此，公共数据开放问题需引入市场化机制进行解决，对公共数据开放市场的主体权责、交易场所、交易机制等几个关键要素进行明确，并提出相应的法律完善建议，以便公共数据资源得到更好的市场化配置。

其中，公共数据开放市场化可以大体围绕三种方案进行设计：招标制、利益分成制、定价制。在法律依据方面，首先对于招标制来说，《上海市公共资源交易管理办法》以下简称《管理办法》第10条规定："……鼓励社会关注度高、有利于提升要素流动效率和效益、可以运用市场化方式配置的数据、技术等其他要素资源，按照程序列入交易目录进行管理。"可以看出，公共数据可以作为公共资源交易事项纳入拓展交易目录，在公共资源交易平台上进行招标或拍卖等交易。不过，该《管理办法》只是鼓励数据要素资源进场交易，没有针对公共数据交易的主体、场所、流程等进行具体规定，需要进一步完善和补充。

其次，现阶段利益分成制主要是针对公共数据授权运营机制所设想的一种收益分成方案，因此本书将围绕授权运营机制进行论述。目前《上海市数据条例》已经明确要建立公共数据授权运营制度，市政府办公厅也正在组织制定公共数据授权运营管理办法，明确授权主体，授权条件、程序、数据范围，运营平台的服务和使用机制，运营行为规范，以及运营评价和退出情形等内容，但并没有明确提到公共数据授权运营形成的收益如何分配的问题，需要进一步在《管理办法》中明确。

最后，关于定价制，根据数据分级分类的规定只适用于有条件开放类数据。同时，上海市公共数据开放平台的使用条款规定："通过 DataShanghai 成功注册并完成认证的用户，对现有已开放数据（依申请类除外）享有免费访问、获取、传播和增值利用的权利，依申请类开放数据依特定条件享有免费访问、获取和增值利用的权利，但我们保留对部分数据加工产品收费访问及收费获取的权利。"

一、主体权责

（一）法律规制现状

在公共数据开放的主责部门方面，2021 年 11 月 25 日通过的《上海市数据条例》第一章总则的第 5 条规定："市经济信息化部门负责协调推进本市公共数据开放、社会经济各领域数据开发应用和产业发展，统筹推进信息基础设施规划、建设和发展，推动产业数字化、数字产业化等工作。"同时，在第三章第二节中规定："本市依托市大数据资源平台向社会开放公共数据。市级责任部门、区人民政府以及其他公共管理和服务机构分别负责本系统、行业、本行政区域和本单位的公共数据开放，在公共数据目录范围内制定公共数据开放清单，明确数据的开放范围、开放类型、开放条件和更新频率等，并动态调整。公共数据开放具体规则，由市经济信息化部门制定。"从法律规定中可以看出，上海市经济信息化部门即市经信委是公共数据资源开放共享的组织、统筹、协调部门，同时市级责任部门、区人民政府以及其他公共管理和服务机构分别做好本区域和本单位的数据开放工作。

另外，如果从公共数据开放市场化的三种方案来看，首先，公共数据招标模式暂时没有明确的法律规定和相关的实践案例，其职能部门与主体权责尚未明晰。其次，利益分成模式中公共数据授权运营机制的管理办法正在制定中。最后，公共数据的定价制也没有统一的法律规定或指导文件。

（二）法律规制建议

在公共数据招标模式下，应当尽快完善《上海市公共资源交易管理办法》中公共数据交易的内容，或制定《公共数据交易管理办法》对公共数据资源交易单独进行规制。在具体主体权责方面，应由市政府办公厅负责统筹推进公共数据资源交易，履行综合管理职责。市大数据中心负责建设、运营、维护市大数据资源平台，并在大数据资源平台下设交易系统负责实施公共数据招投标、拍卖等工作，各区政府公共数据主管部门和大数据中心负责本行政区域内公共数据交易事宜。此外，市经信委、财政局、网信办、发改委等部门按照职责分工，参与交易平台建设。

在利益分成模式中，以公共数据授权运营为例，应由上海市政府办公厅作为主管部门，统筹规划、协调推进、指导监督公共数据授权运营工作，制定《上海市公共数据授权运营管理办法》，确立授权原则与规则，做好顶层统筹规划；其下设的上海市大数据中心负责汇聚各数据提供单位的数据，并对大数据资源平台进行建设、运营、维护和管理。同时，市经信委作为协调部门负责指导、协调、推进公共数据开发应用，对社会各主体的数据需求进行收集和整理。数据运营单位负责建设维护并管理公共数据运营服务平台，根据授权确认意见，采用市场化方式依法依规开展公共数据运营服务。此外，市政府以及各责任部门（市委网信办）应尽快建立健全公共数据安全管理机制，完善数据分级分类保护制度，编制重要数据目录和数据运营清单。同时，数据运营单位和数据使用单位需建立并严格执行网络安全管理制度，包括明确数据安全责任人和管理机构；建立数据备份制度，定期对平台中的数据进行备份；建立数据安全风险评估和预警机制；建立数据安全应急处置机制，制定网络安全处置应急预案，定期组织应急演练等。

在定价制这一模式下，首先市政府应进一步完善公共数据开放许可制度和公共数据分级分类制度，对于收费许可的收费政策予以明确；其次市政府办公厅应会同市大数据中心、市经济信息化部门、市价格主管部门、市财政部门等制定公共数据交易价格导则，为公共数据定价提供指导，并对公共数据定价进行监督与管理。

二、交易场所

（一）法律规制现状

不同的公共数据开放市场化方案有不同的交易场所。对于公共数据招标制来说，目前上海市尚未明确将公共数据纳入公共资源交易和管理体系，公共数据未能像土地使用权、排污权等实现在公共资源交易平台上交易；对于授权运营，《上海市数据条例》第46条规定："通过公共数据授权运营形成的数据产品和服务，可以依托公共数据运营平台进行交易撮合、合同签订、业务结算等；通过其他途径签订合同的，应当在公共数据运营平台备案。"现阶段上海市正加紧制定公共数据授权运营管理办法，其中必然会涉及公共数据运营服务平台（即授权运营机制下公共数据交易平台）的建设；对于定价制，其交易场所实际上就是公共数据开放平台。

（二）法律规制建议

首先，为实现公共数据招标制，建议将公共数据资源交易纳入公共资源管理交易体系，利用本市大数据资源平台进行交易。本书认为可在大数据资源平台下设"公共数据资源交易系统"，由市大数据中心负责实施公共数据招标拍卖等事宜，参照《中华人民共和国招标投标法》《上海市公共资源交易管理办法》等制定公共数据招标拍卖等交易规则。

其次，为推动公共数据授权运营制度建设，更好地实现公共数据利益分配，应加强对授权运营服务平台的建设与维护。具体可参考成都市授权运营模式的平台建设运行机制，对公共数据运营服务平台实施集约化建设，除经市政府授权的数据运营服务单位外，不再新建其他运营渠道；对于已经建成的数据运营渠道，应当按照有关规定并入统一的公共数据运营服务平台。公共数据运营服务平台按照国家信息系统安全等级保护（三级）要求，不仅要具备数据需求整理、数据分类分级管理、数据处理、数据全流程溯源等功能，还要具备数据交换、服务封装等数据服务能力。数据运营服务平台的前置系统与市大数据资源平台直接连接，负责从平台上获取公共部门已经授权确认的公共数据。数据提供单位和数据使用单位有权力对公共数据运营服务平台提出新的需求；数据运营服务单位有责任根据相关需求，做好技术升级、功能迭代、资源扩展等工作，确保数据运营服务平台具备相应的服务能力。

最后，为明晰公共数据开放中的定价规则，需根据公共数据交易价格导则完善公共数据开放平台相关收费政策，比如收费计算规则等，并制定需要收费的公共数据目录。

三、准入规制

公共数据开放市场的准入机制是对各市场主体资格的确立、审核和确认，包括获取主体资格的实体条件和程序条件。无条件免费开放的公共数据对于市场主体的资格没有任何附加要求，即任何自然人、法人、非法人组织等都有权获得免费公开的公共数据。因此需要讨论的是获取有条件开放或者说进入开放市场的公共数据，主要涉及什么市场主体、需要怎样的准入条件。就公共数据开放市场的三种模式而言，不同模式的准入主体各有侧重，准入机制也不尽相同。

（一）法律规制现状

《上海市公共数据开放暂行办法》第30条规定："……本市鼓励具备相应能力的企业、行业协会等专业服务机构通过开放平台提供各类数据服务。"

公共数据招标模式的市场主体主要包括招标代理机构和投标人。根据《中华人民共和国招标投标法》第13条规定："招标代理机构是依法设立、从事招标代理业务并提供相关服务的社会中介组织。招标代理机构应当具备下列条件：（一）有从事招标代理业务的营业场所和相应资金；（二）有能够编制招标文件和组织评标的相应专业力量。"同时，第三章规定："投标人是响应招标、参加投标竞争的法人或者其他组织。依法招标的科研项目允许个人参加投标的，投标的个人适用本法有关投标人的规定。""投标人应当具备承担招标项目的能力；国家有关规定对投标人资格条件或者招标文件对投标人资格条件有规定的，投标人应当具备规定的资格条件。"

由于利益分成模式目前与公共数据授权运营机制较为匹配，因此该模式的市场准入主要是针对被授权的运营单位资质，以及数据使用单位的资质。目前，《上海市数据条例》并没有明确被授权运营主体与数据使用主体的资格条件，现正制定的《上海市公共数据授权运营管理办法》应明确这两大主体的准入实体及程序条件。

定价制与目前有条件开放类数据的开放模式较为匹配，其市场主体即符合条件的公共数据的特定使用主体。根据上海市公共数据开放平台的操作指南，使用主体为符合条件的自然人、法人和非法人组织，在进行数据资源使用申请后经审批方能获取数据。

（二）法律规制建议

在公共数据招标模式中，可以参照国有资产转让公开、公平、公正原则，进场交易时要求详细披露包括受让方资格条件、转让底价、竞争方式、受让方选择的相关评判标准等在内的交易事项。同时，禁止给受让方额外添加各种条件、设置资格门槛，至于部分需要设置条件的，禁止出现特定指向性内容，或所设置的条件违背基础公平竞争相关条例，切实做到规则公开、过程公开、结果公开，保证信息披露完整，坚决杜绝利益输送、暗箱操作。

在利益分成模式中，对于被授权运营主体的资格条件，应适当参考北京市[1]、成都市等地的做法并结合本地实际情况，笔者认为可以先由本地国有控股的企业进行授权运营，运营单位须具有但不限于公信力、技术能力和数据资源等优势，在授权运营模式成熟后可扩大授权运营单位范围，向具有上述优势的私企进行授权开放。对于购买数据产品或服务的数据使用单位，应重点审查其网络安全与数据保护机制，确认其具有完善的数据安全管理机制后方可交易，避免出现个人隐私泄露等各种安全隐患。

---

[1] 参见北京市大数据工作推进小组办公室印发的《关于推进北京市金融公共数据专区建设的意见》。

在定价模式中，审批数据申请时需要对数据申请的用途、应用场景、使用者的安全保障措施、安全管理组织架构、安全管理规范、安全管理人员信息、对接系统安全与评级、系统对接方案等证明资料进行审核，特别是对于使用单位数据安全管理机制需要着重检查。

四、价格规制

公共数据定价模式本身其实就是价格机制的一部分，是引发价格机制调节作用的基础，也是公共数据开放市场中最重要的环节之一。

（一）法律规制现状

根据《上海市数据条例》第57条规定："从事数据交易活动的市场主体可以依法自主定价。市相关主管部门应当组织相关行业协会等制定数据交易价格评估导则，构建交易价格评估指标。"根据《价格法》规定："禁止提供相同商品或者服务，对具有同等交易条件的其他者实行价格歧视。"

公共数据招标制应参考《中华人民共和国招标投标法》中的规定开展。根据《招标投标法》第33条规定："投标人不得以低于成本的报价竞标……"第41条规定："中标人的投标应当符合下列条件之一：（一）能够最大限度地满足招标文件中规定的各项综合评价标准；（二）能够满足招标文件的实质性要求，并且经评审的投标价格最低；但是投标价格低于成本的除外。"根据《招标投标法实施条例》第27条规定："招标人可以自行决定是否编制标底。一个招标项目只能有一个标底。标底必须保密……招标人设有最高投标限价的，应当在招标文件中明确最高投标限价或者最高投标限价的计算方法。招标人不得规定最低投标限价。"此外，授权运营、定价制的具体定价规则暂未明确，需要在后续出台的相关法律法规与指导文件中进行完善。

(二) 法律规制建议

第一，市相关部门应尽快制定公共数据交易价格导则，制定公共数据质量评估指标，完善交易价格评估指标，对公共数据定价提供具体的指导。

第二，在不同的市场化模式中，宜采用不同的定价方式。

对于公共数据招标制，建议出台公共数据交易相关法律法规，并明确公共数据的定价方式。本书认为，可以采用"限量"或者"限价"的方法，限量即政府先设定中标者数量，然后根据竞价的排名顺序取该数量的中标者，价格可选择实际投标价格或者按照最低中标价格。"限价"[1]即政府设定价格标底，价格高于标底价的均可中标。最终成交价格也可以按照实际投标价格或者标底价。

对于公共数据利益分成制，价格机制的作用在于数据运营单位提供的数据产品和服务的定价环节，以及数据服务收益的分成环节。由于数据的价值依赖于应用场景，不同数据在关联之后会产生更大的价值，相同数据在不同数据服务中的价值不同，具体应该由数据使用单位和政府数据运营服务单位通过若干轮协商确定，而不是由数据运营服务单位直接确定。因此可以采用协议定价法：建立数据价值评价指标体系，根据体系评价得出参考价格区间，再进行协议定价。此外还应遵循以下几个原则：围绕数据服务定价，而不是数据本身；双方共同协商，特别是让数据使用单位充分表达意见，明确需求场景以增强服务的针对性；尽可能降低数据使用单位的成本等。此外，对于收益分成的解决方案，可以按照参与主体的贡献比，包括投入的成本（如人力、物力、市场运营、技术研发

---

[1] 此处的"限价"并不是《招标投标法实施条例》中的"最低限价"，其实际含义相当于"标底"。

等）与产生的价值（如参照市场价格与增值区间）进行分配，并定期进行沟通、谈判和调整。

对于定价制，后续应制定相应的公共数据定价规定，具体来说可以采用基准定价模型。该定价模型并未将固定成本纳入模型，这是因为首先固定成本多少比例应该划归政府数据销售的固定成本还没有定论，其次固定成本的发生本质是优先满足政府行政工作的需要，而非销售数据的目的，因而本书视固定成本为行政成本，将其独立进行讨论。这样也避免了结余法较难处理平均固定成本的问题。根据结余法定价，行政部门至少要在成本或成本以上定价，而根据基准定价模型，行政部门的价格是可以低于边际成本，乃至免费甚至出现一个负的价格，因而该模型同时也提供了一个政府补贴的计算方法。

五、竞争规制

公共数据开放市场的竞争机制包括市场主体层面、基础设计层面、平台运营层面三个方面。

（一）法律规制现状

综合《反垄断法》《个人信息保护法》和《数据安全法》的规定，关于数据开放市场相关的竞争制度主要有三点原则性规定：

一是禁止滥用行政权力排除、限制竞争。对于行政机关和法律、法规授权的具有管理公共事务职能的组织，《反垄断法》规定其不得滥用行政权力，限定或者变相限定单位或者个人经营、购买、使用其指定的经营者提供的商品，不得制定含有排除、限制竞争内容的规定。同时，政府招投标不得设置歧视性资质要求排斥或者限制外地经营者参加本地的招标投标活动。具体到公共数据市场化配置领域，即赋予具有管理公共事务职能的组织自主选择数据流通渠道的权利。

二是禁止滥用市场支配地位。对于互联网龙头企业而言，《反垄断法》规定，禁止具有市场支配地位的经营者从事滥用市场支配地位的行为，如"没有正当理由，限定交易相对人只能与其进行交易或者只能与其指定的经营者进行交易"等行为。《个人信息保护法》明确，个人信息主体享有的权利包括查阅、复制、转移、更正、删除等内容，个人信息可携带转移的规定是破除大型平台数据垄断的考虑之一。

三是禁止以非法获取的数据限制竞争。对于一般市场参与主体而言，《反垄断法》规定，禁止经营者与交易相对人达成垄断协议，限定向第三人转售商品的最低价格，具体到公共数据市场化配置领域，即不得设定数据产品转售最低价。

对于具体竞争流程而言，根据我国《政府采购法实施条例》规定，政府采购方式主要有：公开招标、邀请招标、竞争性谈判、单一来源采购、询价，其他以公开招标为主。政府采购及招投标需按照《政府采购法》、《招投标法》等的相关规定执行。

对于政府购买服务而言，目前，《上海市政府购买服务指导性目录》中将数据处理服务作为信息化服务——政府履职辅助性服务的子类纳入政府购买服务清单，针对公共数据的清洗、加工、分析等数据服务，均可按程序进行政府购买服务。

对于授权平台运营而言，在正式出台的《上海市数据条例》中，全国范围内第一次以地方性立法的方式提出公共数据授权运营机制。在正式出台的该条例中，删除了之前草案中关于竞争确定运营主体的方式的内容——"采用竞争方式确定被授权运营主体，授权其在一定期限和范围内以市场化方式运营公共数据，提供数据产品、数据服务并获得收益"。目前也并未制定具体的授权运营管理办法，关于以何种竞争方式确定被授权运营主体并未形成既定规则。

（二）法律规制建议

首先，针对市场主体，一方面行政机关和法律、法规授权的具有管理公共事务职能的组织不得滥用行政权力，限制公共数据提供方的交易渠道，允许诸如用电、交通等领域的相关公共数据拥有单位自主选择公共数据市场化配置渠道。国家网信办发布的《网络数据安全管理条例（征求意见稿）》着重强调国务院有关部门访问、调取互联网平台掌握的公共数据的要求。具体而言，对数据的调取和访问应当明确其"范围、类型、用途、依据"，并"严格限定在履行法定职责范围内，不得将调取或者访问的公共数据用于履行法定职责之外的目的。另一方面要深化开展公共数据开发利用竞争赛道机制，在 soda 大赛的基础上，面向全国征集可应用于交通、气象、金融等重点领域的相关行业应用项目，并进一步将项目成果用于后期政企数据深度融合拓展，鼓励对数据的创新开发，提升数据开放对公共服务的联动价值。

其次，针对基础设计，公共数据市场化配置的机制设计需要考虑社会多方的共同参与，一个相对完善的市场模式设计需要科研、技术等多方力量的加入。建议建立外包服务竞争生态，构建公共数据市场化配置开放服务外包体系。针对公共数据市场化配置的平台建设与运维、数据管理、数据清单、可行性方案、政策文件等方面的内容，可以考虑竞争性谈判、法制课题项目、系统建设招投标等方式，适当扩大供应商范围，例如就公共数据相关法治专项课题进行招标，就公共数据开放目录体系设计和管理机制服务竞争性谈判，就公共数据资源开发服务平台的招投标建设。此外，结合公共数据实际特点完善采购机制，强化招标途径管理，严格执行招标程序，严格实施公共服务监管及评估。按照《上海市政府购买服务管理办法》以及相关指导性目录，依法依规购买数据处理、算法服务等事项。

最后，针对平台运营，按照《上海数据条例》的要求，尽快出台公共数据授权运营管理办法。下一步需对于条例中提出的"明确授权标准、条件和具体程序要求，建立授权运营评价和退出机制"等内容进行具体落实，同时明确运营主体的确定方式。

综上所述，对应公共数据市场化配置的不同模式进行思考：第一，对于招挂拍模式，其竞争机制除了考虑平台建设与运维、数据管理、数据清单、可行性方案、政策文件等方面的供应商准入，此外，基于《上海市公共资源交易管理办法》中"鼓励社会关注度高、有利于提升要素流动效率和效益、可以运用市场化方式配置的数据、技术等其他要素资源，按照程序列入交易目录进行管理"。还应考虑将数据纳入拓展目录，成立上海市公共资源交易平台数据要素拍卖分平台，并结合数据特性制定具体成交规则。第二，对于利益分成模式，在竞争机制方面要着重考虑授权运营平台的主体确认及退出机制，对于运营主体的数据处理能力、资质水平、基础设施能力进行综合评估，并组织开展考核，明确退出机制的触发条件。第三，对于定价模式，竞争机制则主要体现在基准价格的确定方式上，需考虑基准价格的确定因素及评估主体，可参考《资产评估法》的流程，确定两名以上数据基准价格评估专业人员，选择两种以上评估方法，经综合分析，形成评估结论，编制评估报告，同时考虑社会及科研机构的参与。

六、供求规制

公共数据开放是政府信息公开的自然延伸，公共数据开放市场的供求机制包括供应渠道、数据质量、需求反馈三个方面。

（一）法律规制现状

1. 数据供给

目前，按照我国及上海市相关法律政策的规定，可进行市场化配置的数据供应渠道主要分为以下五种：（1）政务数据通过开放平台进行开放。根据《上海市数据条例》，上海市依托市大数据资源平台向社会开放公共数据，由财政资金保障运行的公共管理和服务机构不得新建开放渠道。目前，市级责任部门、区人民政府两类主体的数据已在开放平台上进行开放。（2）公共管理与服务机构的数据应该通过大数据资源平台向社会开放。根据《上海市数据条例》，事业单位以及经依法授权具有管理公共事务职能的组织应当及时向大数据资源平台归集公共数据，其他公共管理和服务机构的公共数据可以按照逻辑集中、物理分散的方式实施归集。（3）社会数据可在交易所提供，也可自行交易。根据《上海市数据条例》，市场主体可以通过依法设立的数据交易所进行数据交易，也可以依法自行交易。（4）科学数据由法人单位自主提供：我国《科学数据管理办法》规定，法人单位应当无偿提供对于政府决策、安全、国防、环保、防灾、公益科研等目的使用的科学数据。对于因经营性活动需要使用科学数据的，当事人应当签订有偿服务合同。（5）个人数据经处理且不能复原可按约定使用：根据公安部《互联网个人信息安全保护指南》，个人信息原则上不得公开披露。个人信息的应用，应符合与个人信息主体签署的相关协议和规定，不应超范围应用个人信息，经过处理无法识别特定个人且不能复原的个人信息数据，可以超出与信息主体签署的相关使用协议和约定，但应提供适当的保护措施进行保护。

2. 数据质量

基于以上渠道提供的数据，《上海市数据条例》对数据使用及数据质量作出了原则性规定：市场主体应当加强数据质量管理，确保数据真实、准确、完整。市场主体对数据的使用应当遵守反垄断、反不正当竞争、消费者权益保护等法律、法规的规定。同时，《上海市公共数据开放暂行办法》规定，数据开放主体应当按照相关技术标准和要求，对列入开放清单的公共数据进行整理、清洗、脱敏、格式转换等处理。但是上述规范并未对于数据质量的把控作出明确规定。

3. 数据需求

在数据需求端，根据《上海市数据条例》，上海市关于公共数据需求反馈主要包括公共管理和服务机构的内部共享需求和外部采购需求两方面，并未涉及社会群体对于市场化公共数据需求的反馈机制：一方面是公共管理和服务机构的内部需求，也即公共数据共享层面，包括公共管理和服务机构内部共享需求清单，长三角区域数据共享机制中的需求清单，需要依托区有关部门收集的视频、物联等数据量大、实时性强的公共数据需求清单。另一方面是公共管理和服务机构的外部需求。本市财政资金保障运行的公共管理和服务机构为依法履行职责，可以申请采购非公共数据，市级需求由市大数据中心负责统筹采购需求，区公共数据主管部门负责统筹本行政区域个性化采购需求，自行组织采购。

（二）法律规制建议

首先，针对供应渠道：（1）引导建立面向企业的数据双向开放常态化赋能机制。依托市大数据资源平台，探索建设建立面向企业的数据双向开放，打通政企数据融合的政策通道。在实践中，美团点评已与上海市市场监督管理局数据库对接餐饮单位许可和监管信息，通过政企合作推动数据开放，政府开放经营信息，企业开放消费者评价，双向赋能。（2）引导公共企事业单位团体加快制定行业数据开放办法。《上海市政府信息公开规定》明确，对于与公众利益密切相关的公共企事业单位（如教育、卫生健康、供水、供电、供气、供热、环境保护、公共交通等），在法律、法规和国务院有关主管部门或者机构尚未作出规定的情况下，相关主管部门可以根据实际制定具体操作办法，以此强化供水、供电、供气、供热、通信、交通等公共服务企业数据梳理汇集。（3）制定国有企事业单位数据产品进场交易机制的政策指引。《上海市促进城市数字化转型的若干政策措施》明确，探索国有企事业单位的数据产品进入数据交易所交易，在重点领域探索数据资产化的实施路径，并在部分企业试点。（4）保障个人信息的可携带权的可实现性。《个人信息保护法》首次明确"个人信息可携带权"，提出"个人请求将个人信息转移至其指定的个人信息处理者，符合国家网信部门规定条件的，个人信息处理者应当提供转移的途径"，为打破个人数据流转困境打开一条途径，可转移数据应为个人主动提供或被收集的原始数据，不包括企业经算法处理的用户画像或包含第三方信息的数据副本。

其次，针对数据质量：（1）加大公共数据源头治理，细化"一数一源"责任制度。目前国家在政府数据质量控制时，采取"一数一源"的原则，但对公众在数据利用中发现的质量问题仍然缺乏较好的处理应对机制。考虑从业务流程源头出发进行把控，进一步明确数据归集系统方案，再到数据输出方式的统一标准。法人单位应建立科学数据质量控制体系，保证数据的准确性和可用性。（2）增加关于数据产品质量管控的法律强制性。政府部门内部自行收集、积累、分析形成的数据，基本被当做本部门内部的"核心利益"，形成了一个个的"数据孤岛"。在此情形下，需要从法律层面打开突破口，增加公共数据开放的法律强制力度，形成诸如2017年上海市人民政府印发的《上海市鼓励和规范互联网租赁自行车发展的指导意见（试行）》规定的企业应当向交通行政、公安机关交通管理部门开放并提供本市注册用户数、投放车辆规模与分布信息、车辆运行与使用频率等信息数据。（3）建立数据质量自我评估制度。可参考全国信息技术标准化技术委员会提出的数据质量评价指标（GB/T36344-2018 ICS 35.24.01），从数据的规范性、完整性、准确性、一致性、时效性、可访问性方面提出更加细化的质量评估方案，并在全市形成统一的评定标准。针对《科学数据管理办法》，要求法人单位及科学数据生产者要按照相关标准规范组织开展科学数据采集生产和加工整理，形成便于使用的数据库或数据集。

最后，针对数据需求。一方面，建立可市场化配置公共数据需求征集项目。由市级公共数据主管部门建立的常态化数据需求对接机制，面向全市新经济企业收集可能的公共数据需求，向公共数据运营服务单位推荐可能存在政府数据需求的企业，公共数据运营服务单位与企业共同策划数据应用场景，对相应的公共数据需求进行分析和确认，对于授权运营可行性高的公共数据需求，与相应的企业联系进一步确认企业所需数据的内容、使用方式和具体应用场景。另一方面，依靠专家库及技术团队，建立公共数据产品样本，主动与相关企业进行沟通，以解决企业因信息不对称而难以提出精准数据需求的困难。

综上所述，对应公共数据市场化配置的不同模式进行思考：一是对于招挂拍模式，其供需机制要着重考虑购买主体的购买活动，对于数据集中采购或分散采购制定不同的汇聚流程。根据《上海市政府购买服务管理办法》，购买主体应当根据购买内容及市场状况、相关供应商服务能力和信用状况等因素，按照"方式灵活、程序简便、公开透明、竞争有序"的原则，组织实施政府购买服务工作，择优确定承接主体。对于集中采购目录以外限额标准以下的政府购买服务项目，购买主体应当按照预算安排和内控制度实施，可以参照竞争性谈判、竞争性磋商、单一来源采购等政府采购非招标方式执行。二是对于利益分成模式，也即授权运营的模式，着重考虑提升数据质量，对于各数据主体汇聚而来的公共数据，加强源头治理，统一数据汇聚标准，推动"一数一源"的实质性落实。三是对于定价模式，在许可使用的条件下，着重考虑数据需求登记，借鉴广东及山东的经验，可考虑发布公共数据资产凭证，或创设数据供需登记平台。

七、风险规制

公共数据进行市场化配置中面临的风险主要来自组织管理风险、数据滥用风险、跨境流通风险。

（一）法律规制现状

针对组织管理风险，根据《数据安全法》，国家机关为履行法定职责的需要收集、使用数据，应当在其履行法定职责的范围内依照法律、行政法规规定的条件和程序进行。目前，根据《上海市公共数据和一网通办管理办法》，关于上海市公共数据的组织管理风险，遵循的是"谁采集、谁负责""谁校核、谁负责"的原则，由公共管理和服务机构、市级责任部门承担质量责任。由上海市大数据中心对公共数据的数量、质量以及更新情况等进行实时监测和全面评价。但是由于大数据中心的职能层级及技术能力限制，该项工作的开展存在一定限制。在此基础上，《上海市数据条例》提出鼓励各区、各部门、各企业事业单位建立首席数据官制度。首席数据官由本区域、本部门、本单位相关负责人担任。但该条款的规定仅为鼓励性规定，并未对首席数据官的职责内容作出明确规定与授权。《上海市公共数据开放暂行办法》中专门规定了责任豁免的条款：数据开放主体按照法律、法规和规章的规定开放公共数据，并履行了监督管理职责和合理注意义务的，对因开放数据质量等问题导致数据利用主体或者其他第三方的损失，依法不承担或者免予承担相应责任。

针对数据滥用及数据融合风险，在正式出台的《上海市反不正当竞争条例》中，删除了修订草案中关于数据不当获取和使用的规定条款："经营者利用技术手段获取其他经营者网络数据的，不得违反相关法律法规和商业规则、行业惯例。使用获取的数据，不得损害被获取方的合法权益，不得扰乱公平竞争秩序。"以此说明，数据滥用问题的界定在实践中仍有争议和困难，尚需上位法或其他法律法规予以规范。《个人信息保护法》规定了对于个人信息的使用规则，任何组织、个人不得非法收集、使用、加工、传输他人个人信息，此外，处理个人信息应当具有明确、合理的目的，并应当与处理目的直接相关，采取对个人权益影响最小的方式。《民法典》中明确规定自然人的个人信息受法律保护，也规定了向他人提供个人信息的除外规定，即经过加工无法识别特定个人且不能复原的除外。但并未就不同来源渠道融合后的数据识别风险作出详细规定。

针对数据跨境流通风险，我国发起的《全球数据安全倡议》提出：不得要求本国企业将境外产生、获取的数据存储在境内；尊重各国对数据的安全管理权，未经他国法律允许不得直接向企业或个人调取位于他国的数据。《上海市数据条例》明确，在临港新片区内探索制定低风险跨境流动数据目录，促进数据跨境安全、自由流动。在临港新片区内依法开展跨境数据活动的自然人、法人和非法人组织，应当按照要求报送相关信息。《上海市全面深化服务贸易创新发展试点实施方案》提出，在临港新片区开展汽车产业、工业互联网、医疗研究（涉及人类遗传资源的除外）等领域数据跨境流动安全评估试点，推动建立数据保护能力认证、数据流通备份审查、跨境数据流动和交易风险评估等数据安全管理机制。

（二）法律规制建议

首先，针对管理风险：（1）细化公共数据开放的风险防范机制。对公共数据市场化配置的风险进行评估、审核。《贵州省大数据发展应用促进条例》中规定了提供公共数据单位风险评估和统一开放平台风险审核"双重"风险防范机制；国家网信办《公共信息资源试点工作方案》也提出，制定公共信息资源开放安全风险评估制度，定期开展安全评估，特别是不同领域数据汇集后的风险评估。（2）设立容错机制。天津市大数据管理中心出台《天津市大数据管理中心容错免责澄清正名激励保护干部担当作为创新竞进实施办法》，明确在大数据归集和共享以及其他改革、创新实践中，因大胆创新、先行先试出现失误或造成损失的，法律规定没有明令禁止，没有失职渎职行为，没有为个人、他人谋取私利等条件，可启动容错免责程序，不作负面评价，查找问题原因，改进工作。

其次，针对滥用风险：（1）建立针对公共数据利用中的融合风险的应对机制。公共数据必然要通过与社会数据的融合发展发挥更大的价值，但数据融合是双刃剑，数据利用主体将不同来源的数据整合在一起，安全与隐私风险也就呈现倍数扩大，在此情况下，例如《个人信息保护法》中关于个人信息使用需要去标识化、匿名化的要求就有可能被突破。针对这种情况，要在满足数据最小可用原则的基础上，对融合的目的、范围、影响进行评估，并对应改变数据保护等级。同时采用多方安全计算、联邦学习等技术有助于最大限度地减少不必要的数据使用。（2）建立公开透明的权利救济途径。目前《个人信息保护法》中已经规定了个人信息可携带权，但是关于权利遭到侵害时的救济途径仍然缺乏清晰的立法文件。例如公民认为政府部门在开放数据的过程中存在侵害公民隐私权的行为时，有提起行政复议或者行政诉讼的权利，要求政府部门撤销其违法行为。

最后，针对跨境风险。建议以上海自贸试验区临港新片区为试点，建立跨境数据流动清单化管理机制，推动低风险跨境流通目录的尽快出台，并建立数据境外传输的安全评估机制，推动数据资源在全球范围内安全高效配置。同时，根据国际数字合作规则，诸如《数字经济伙伴关系协定》、《区域全面经济伙伴关系协定》、《全面与进步跨太平洋伙伴关系协定》，加大对数据的保护力度，考虑以开放许可为基础建构起规范有序的公共数据开放秩序，在国内的相关立法中应当考虑对接国际协定。

综上所述，对应公共数据市场化配置的不同模式进行思考：（1）对于招挂拍模式，根据《上海市政府购买服务管理办法》，党政机关和使用行政编制的群团组织机关使用财政性资金购买服务的，参照政府购买服务办法执行，其风险机制主要考虑供应商风险、政府背书风险、资金支付和监督管理等，需制定针对数据要素的完善制度，包括集中采购目录及限额标准、采购政策、采购方式和程序、信息公开、质疑投诉、失信惩戒等，制定本区、本部门政府购买数据服务的具体办法。（2）对于利益分成模式，也即授权运营或交易所流通，着重考虑浦东新区的数据改革，包括浦东范围内公共数据实现实时共享，健全各区级公共管理和服务机构之间的公共数据共享机制，结合重大风险防范等明确数据应用场景需求。（3）对于定价模式，对于公共数据许可使用，可采取承诺制＋风险补救措施。在网络安全等级保护制度的基础上，事前承诺履行数据安全保护义务，事后加强风险监测，建立健全集中统一的数据安全风险评估、报告、信息共享、监测预警机制，发现数据安全缺陷、漏洞等风险时，应当立即采取补救措施。此外，重要数据处理者应当明确数据安全责任人和管理机构，按照规定定期对其数据处理活动开展风险评估，并依法向有关主管部门报送风险评估报告。

八、监管规制

公共数据开放市场的监管机制包括内部监管和外部监管两方面。

（一）法律规制现状

上海市大数据中心负责人曾明确提出：高价值的公共数据往

往往具有特定授权、有限授权和差别授权的要求，需要在开发利用的模式机制和安全监管上来进行和创新。此外，一些不适于通过传统的数据开放方式进行普遍无差别开放的内容，在开放的形式上不再是简单的原始数据，而是经过开发利用的数据产品和服务。[1]

一方面，对于内部监管而言，《上海市数据条例》规定，市政府办公厅应当对市级责任部门和各区开展公共数据工作的成效情况定期组织考核评价，考核评价结果纳入各级领导班子和领导干部年度绩效考核。条例中并未对具体公共数据开放的考核机制进行细化落实，具体工作人员的奖惩机制并未体现，且监管方式仍限于日常监管。对于个人信息而言，提供重要互联网平台服务、用户数量巨大、业务类型复杂的个人信息处理者还应按照国家规定，建立健全个人信息保护合规制度体系，成立主要由外部成员组成的独立机构对个人信息保护情况进行监督。

另一方面，对于外部监管而言，目前，《上海市数据条例》并未对数据流通监管接入外部监管系统。对于数据交易的外部监管，北京市作出了先一步的探索，在北京国际大数据交易所的建设过程中，要求通过接入北京市交易场所监管系统、北京市交易场所登记结算系统，纳入北京市数据跨境流动安全管理试点，实现对交易过程、资金结算的实时监测。《中国银保监会监管数据安全管理办法（试行）》规定，监管信息系统是指以满足监管需求为目的开发建设的，具有数据采集、处理、存储等功能的信息系统。监管数据的加工处理应在监管工作权限或受托范围内进行。此外，在法制监管层面，上海市普陀区已经发布《上海市普陀区公共数据安全管理暂

[1] 刘迎风:《强化数据安全　促进公共数据开发利用》，https://www.cs.com.cn/xwzx/hg/202112/t20211205_6225413.html。

行办法》，明确公共数据安全管理范围、职责分工、风险监测、应急处置、外包服务监管，及公共数据全生命周期安全管理要求等内容，市级层面无公共数据安全相关专门制度。

（二）法律规制建议

一方面；针对内部监管：（1）细化数据保护分级分类制度，按照横向到边、纵向到底的分类原则，覆盖不同维度的公共数据，参考国家网信办《网络数据安全管理条例（征求意见稿）》将数据分为一般数据、重要数据、核心数据，不同级别的数据采取不同的保护措施。对个人信息和重要数据进行重点保护，对核心数据实行严格保护。此外，浙江省公共数据分级分类的规定也有参考意义，根据公共数据遭泄露、破坏后，对国家安全、社会秩序、公共利益以及对公民、法人和其他组织的合法权益（受侵害客体）的危害程度，确定公共数据的安全级别。（2）出台重点数据流通清单。根据《上海市公共数据开放暂行办法》规定，与民生紧密相关、社会迫切需要、行业增值潜力显著和产业战略意义重大的公共数据，应当优先纳入公共数据开放重点。（3）细化公共数据开放的监督考核机制及主动数据纠错机制。不完善的责任追究制度可能导致政府部门对数据开放存有懈怠感，实践中往往容易出现敷衍了事的局面，致使数据开放效果不佳，可考虑在上海市数据异议纠错机制的基础上，着重强调主动纠错，动态核查。

另一方面，对于外部监管：（1）接入外部市场监管系统。目前，关于公共数据相关监管部门条线较多，比如市府办公厅、网信办、经信委、公安局等，缺乏数据要素市场监管专门机构，需要尽快完善数据市场监管的体制和机制，可考虑将数据市场化配置的监管纳入上海市市场监管体系、社会信息监管体系的系统中来。（2）制定数据安全专门管理办法。在遵循《数据安全法》等国家数据安全相关政策和标准的基础上，尽快制定上海市公共数据安全地方法规，明确公共数据安全总体策略和方针，为全市各部门、各单位落实公共数据安全保障工作提供法律依据。（3）宣传强调社会监督。目前，由于公共数据的运行流程及开放价值普及度仍不高，公民知情权和监督权没有得到有效宣传和保障，致使公众参与数据开放监督的积极性并不高，可考虑固定化社会大众的监督举报机制。（4）引入第三方评估机制。根据《国务院办公厅关于运用大数据加强对市场主体服务和监管的若干意见》，可运用大数据评估政府服务绩效，综合利用政府和社会信息资源，委托第三方机构对公共数据开放服务的工作成效进行综合评估/专项评估，并根据评估结果开展调整优化，实现对政府部门施政和服务的专业监督。

综上所述，对应公共数据市场化配置的不同模式进行思考：（1）对于招挂拍模式，应考虑确定分别适用于市区两级集中采购、分散采购的数据目录和采购限额标准，以及对参加政府采购活动的供应商、采购代理机构、评审专家的监督管理，对其不良行为予以记录，并纳入统一的信用信息平台。同时应当建立起内部监督管理制度，明确监管权力和责任清单，履行监管责任，依法分设、分离相关岗位、人员，并辅以工作考核评价机制，对平台、主体、行为、专家、监管、场所等工作进行考核评价。（2）对于利益分成模式和定价模式，授权运营平台或许可平台应当着重考虑接入外部监管，例如国家和本市公共信用信息服务平台的对接。接入智慧监管，加强运营信息整合共享，运用大数据、云计算、人工智能等现代信息技术手段，对交易活动实施在线监测分析，及时发现违法违规交易行为并自动预警。以成都市为例，其依托超算中心等基础设施搭建"可信云"计算环境，打造"存算一体"计算环境，支撑政企数据融合。以济南市为例，其利用"泉城链"平台加强对政务数据授权使用和安全监管，利用区块链技术，实现政务数据监管去中心化、防篡改、防抵赖、隐私保护、可追溯等特点，首创"政府数据上链＋个人链上授权＋社会链上使用＋全程追溯监管"数据可信共享新模式。

第六节　公共数据管理与维护市场的法律制度完善

公共数据的维护与管理市场是公共数据市场化的重要组成部分。对公共数据进行维护与管理可以进一步整合公共数据，健全公共数据资源体系，加强公共数据治理，提高公共数据共享效率，扩大公共数据有序开放，构建统一协调的公共数据运营机制，推进公共数据和其他数据融合应用，充分发挥公共数据在推动城市数字化转型和促进经济社会发展中的驱动作用。《上海法治政府建设规划（2021—2025 年）》第 36 条中要求，加快推进政务数据有序共享，提高政务数据采集质量，实现政务数据集中汇聚，加强数据治理。健全完善政务数据共享协调机制，进一步明确政务数据提供、使用、管理等各相关方的权利和责任。依托市大数据中心推动数据共享和业务协同，形成高效运行的工作机制。推动各部门、各区专用网络和信息系统整合融合，实现跨部门、跨层级、跨区域工作机制协调顺畅。《上海市数据条例》第 3 条规定："本市坚持促进发展和监管规范并举，统筹推进数据权益保护、数据流通利用、数据安全管理，完善支持数字经济发展的体制机制，充分发挥数据在实现治理体系和治理能力现代化、推动经济社会发展中的作用。"公共数据管理应用应当遵循"统筹协调、集约建设、充分利用、共享开放、安全可控"的原则。明确公共数据维护与管理市场的主体权责、交易场所及交易机制可以有针对性地促进市场化配置。

一、主体权责

（一）法律规制现状

《上海市数据条例》第5条规定："市政府办公厅负责统筹规划、综合协调全市数据发展和管理工作，促进数据综合治理和流通利用，推进、指导、监督全市公共数据工作。……市大数据中心具体承担本市公共数据的集中统一管理，推动数据的融合应用。"第26条规定："负责本系统、行业公共数据管理的市级部门应当依据业务职能，制定本系统、行业公共数据资源规划，完善管理制度和标准规范，组织开展本系统、行业数据的收集、归集、治理、共享、开放、应用及其相关质量和安全管理。"据此可以看出，市政府办公厅在公共数据维护与管理中的工作是统筹管理，具体的统一维护与管理工作由市大数据中心展开，各市级责任部门负责自己系统内的公共数据维护与管理工作。

上海市在《公共数据"三清单"管理规范》中提出，公共数据提供者是基于上海市数据共享交换平台，利用各种技术向其他市级公共管理和服务机构、区公共数据管理部门提供公共数据的实体。公共数据使用者是使用公共数据的实体，包括市级公共管理和服务机构、区公共数据管理部门。公共数据"三清单"是指公共管理和服务机构按照"一次采集、共享使用"原则开展数据共享的需求清单、责任清单和负面清单。需求清单是公共管理和服务机构根据履职需要，形成的需要其他单位予以共享的数据清单。责任清单是公共管理和服务机构根据法定职责，形成的明确的本单位可以向其他单位共享的数据清单。负面清单是公共管理和服务机构作为数据提供单位，按照法律、法规、规章明确规定，形成的不能向其他单位共享的数据清单。

基于对应关系，市政府办公厅为公共数据主管部门，其职责包括但不限于：（1）负责组织指导、协调、监督本市"三清单"的组织、生成、变更和废止工作；（2）负责组织制定"三清单"考核管理方案，并指导、监督"三清单"的落实评估。市大数据中心为平台管理部门，其职责包括但不限于：（1）负责制定"三清单"编制标准，建立公共数据共享需求管理的长效动态更新机制，会同公共管理和服务机构共同建立和维护"三清单"；（2）负责定期对各单位的"三清单"编制、维护及应用情况进行质量评估；（3）负责"三清单"管理系统的建设、运维和安全保障等工作。各市级责任部门为公共管理和服务机构，其职责包括但不限于：（1）指定牵头处室负责本单位"三清单"的收集、梳理及对接工作；（2）负责收集并梳理本单位数据需求清单，并按照需求清单编制要求进行上报；（3）负责核实其他单位提出的数据共享需求，对不属于本单位的公共数据，及时予以答复并说明理由；对属于本单位，但依据法律、法规、规章明确规定不能共享的公共数据，报请公共数据主管部门同意后，列入负面清单；对属于本单位且可以共享的公共数据，收到需求清单后，应在规定时间内完成公共数据资源目录编制、公共数据汇聚工作，并及时反馈公共数据使用者。

当前，在"三清单"模式下的主体权责是比较明确的，但是公共数据的维护与管理市场活动远大于"三清单"活动，因此还需要出台更为全面的相关规范性指导文件。

（二）法律规制建议

市政府办公厅作为公共数据维护与管理的综合协调机构，应该出台相关文件，进一步明确市大数据中心数据归集和各市级责任部门的具体职权。本书认为，可以借鉴《GBT39449-2020公共信用信息数据字典维护与管理》标准。该标准认为维护机构是对公共信用信息数据字典实施连续性维护的部门。基于公共信用信息数据字典的特殊性，该机构通常需获主管部门授权。维护机构由管理组和技术组构成。

维护机构的职责包括但不限于：（1）建立管理组和技术组；（2）维护和完善技术评审规则；（3）受理用户提出的针对公共信用信息数据字典的各种数据维护请求；（4）依据技术评审规则对DMR进行技术评审，并将评审结果通知用户或相关组织；对于通过审查的DMR，还应及时将相关内容输入公共信用信息数据字典管理系统中；（5）向主管部门定期提交工作报告及有关的数据备份和记录；（6）解释和说明所维护的数据字典的使用方法。

管理组的职责包括但不限于：（1）负责受理用户或相关组织提交的数据维护请求，宜参照附录A和附录B对数据维护请求进行形式审查；（2）负责召集成立技术组；（3）根据所受理的数据维护请求的形式审查情况，不定期地向技术组提交数据维护请求列表；（4）根据技术组的审查结果对数据字典进行更新和公布。技术组的主要职责包括但不限于：（1）制定技术评审规则；（2）按照技术评审规则对数据维护请求进行技术评审；（3）形成书面的评审结论并提交管理组指定机构或个人。

根据此标准，市政府办公厅是主管部门，维护机构包括作为管理组的市大数据中心和作为技术组的各市级责任部门，各部门应该根据标准履行自己的相关职责，进行公共数据维护与管理的如下工作。第一，数据结构化与规范化。在数据挖掘和整理的基础上，通过信息抽取，从非结构化文本中识别实体，发现实体的属性、实体之间的关系，并命名实体识别。通过数据结构化过程，达到数据结构清晰和表述规范，便于后续的数据分析和处理。第二，数据联通与数据集成。数据联通是对信息系统中相互独立、相互封闭的信息孤岛，实现不同信息系统的互联互通，进而服务于人们的精准决策分析。数据集成把一组自治、异构数据源中的数据进行逻辑或物理上的集中，并对外提供统一的访问接口，从而实现全面的数据共享。第三，数据存储与数据处理。数据存储和处理过程是人们对采集的数据去伪存真、按类归档、分析数据内在规律的过程。数据存储和处理是数据产品生产的关键环节。第四，形成数据库与数据服务软件。数据库是借助计算机，按照数据结构来分类、存储、可共享和统一管理的数字文件库；数据服务软件是服务于企业的各种数据应用工具。数据库及数据服务软件是数据的重要载体和存在形式。

二、交易场所

（一）法律规制现状

《上海市数据条例》第33条规定："本市国家机关、事业单位以及经依法授权具有管理公共事务职能的组织应当及时向大数据资源平台归集公共数据。其他公共管理和服务机构的公共数据可以按照逻辑集中、物理分散的方式实施归集，但具有公共管理和服务应用需求的公共数据应当向大数据资源平台归集。市大数据中心根据公共数据分类管理要求对相关数据实施统一归集，保障数据向大数据资源平台归集的实时性、完整性和准确性。"《上海市公共数据和一网通办管理办法》第13条规定："行政机关应当依托市大数据资源平台和区大数据资源分平台，实现公共数据整合、共享、开放等环节的统一管理，原则上不得新建跨部门、跨层级的数据资源平台。区大数据资源分平台应当与市大数据资源平台对接，接受公共数据资源的统一管理。"由此可知，公共数据的维护与管理主要基于市大数据资源平台。

（二）法律规制建议

当前的公共数据维护与管理主要还是基于政府自身的大数据资源平台，主要是市大数据中心归集各市级责任部门数据后再去进行交易，市大数据中心是必要的媒介。本书认为，各市级责任部门或行政机关可以将其产生、收集的数据直接通过数据交易场所进行交易，而不通过市大数据中心，进一步扩展交易的便捷性。

根据中国信息通信研究院发布的《中国数字经济发展白皮书（2020 年）》中对我国数据交易场所的分类，即分为四类：一是政府主导建立的大数据交易所和交易中心。以贵阳大数据交易所、上海数据交易中心为典型代表的政府主导建立的大数据交易所和交易中心，以"国有控股、政府指导、企业参与、市场运营"为原则，交易平台一般采用会员制，制定一系列涉及数据交易和会员管理的规则，组织数据交易并提供数据储存、分析等相关服务。二是企业主导型数据服务商。以"数据堂"为代表的企业主导型数据服务商，或通过合作开发或购买获得数据，或在公开渠道收集、爬取数据，加工处理后提供给数据需求方。三是产业联盟数据交易平台。以"交通大数据交易平台"和中关村大数据产业联盟为代表的产业联盟数据交易平台，为行业内的数据供需方提供开放的数据交易渠道，平台本身不参与数据交易的储存和分析。四是大型互联网公司数据交易平台。以腾讯、阿里巴巴、抖音、京东为代表的大型互联网公司数据交易平台，以互联网公司拥有的海量数据为基础，通过开放接口的方式向其他数据需求方开放数据和流量。各实际责任部门可以直接单独作为主体参与上述不同类型的数据交易场所。

三、准入规制

市场准入，是有关国家和政府规定的准许自然人、法人和其他组织进入市场，从事商品生产、经营和服务活动的条件和程序方面的机制。市场准入机制可以分为一般市场准入制度和特殊市场准入制度。一般市场准入制度是市场主体取得商事资格的重要前提，主要通过工商登记的方式。特殊的市场准入制度是采行政审批许可制度，适用于交通运输行业、金融业、医药器械、药品食品等领域，国家有关主管部门对于申请主体进行审查，准许符合法定情形下的主体进入市场实施生产经营活动。

（一）法律规制现状

《上海市政务数据资源共享管理办法》第 7 条规定："行政机构必须以数字化形式，向资源管理平台提供可共享的政务数据资源的访问接口，确保行政机构业务数据库与资源管理平台之间的实时连通和同步更新。对不支持政务数据资源共享和业务协同的项目，项目审批部门不予审批。"第 15 条规定："行政机构应当根据政务数据资源的性质和特点，选择采用接口交换、文件下载、在线浏览或离线交换等途径共享政务数据资源。其中以接口交换方式提供的，行政机构应当及时在资源管理平台将其注册为接口服务，并提供接口描述及调用方法。对变化频繁的、时效性较强的，以及涉及跨部门并联审批和协同办公的政务数据资源，应当采用接口交换的方式，提供共享服务。"根据上述规定，在政务数据内部共享模式下，上海市对行政机构政务数据内部共享采取的行政强制性规定，必须确保自身的业务数据和资源管理平台实时连通和同步更新。

但《数据安全法》第 33 条规定："从事数据交易中介服务的机构提供服务，应当要求数据提供方说明数据来源，审核交易双方的身份，并留存审核、交易记录。"第 34 条规定："法律、行政法规规定提供数据处理相关服务应当取得行政许可的，服务提供者应当依法取得许可。"由此可知，公共数据的准入机制包括主体准入和产品准入，需要进一步加强对准入数据的质量管理。

（二）法律规制建议

建立数据质量管理机制。数据质量是数据价值的保证，数据需要满足必要的质量标准才能带来价值。数据的质量标准主要内容是由数据合法性、准确性、可用性和完整性等方面决定的。合法性应以现有法律法规所规定的数据收集规定为标准；准确性和完整性应以数据对事实和事物的记录的客观性和真实性为标准；可用性应以数据开发利用的技术要求为标准。数据质量管理是指对数据全生命周期的每一阶段可能产生的数据质量问题进行监测、检测、识别、预警等管理行为，并通过对其有效的管理使数据质量提高。

第一，审核接收数据。采用统一的数据采集处理平台或规定的软件，在确保数据安全的工作环境下，对调查数据汇总结果进行计算机审核，保证逻辑性、完整性、准确性。同时进行人工审核，保证数据协调匹配、趋势合理。对其他来源数据进行验收、清洗、转换和整合。

第二，反馈处理问题。在规定时间内查明数据的疑点和问题，如属下级机构数据差错，应按规定及时退回下级机构核实修正；如属调查对象填报错误，应及时退回调查对象核实修正。保留修改痕迹。

第三，开展数据评估。数据评估按照国际惯例进行，综合运用历史数据比较、横向数据比较、数据偏差分析、相关性分析等多种方法对各种综合数据进行评估，准确把握数据之间的相关性、匹配性和逻辑性。对于评估中发现的问题，依据相关规定处理。

四、价格规制

市场价格直观体现了商品价值与企业利润的实现程度，为数据流通提供信号系统和激励系统。构建完备的价格形成机制，目标在于将能由市场形成的价格交给市场，使价格充分反映市场供求状况。

（一）法律规制现状

《上海市政务数据资源共享管理办法》第 14 条规定："对按需共享类政务数据资源，资源需求方应当通过资源管理平台，向资源提供方提出共享申请，说明共享范围、共享用途和申请数据项内容等，并将系统生成的需求申请表以书面形式送资源提供方审核。资源提供方应当在收到书面申请后 10 个工作日内，提出是否同意共享的意见及理由。"由此可知，在公共数据维护与管理市场下，政务数据内部共享并不涉及价格，只需申请审核即可。

《上海市政府购买服务管理办法》第 29 条规定："购买主体应当加强政府购买服务项目履约管理，及时掌握项目实施进度，督促承接主体严格履行合同，按照合同约定向承接主体支付款项。承接主体应当按照合同约定，认真组织实施服务项目，按时完成服务项目任务，保证服务数量、质量和效果。"《消费者权益保护法》第 24 条规定："经营者提供的商品或者服务不符合质量要求的，……，可以要求经营者履行更换、修理等义务。"《上海市数据条例》第 57 条规定："从事数据交易活动的市场主体可以依法自主定价。市相关主管部门应当组织相关行业协会等制定数据交易价格评估导则，构建交易价格评估指标。"公共数据维护与管理市场下存在着采购或者开放市场下的数据瑕疵问题，瑕疵数据维护的价格机制值得深入研究。

（二）法律规制建议

第一，加强对公共数据的估值。根据数据价值质量、应用、风险三个维度，综合运用成本法、收益法和市场法。成本法从数据的重置角度出发，重点考虑数据价值与重新获取或建立该资产所需成本之间的相关程度；收益法基于目标数据的预期应用场景，通过未来产生的经济效益的折现来反映数据在投入使用后的收益能力；市场法则是在相同或相似数据的市场可比案例的交易价格基础上，对差异因素进行调整，以此反映数据的市场价值。

第二，完善数据定价理论框架。鉴于单一的指标或模型在数据定价中存在的不足，目前亟待构建一种考虑利润、市场供求、数据产品特征和成本结构等的多指标体系，为数据定价提供可靠的支持。数据定价应以成本导向的定价为价格下限，顾客导向的定价为价格上限，以市场导向的定价为价格参照，以利润和消费者福利最大化为目标。在实际工作中，需根据公共数据本身的价值特点，建立公共数据定价的理论体系，综合利用多种定价手段联合进行，实现数据的科学客观定价。

第三，实现公共数据动态定价。目前大多数定价方法为静态定价，而公共数据的价值是随着时间波动的。为了提高实际性和合理性，可以假定数据价格是时间的函数。对于如何将价格及时反馈给用户，可以通过创建在线数据查询服务并开发相应模型来实现。

五、竞争规制

（一）法律规制现状

《上海市数据条例》第27条规定："市大数据资源平台和区大数据资源分平台是本市依托电子政务云实施全市公共数据归集、整合、共享、开放、运营的统一基础设施，由市大数据中心负责统一规划。"第28条规定："本市建立全市统一的公共数据目录管理体系。公共管理和服务机构在依法履行公共管理和服务职责过程中收集和产生的数据，以及依法委托第三方收集和产生的数据，应当纳入公共数据目录。"

中共中央办公厅、国务院办公厅印发的《建设高标准市场体系行动方案》第8条规定："探索建立公平竞争审查举报处理和回应机制，及时核查举报涉及的问题。健全公平竞争审查机制，进一步明确和细化纳入审查范围的政策措施类别。出台公平竞争审查例外规定适用指南，建立例外规定动态调整和重大事项实时调整机制。研究制定行业性审查规则，进一步细化认定标准。"

由此可知，公共数据维护与管理市场的竞争机制是基于大数据资源平台和公共数据目录管理体系展开的。占有原始公共数据的大数据资源平台具有较强的资本和技术优势，具有天然垄断的特性。大数据资源平台凭借资本、技术和数据优势，对潜在进入者进行数据限流，对数据需求方进行捆绑销售，加速数据链的纵向垄断。同时，大资本与竞争者就交易价格和市场份额达成垄断协议，或通过供给者集中进行横向垄断，使竞争机制的数据流向调节作用不起作用。

（二）法律规制建议

因此，要强化对市场主体不当竞争的规制，必须要结合数据要素市场竞争的特点，完善现有的竞争法治规范。

第一，需要重新审视竞争关系的法律地位。公共数据要素市场上各个主体的竞争是一种动态、跨界、多元的竞争模式，各自之间的竞争关系并不是静止的。由此，需要弱化竞争关系在不当竞争行为认定中的作用，将竞争关系作为认定不当竞争的参考要素而非决定要素，应重点分析市场主体的竞争行为对市场的影响，特别是对数据权益造成的影响。

第二，从数据要素的不同环节认定竞争行为的正当性。任何一个数据会经历多个环节，如搜集、传输、流动、使用、交易、共享等，在不同的环节中有不同的对应状态，需依照不同环节状态的要求来明确竞争治理的规制方向。在数据存储、适用等环节，因数据要素相对静止，其面临的信息泄露风险较大，此时竞争法应注重对非法获取数据行为的规制，明确禁止市场主体在没有法律规定或是竞争对手约定的情况下，不能非法获取竞争对手的数据。在数据搜集、传输、流动、交易等环节，此时数据是处于流动状态，其面临的风险不仅包括信息泄露，还包括非法阻碍等问题，对此，竞争法的规制重点应是禁止市场主体非法获取和非法阻碍其他主体获取数据。特别是在非法阻碍方面，应该紧扣数据要素市场特点，在兼顾各方利益的基础上，充分考虑到各方的主观恶意、对竞争的限制程度、对技术创新的影响、对消费者权益的损害等因素进行综合判定。

六、供需规制

（一）法律规制现状

《上海市数据条例》第 10 条规定："市标准化行政主管部门应当会同市政府办公厅、市有关部门加强数据标准体系的统筹建设和管理。"第 27 条规定："市大数据资源平台和区大数据资源分平台是本市依托电子政务云实施全市公共数据归集、整合、共享、开放、运营的统一基础设施，由市大数据中心负责统一规划。"第 33 条规定："本市国家机关、事业单位以及经依法授权具有管理公共事务职能的组织应当及时向大数据资源平台归集公共数据。其他公共管理和服务机构的公共数据可以按照逻辑集中、物理分散的方式实施归集，但具有公共管理和服务应用需求的公共数据应当向大数据资源平台归集。市大数据中心根据公共数据分类管理要求对相关数据实施统一归集，保障数据向大数据资源平台归集的实时性、完整性和准确性。"

《上海市科学数据管理实施细则（试行）（草案）》第 9 条规定："市科委统筹规划本市科学数据中心建设布局，提出科学数据中心建设标准、规范及工作要求。"《上海市推进新型基础设施建设行动方案（2020—2022 年）》提出："探索建立更加市场化、专业化的政府信息化运维服务体系，推动政府投资信息化项目从各自建设运营，转变为统一提供信息化派驻服务，进一步推动政府信息化市场整体向社会开放。"因此，为推动公共数据向社会主体深度有序开放，公共数据管理应遵循集约建设、汇聚整合、共享开放的原则，探寻市场化的运营服务体系。

由此可知，公共数据维护与管理市场下，数据的供给者是本市国家机关、事业单位以及经依法授权具有管理公共事务职能的组织，即各市级责任部门；数据的需求者是市大数据中心，并完成最后的统一归集。供需主体明确，但公共数据的维护与管理并没有统一的建设标准，同时，相关市场的范围仍需进一步明确。数据产品供给者需要节约生产成本，提高产品质量，追求最大盈利，通过市场交易来实现其利益；数据产品需求者需要通过市场交易来满足生产和服务的需求，从而保证再生产顺利进行。数据要素只在数据生产和交易竞争中，才能达到最优化配置。

（二）法律规制建议

公共数据维护与管理市场中，供求决策的制定与执行以各实际责任部门等微观主体为单位，因各主体信息处理能力和成本收益情况存在较大差异，宏观层面的供给与需求在总量上、结构上的不一致成为常态。在供求失衡的常态下，供给与需求的要素组合及其比例关系动态调整，并与价格、竞争等因素相互影响，共同形成供求机制，引导数据生产要素由利润率低、生产效率低的部门流向利润率高、生产效率高的部门。因此，需要通过影响需求和供给的可量化因素变化，确定相关市场的范围。

第一，在数据的采集、传输、存储、清理环节，数据商品和服务的核心功能在于数据采集、传输、存储、清理，可量化的替代性因素是企业的采集、传输、存储、清理成本，应观察当其成本提高时，需求方是否会转向以及转向的替代性商品和服务。

第二，在数据的使用环节，其核心功能在于供给方通过数据输入得到商品和服务的有效输出，其中决定数据要素作用发挥的是算法算力，故而应以算法算力的变化观察需求方的转向。可借助算法算力质量的主要指标，譬如单位时间内运算速度、单位时间内信息输出数量和计算精确度等质量的下降，观察需求方是否会转向以及转向的替代性商品和服务。

第三，在数据的流通、交易、共享环节，其核心功能在于数据流转，可量化指标主要是数据的流动成本，包括资金成本、技术成本、劳动力成本等，通过观察当数据要素流动成本提高时，需求方是否会转向以及转向的替代性商品和服务。通过对数据生命周期各环节替代性因素的综合分析，确定各环节的替代性商品和服务，界定相关市场范围。

七、风险规制

(一) 法律规制现状

中共中央办公厅、国务院办公厅印发《建设高标准市场体系行动方案》第51条规定："积极防范市场异常波动和外部冲击风险。加强对大宗商品、资本、技术、数据等重点市场交易的监测预测预警，研究制定重大市场风险冲击应对预案。健全金融风险预防、预警、处置、问责制度体系。提高通过大数据等方式认定竞争违法行为、预警识别市场运行风险的能力，强化市场预期管理。"

《上海市数据条例》第83条规定："本市按照国家统一部署，建立健全集中统一的数据安全风险评估、报告、信息共享、监测预警机制，加强本地区数据安全风险信息的获取、分析、研判、预警工作。"《上海市公共数据和一网通办管理办法》第六章专章安全管理和权益保护，明确了主管部门、网信部门、市大数据中心、公共管理和服务机构的安全管理职责，对风险防范进行了充分的准备。《网络数据安全管理条例（征求意见稿）》第28条规定："重要数据的处理者，应当明确数据安全负责人，成立数据安全管理机构。数据安全管理机构在数据安全负责人的领导下，履行以下职责：（三）开展数据安全风险监测，及时处置数据安全风险和事件。"

《数据安全法》第22条规定："国家建立集中统一、高效权威的数据安全风险评估、报告、信息共享、监测预警机制。国家数据安全工作协调机制统筹协调有关部门加强数据安全风险信息的获取、分析、研判、预警工作。"第 29 条规定："开展数据处理活动应当加强风险监测，发现数据安全缺陷、漏洞等风险时，应当立即采取补救措施；发生数据安全事件时，应当立即采取处置措施，按照规定及时告知用户并向有关主管部门报告。"第 30 条规定："重要数据的处理者应当按照规定对其数据处理活动定期开展风险评估，并向有关主管部门报送风险评估报告。风险评估报告应当包括处理的重要数据的种类、数量，开展数据处理活动的情况，面临的数据安全风险及其应对措施等。"

由此可知，当前对于公共数据维护与管理中的风险进行了比较细致的规定，通过明确不同部门的安全管理职责，建立数据安全风险评估机制，报送风险评估报告，制定风险预案等，最大程度地预防数据风险事件的发生。但这些规定还都比较宏观，缺乏具体的数据安全标准和具体化的数据要素市场风险防控机制。

（二）法律规制建议

第一，数据源供给主体的数据安全标准应符合国家数据安全规定。根据《数据安全法》第 3 条第 3 款，数据源供给主体应"采取必要措施，确保数据处于有效保护和合法利用的状态，以及具备保障持续安全状态的能力"。数据安全的内容主要有内部安全规范、技术安全、处理数据安全、存储数据安全、传输数据安全、数据产品和数据服务安全等。具体数据安全标准的设定可参考《加强工业互联网安全工作的指导意见》提出的"建立工业互联网数据分级分类管理制度"。

第二，进一步完善数据要素市场风险防控机制。一是面向政府部门建立数据安全预警体系，就政府政务数据、社会数据等问题加强风险防范；二是面向数据要素市场建立市场风险控制机制，防止资本市场风险向数据要素市场蔓延；三是加强数据基础设施的技术安全保障，完善数据专利、数字版权、国家安全、商业安全和个人因素的保护机制。

八、监管规制

（一）法律规制现状

中共中央办公厅、国务院办公厅印发《建设高标准市场体系行动方案》第41条规定："健全对新业态的包容审慎监管制度。按照鼓励创新、平等保护原则，对新技术、新产业、新业态、新模式等实行包容审慎监管，分类实行相应的监管规则和标准，加强和规范事中事后监管，不得简单化予以禁止或者不予监管。"

《网络数据安全管理条例（征求意见稿）》第7条规定："国家推动公共数据开放、共享，促进数据开发利用，并依法对公共数据实施监督管理。"《上海市数据条例》第35条规定："市级责任部门应当建立健全本系统、行业公共数据质量管理体系，加强数据质量管控。市大数据中心应当按照市政府办公厅明确的监督管理规则，组织开展公共数据的质量监督，对数据质量进行实时监测和定期评估，并建立异议与更正管理制度。"第36条规定："市政府办公厅应当建立日常公共数据管理工作监督检查机制，对公共管理和服务机构的公共数据目录编制工作、质量管理、共享、开放等情况开展监督检查。"

《数据安全法》第6条规定："各地区、各部门对本地区、本部门工作中收集和产生的数据及数据安全负责。工业、电信、交通、金融、自然资源、卫生健康、教育、科技等主管部门承担本行业、本领域数据安全监管职责。公安机关、国家安全机关等依照本法和有关法律、行政法规的规定，在各自职责范围内承担数据安全监管职责。国家网信部门依照本法和有关法律、行政法规的规定，负责统筹协调网络数据安全和相关监管工作。"第24条规定："国家建立数据安全审查制度，对影响或者可能影响国家安全的数据处理活动进行国家安全审查。"第39条规定："国家机关应当依照法律、行政法规的规定，建立健全数据安全管理制度，落实数据安全保护责任，保障政务数据安全。"

由此可知，公共数据维护与管理中的监管机制被放在了一个很突出的位置，对于公共数据这个全新要素首先采取的是包容审慎监管原则。国家通过建立数据安全审查制度，在上海市是市政府办公厅承担这一职责，市大数据中心对数据质量进行实时监测和定期评估，同时各市级责任部门对本行业的数据进行监管，各方的监管责任比较明确。《上海市数据条例》明确了监督责任，但仍然缺乏统一集中的监管体系。

（二）法律规制建议

构建公共数据维护与管理市场的监管体系，可以从监管体系核心、监管体系辅助和监管体系补充三个方面出发，进一步加强监管。

第一，行政部门是监管体系的核心。公共数据维护与管理市场的监管通过数据监管治理法律及制度保障，统筹管控数据开发利用、流通交易、资产化及安全管理等方面因素，建立全面集中、统一高效、权威的数据安全风险评估预警机制、数据安全应急处置机制。构建完善数据要素市场安全交易的制度管理体系，加强数据安全技术能力建设和保护技术的研发力度，由专门的部门机构在法律制度和技术维度上全方位监管监测数据安全及风险预警，建立协同联动的网络安全管理体系，结合市场行政监管和反垄断限制，从严治理数据的欺诈、滥用、垄断和各种不正当竞争行为，实现数据市场健康有序发展。

第二，公共数据资源平台是监管体系的辅助。平台开展自律监管，就在很大程度上覆盖了公共数据维护与管理的各个阶段。平台的自律监管以维护与管理为主要落脚点，关注数据主体的适格性、数据客体的合规性、数据活动的有序性，深入公共数据管理的各个环节，把握核心节点，将监管效果落到实处。有效解决了行政机关在人数及专业方面的不足。在法律明确授权的情况下，开展平台自律监管，能够有效落实法律监管措施。

第三，群众监督作为监管体系的补充。应进一步加大政府信息公开的力度，完善社会群众参与公共数据管理监管的渠道。群众作为公共数据市场化运营的最终受益人，享有对公共数据进行维护与管理的天然权利，当公共数据管理中出现不合规的情形时，可以敦促行政部门更好地进行监管。

图书在版编目(CIP)数据

公共数据资源市场化配置的法律制度研究/马军杰，
郭梦珂，王晔著.—上海:上海人民出版社,2024
("人工智能伦理、法律与治理"系列丛书/蒋惠
岭主编)
ISBN 978-7-208-18898-3

Ⅰ.①公… Ⅱ.①马… ②郭… ③王… Ⅲ.①数据管
理-市场配置-法律保护-研究-中国 Ⅳ.
①D922.174

中国国家版本馆 CIP 数据核字(2024)第 088606 号

责任编辑 冯 静
封面设计 一本好书

"人工智能伦理、法律与治理"系列丛书
公共数据资源市场化配置的法律制度研究
马军杰 郭梦珂 王 晔 著

出 版 上海人民出版社
　　　　(201101 上海市闵行区号景路 159 弄 C 座)
发 行 上海人民出版社发行中心
印 刷 苏州工业园区美柯乐制版印务有限责任公司
开 本 635×965 1/16
印 张 24
插 页 2
字 数 292,000
版 次 2024 年 6 月第 1 版
印 次 2024 年 6 月第 1 次印刷
ISBN 978-7-208-18898-3/D·4318
定 价 112.00 元